나만의 여행을 찾다보면 빛나는 순간을 발견한다.

잠깐 시간을 좀 멈춰봐.
잠깐 일상을 떠나 인생의 추억을 남겨보자.
후회없는 여행이 되도록
순간이 영원하도록
Dreams come true.

Right here.
세상 저 끝까지 가보게

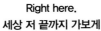

New normal

뉴 노멀란?

흑사병이 창궐하면서 교회의 힘이 약화되면서 중세는 끝이 나고, 르네상스를 주도했던 두 도시, 시에나(왼쪽)와 피렌체(오른쪽)의 경쟁은 피렌체의 승리로 끝이 났다. 뉴 노멀 시대가 도래하면 새로운 시대에 누가 빨리 적응하느냐에 따라 운명을 가르게 된다.

전 세계는 코로나19 전과 후로 나뉜다고 해도 누구나 인정할 만큼 사람들의 생각은 많이 변했다. 이제 코로나 바이러스가 전 세계로 퍼진 상황과 코로나 바이러스를 극복하는 인간의 과정을 새로운 일상으로 받아들여야 하는 뉴 노멀New normal 시대가 왔다.

'뉴 노멀New normal'이란 시대 변화에 따라 과거의 표준이 더 통하지 않고 새로운 가치 표준이 세상의 변화를 주도하는 상태를 뜻하는 단어이다. 2008년 글로벌 금융위기를 겪으면서 세계 최대 채권 운용회사 핌코PIMCO의 최고 경영자 모하마드 엘 에리언Mohamed A. El-Erian이 그의 저서 '새로운 부의 탄생When Markets Collide'에서 저성장, 규제 강화, 소비 위축, 미국 시장의 영향력 감소 등을 위기 이후의 '뉴 노멀New normal' 현상으로 지목하면서 사람들에게 알려졌다.

코로나19는 소비와 생산을 비롯한 모든 경제방식과 사람들의 인식을 재구성하고 있다. 사람 간 접촉을 최소화하는 비대면을 뜻하는 단어인 언택트Untact 문화가 확산하면서 기업, 교육, 의료 업계는 비대면 온라인 서비스를 도입하면서 IT 산업이 급부상하고 있다. 바이러스가 사람간의 접촉을 통해 이루어지므로 사람간의 이동이 제한되면서 항공과 여행은 급제동이 걸리면서 해외로의 이동은 거의 제한되지만 국내 여행을 하면서 스트레스를 풀기도 한다.

소비의 개인화 추세에 따른 제품과 서비스 개발, 협업의 툴, 화상 회의, 넷플릭스 같은 홈콘텐츠가 우리에게 다가오고 있으며, 문화산업에서도 온라인 콘텐츠 서비스가 성장하고 있다. 기업뿐만 아니라 삶을 살아가는 우리도 언택트Untact에 맞춘 서비스를 활성화하고 뉴 노멀New normal 시대에 대비할 필요가 있다.

뉴 노멀(New Normal) 여행

뉴 노멀New Normal 시대를 맞이하여 코로나 19이후 여행이 없어지는 일은 없지만 새로운 여행 트랜드가 나타나 우리의 여행을 바꿀 것이다. 그렇다면 어떤 여행의 형태가 우리에게 다가올 것인가? 생각해 보자.

■ 장기간의 여행이 가능해진다.

바이러스가 퍼지는 것을 막기 위해 재택근무를 할 수 밖에 없는 상황에 기업들은 재택근무를 대규모로 실시했다. 그리고 필요한 분야에서 가능하다는 사실을 알게 되었다. 재택근무가 가능해진다면 근무방식이 유연해질 수 있다. 미국의 실리콘밸리에서는 필요한 분야에서 오랜 시간 떨어져서 일하면서 근무 장소를 태평양 건너 동남아시아의 발리나 치앙마이에서 일하는 사람들도 있다.

이들은 '한 달 살기'라는 장기간의 여행을 하면서 자신이 원하는 대로 일하고 여행도 한다. 또한 동남아시아는 저렴한 물가와 임대가 가능하여 의식주가 저렴하게 해결할 수 있다. 실리콘밸리의 높은 주거 렌트 비용으로 고통을 받지 않지 않는 새로운 방법이 되기도 했다.

4

자동차 여행으로 떨어져 이동한다.

유럽 여행을 한다면 대한민국에서 유럽까지 비행기를 통해 이동하게 된다. 유럽 내에서는 기차와 버스를 이용해 여행 도시로 이동하는 경우가 대부분이었지만 공항에서 차량을 렌트하여 도시와 도시를 이동하면서 여행하는 것이 더 안전하게 된다.

자동차여행은 쉽게 어디로든 이동할 수 있고 렌터카 비용도 기차보다 저렴하다. 기간이 길면 길수록, 3인 이상일수록 렌터카 비용은 저렴해져 기차나 버스보다 교통비용이 저렴해진다. 가족여행이나 친구간의 여행은 자동차로 여행하는 것이 더 저렴하고 안전하다.

소도시 여행

여행이 귀한 시절에는 유럽 여행을 떠나면 언제 다시 유럽으로 올지 모르기 때문에 한 번에 유럽 전체를 한 달 이상의 기간으로 떠나 여행루트도 촘촘하게 만들고 비용도 저렴하도록 숙소도 호스텔에서 지내는 것이 일반적이었다. 하지만 여행을 떠나는 빈도가 늘어나면서 유럽을 한 번만 여행하고 모든 것을 다 보고 오겠다는 생각은 달라졌다.

유럽을 여행한다면 유럽의 다양한 음식과 문화를 느껴보기 위해 소도시 여행이 활성화되고 있었는데 뉴 노멀New Normal 시대가 시작한다면 사람들은 대도시보다는 소도시 여행을 선호할 것이다. 특히 유럽은 동유럽의 소도시로 떠나는 여행자가 증가하고 있었다. 그 현상은 앞으로 증가세가 높을 가능성이 있다.

■ 호캉스를 즐긴다.

타이완이나 동남아시아로 여행을 떠나는 방식도 좋은 호텔이나 리조트로 떠나고 맛있는 음식을 먹고 나이트 라이프를 즐기는 방식으로 달라지고 있다. 이런 여행을 '호캉스'라고 부르면서 젊은 여행자들이 짧은 기간 동안 여행지에서 즐기는 방식으로 시작했지만 이제는 세대에 구분 없이 호캉스를 즐기고 있다. 유럽에서는 아프리카와 가까운 지중해의 몰타가 호캉스를 즐기기 좋은 곳으로 유럽여행자들에게 인기를 끌고 있다.

코로나 바이러스로 인해 많은 관광지를 다 보고 돌아오는 여행이 아닌 가고 싶은 관광지와 맛좋은 음식도 중요하다. 이와 더불어 숙소에서 잠만 자고 나오는 것이 아닌 많은 것을 즐길 수 있는 호텔이나 리조트에 머무는 시간이 길어졌다. 심지어는 리조트에서만 3~4일을 머물다가 돌아오기도 한다.

Contents

Intro

1년 내내 낮과 밤을 가리지 않고 춤과 음악, 맛있는 음식, 술과 더불어 끊임없는 축제를 즐기는 나라가 스페인이다. 사람들은 자신의 혈관 속에 뜨거운 태양의 정열과 자유분방한 창조성이 넘쳐흐른다고 생각한다. 스페인라고 하면 열정적인 투우와 화려한 플라멩코 춤만을 떠올리는 사람들이 아직도 많지만 이것은 이제 역사 속으로 사라져야 할지도 모른다.

이베리아 반도의 심장부에 위치한 스페인은 유럽 대륙에 속해 있지만 좁은 해협을 사이에 두고 아프리카 대륙과 마주보고 있는데다 오랜 기간 동안 이슬람 세력인 무어인의 지배를 받았기 때문에 다른 서유럽 국가들과는 전혀 다른 분위기의 문화와 예술을 느낄 수 있는 특별한 나라이다. 벨라스케스와 고야, 피카소, 미로 등 위대한 예술가를 배출한 스페인에는 사람을 들뜨게 만드는 그 무엇인가가 공기 속에 깃들어 있다.

2007년부터 스페인 여행을 해왔지만 처음에는 스페인 여행의 즐거움이 크지 않았다. 오히려 소매치기가 많고 어수선한 스페인의 도시들이 여행의 즐거움을 반감시켜 다시는 스페인에 오지 않겠다고 생각했다. 그런데 2008년, 바르셀로나의 사그라다 파밀리아 성당의 먼지 자욱한 내부를 둘러보면서 시각이 달라지기 시작했다.

당시에는 누군지도 관심이 없었던 가우디가 생전에 완성하지 못한 성당을 왜 둘러보나 궁금하기 시작했다. 내부의 먼지가 풀풀 날리는 공사장의 분위기와 다르게 기둥과 스테인드글라스를 보면서 완전히 다른 분위기에 매료되면서 다른 일정을 취소하고 성당에서 하루를 보냈다.

기존의 서유럽 위주의 여행에서 탈피해 새로운 이슬람 건축물과 현대에도 끊임없이 생산되고 있는 예술적인 아름다움은 스페인에 빠지게 만들었다.

꽃보다 할배, 스페인에서 대중매체에 소개되면서 대한민국의 유럽 여행 인기는 스페인을 1등으로 만들었다. 그만큼 스페인의 매력에 사람들은 빠지면서 기존의 마드리드나 바르셀로나에서 시작해 안달루시아 지방을 둘러보고 나오는 여행방식도 점차 바뀌기 시작했다.

일반적인 스페인 여행코스는 남부 지방의 안달루시아 지방 위주로 여행을 하기 때문에 사람들은 스페인에 대해 잘 알지 못하고 여행을 마친다. 다시 스페인을 찾는 여행자는 스페인 북부와 소도시 위주로 여행을 하기 시작했다. 2020년에 시작된 코로나 바이러스가 전세계를 강타하면서 이제는 사람들과의 접촉을 줄이면서 자동차로 원하는 도시로 여행을 하고 한 달 살기와 같은 장기 여행을 하고 있다. 이에 스페인 가이드북도 세부적으로 만들어져야 하는 시기가 되었다.

ABOUT
스페인

Spain

한눈에 보는 스페인

유럽의 서쪽에 있는 이베리아 반도에 위치한 스페인은 지브롤터 해협을 사이에 두고 아프리카와 마주하고 있다.

▶**위치** | 마드리드 기준 북위 40.2˚, 서경 3.7˚
▶**수도** | 마드리드
▶**시차** | 우리나라 보다 8시간 느리다.
　　　　　3월 마지막 주 일요일~10월 마지막 주
　　　　　일요일까지 서머타임 실시로 7시간 느리다.
▶**면적** | 504,030km² (한반도의 약 2.3배)
▶**언어** | 스페인어(까스떼야노),
　　　　　지역 공용어(까딸란어,갈리시아어,바스크어)
▶**인종** | 라틴족
▶**종교** | 가톨릭 (77%)
▶**전력** | 220V(대한민국과 동일)

노랑은 국토, 빨강은 국가를 지키기 위해 흘린 피. 그림은 이베리아 반도에 있던 다섯 왕국의 표지를 조합하였다.

> **국기의 시작**
> 에스파냐 왕국(Reino de España)이 정식으로 붙여지고, 1843년 10월 13일 이사벨 2세가 군기(軍旗)로 사용한 이래 현재와 같은 국기가 사용되고 있다.

지형과 기후

험준한 산이 많고 따뜻한 이베리아 반도는 피레네 산맥이 남북으로 가로막아 자연스럽게 프랑스와 국경을 형성하고 있다. 남부는 반도와 섬이 많아 해안선이 복잡하고 북부는 고원으로 형성되어 있다.

스페인은 대체로 여름에는 덥고 건조하며, 겨울에는 비교적 따뜻하고 비가 자주 내리는 지중해성 기후가 나타난다. 하지만 땅이 넓어 지역에 따라 다양한 기후가 나타나고 있다. 지중해 연안인 스페인의 남동부는 일 년 내내 따뜻하지만 마드리드 위쪽의 중부 지방은 더운 여름과 추운 겨울의 기온 차이가 크다.

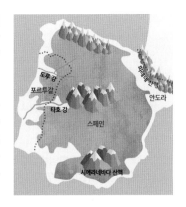

전통 옷

스페인의 전통 옷은 색이 화려하고 정열적이어서 플라멩코로 유명한 안달루시아 지역의 옷이 가장 화려하다. 안달루시아 지역의 여성들은 치마 밑 부분과 소매에 물결 모양의 주름 장식이 여러 겹 있는 드레스를 입는다. 드레스의 의상은 매우 다양하고 꽃, 점 등의 무늬로 화려하게 장식되어 있다.

이 드레스는 일반인들도 입지만 지금은 플라멩코를 추는 무용수들이 입고 있다. 남성은 앞여밈이 짧은 주름 장식이 달린 블라우스를 입고 다양한 색상의 짧은 윗옷이나 조끼를 입고, 바지는 허리 부분이 몸에 붙는 형태에 검은색으로 치장되어 있다.

스페인 사계절

스페인은 전 국토에서 4계절이 뚜렷하며, 해안지역은 지중해성 기후를, 내륙 고원 지역은 대륙성 기후를 보인다. 하지만 스페인 사람들은 대체로 여름에는 덥고 건조하며, 겨울에는 비교적 따뜻하고 비가 자주 내리는 지중해성 기후가 나타난다고 말한다.

땅이 넓어 지역에 따라 다양한 기후가 나타나고 있다. 지중해 연안인 스페인의 남동부는 일 년 내내 따뜻하지만 마드리드 위쪽의 중부지방은 더운 여름과 추운 겨울의 기온 차이가 크다. 봄과 가을의 평균기온은 8~21°, 여름은 25~45°, 겨울은 0~12°를 나타낸다. 강수량은 지역적으로 알메리아주, 무르시아주는 300mm 이하로 건조하지만 스페인 북부의 바스크주, 갈리시아주는 멕시코 난류의 영향으로 800mm 이상 지역으로 편차를 보인다.

봄/여름
Spring/Summer

북부에는 겨울을 끝내고 꽃망울을 피우려는 풍경이 대한민국의 봄과 비슷하지만 봄과 가을에도 남부 안달루시아 지방은 지중해성 기후의 햇살이 강하고 건물에 비춰져 반짝이는 모습을 보여준다. 그래서 지중해의 파란색과 대비되도록 모든 벽이 하얀 색으로 칠해 있는 마을을 볼 수 있다. 지중해는 햇빛이 하루 종일 비치는 곳으로 하얀 색은 빛을 반사하여 집을 흰색으로 칠하면 진한 색으로 칠했을 때보다 시원해진다.

가을
Autumn

서머 타임제가 시행되고 남부 스페인의 한여름에는 밤 10시가 넘어서 해가 지기도 한다. 그래서 한여름 폭염 때문에 낮잠을 자는 '시에스타Siesta'를 실시하여 오후에 문을 닫았다가 저녁에 다시 여는 가게도 많다. 일반적으로 점심은 오후 2시 이후, 저녁은 오후 8시 이후에 식당 영업을 시작한다.

기후가 만든 스페인의 낮잠 자는 시간 '시에스타'

남부 유럽은 거의 하루 종일 뜨거운 햇볕이 내리쬐는 지역이다. 특히 한낮에는 일하기가 힘들 정도로 매우 더워서 스페인 남부지방에는 점심 식사를 한 뒤에 2~3시간 정도 낮잠을 자는 풍습이 있다. 낮잠으로 원기를 회복한 뒤에 저녁까지 열심히 일하기 위한 것을 '시에스타'라고 부른다.
지중해성 기후를 가진 나라들은 대부분 시에스타가 있는데 시간은 조금씩 다르다. 그리스는 오후 2~4시, 이탈리아는 오후 1~3시, 스페인은 오후 1~4시 사이이다. 하지만 스페인은 시에스타 때문에 손해가 크다는 판단하에 공무원의 시에스타는 없애면서 농촌 지역을 제외하고 점차적으로 사라지고 있다.

북부의 바스크지방과 갈리시아 지방의 겨울은 비가 많이 오지만, 피레네 산맥에는 겨울에 눈이 많이 온다. 지중해성 기후를 나타내는 바르셀로나, 발렌시아 지방은 겨울에도 대한민국의 봄이나 가을 같은 기후를 나타내기 때문에 간단한 복장으로도 여행이 가능하다.

tvN 프로그램의 '윤Yoon식당' 촬영지였던 스페인 남서부 카나리아 제도는 아열대성 기후로 연중 온난 건조한 편이다. 연평균 기온은 22℃정도이며 겨울 1월 중 최저기온은 약 10℃ 정도이며, 9월 중 최고기온은 약 38℃이다.

▶기상청 : www.aemet.es

이국적인 분위기

스페인은 유럽 서남쪽의 이베리아 반도에 위치한 유럽에서 넓은 땅을 가진 나라 중 하나이다. 이 나라는 투우와 플라멩코, 정열적이고 쾌활한 국민성으로 널리 알려져 있다. 스페인은 유럽에 속해 있으면서도 다른 유럽 나라들에 비해 이국적인 느낌이 난다. 그것은 로마 가톨릭과 이슬람의 건축 양식을 섞어 놓은 사그라다 파밀리아 성당이나 남부 지방의 집들을 봐도 알 수 있다.

■ 이슬람과 기독교문화의 공존

스페인에 이슬람 건축물이 남게 된 이유는 북부 아프리카의 이슬람교도들에게 8~15세기까지 지배를 받았기 때문이다. 이슬람교도들은 스페인의 일부 지역을 통치하면서 이슬람의 문화를 전하고 예술과 과학을 발달시켰다. 그러면서 스페인 사람들의 생활 곳곳에 많은 영향을 주었다.

이처럼 가톨릭 문화, 이슬람 문화가 오랫동안 공존하고 섞이면서 스페인은 유럽국가이면서도 유럽적이지 않은 독특한 색채를 지니게 되었다.

■ 이슬람과 기독교문화의 공존

스페인은 해마다 많은 관광객들이 찾아오는 나라이다. 이슬람교, 로마 가톨릭, 유대교의 다양한 문화 유적이 넓은 땅 곳곳에 퍼져 있고, 지중해를 낀 아름다운 해변과 섬이 많기 때문이다. 특히 유럽인들 사이에서 휴양지로 인기가 많다. 관광 산업으로 벌어들이는 돈은 스페인의 전체 수입 중 가장 큰 비중을 차지하고 있다.

유럽 최대의 농업국가

스페인은 유럽 최대의 농업국 중 하나이다. 주로 포도, 올리브, 레몬 등을 많이 생산하는데, 특히 레몬은 세계에서 다섯 번째로 많이 생산되며, 올리브는 매년 약 45만 톤의 엄청난 양이 생산되고 있다.

공업

마드리드, 바르셀로나, 빌바오 등을 중심으로 기계, 자동차, 석유 화학. 의류 산업 등이 발달해 있다. 아직은 서유럽이나 북유럽에 비해 경제력이 뒤쳐져 있지만 공업이 꾸준히 성장하고 있어서 잠재력이 유럽에서 큰 나라 중 하나이다.

계속되는 분쟁

스페인은 빠르게 산업이 발달하고는 있지만 지역 분쟁이 일어나서 사회적 통합이 이루어지지 않고 있다. 이것은 스페인이 역사적으로 주변 이민족의 침략을 많이 받아 다양한 민족으로 구성되어 있기 때문이다.

지역 분쟁이 일어나고 있는 대표적인 곳은 북부의 바스크 지역과 동부의 카탈루냐 지역이다. 이 두 지역 사람들은 자신들의 고유문화에 대한 자부심이 매우 강해서, 각각 자신들의 지역 언어를 주로 사용하고 있다. 특히 카탈루냐 사람들은 스페인으로부터 독립을 강하게 요구하고 있다.

스페인의 또 하나의 나라, 카탈루냐

스페인은 오랫동안 여러 왕국으로 나뉘어 살아왔기 때문에 지역마다 특색이 강하다. 그 중에서도 바르셀로나가 있는 카탈루냐와 북쪽의 바스크는 스페인으로부터 독립을 요구할 정도로 독자성이 강하다.

스페인 소도시 여행에서 꼭 가봐야 할 작은 도시들

마드리드 인근

〉〉 톨레도(Toledo)

카스티야 라 만차^{Castilla-La Mancha} 지방에 위치한 톨레도는 로마 제국의 속주 시대, 개르만 왕국, 이슬람 세력, 가톨릭 왕국의 지배를 거치면서 기독교, 이슬람, 유대교가 서로 사이좋게 공존한 도시였다. 지금도 이런 모습이 이어져 세계의 많은 관광객들을 불러 모으고 있다. 1986년에는 도시 전체가 유네스코 세계 문화유산으로 지정되었고 타호Tajo 강이 도시를 둘러싸고 흐른다. 대성당, 알카사르, 유대인 지구 등이 대표적인 볼거리이다. 특히 톨레도는 그리스 출신의 화가 엘 그레코가 죽을 때까지 작품 활동을 한 곳으로 그의 작품은 산토 토메 교회에 전시되어 있다.

〉〉세고비아(Segovia)

로마 제국은 기원전 3세기 무렵부터 서기 5세기까지 '히스파니아^{Hispania}'라는 이름으로 이베리아 반도를 지배하여 종교, 언어, 법, 사회 및 경제 체제 등에서 스페인에 많은 영향을 끼쳤다.
스페인에는 특히 로마 유적지가 많이 있는데, 그 중에서도 카스티야 이 레온 지방의 세고비아^{Segovia}에는 서기 1세기 무렵 건설된 로마의 수도교^{Acueducto}가 거의 원형 그대로 보존되어 있다.

■ 안달루시아 지방의 도시 3

〉〉 그라나다(Granada)

711~1492년 동안 스페인에 머물렀던 이슬람 세력의 흔적이 가장 많이 남아 있다. 특히 13~14세기에 걸쳐 건설된 '붉은 성'이라는 의미의 알함브라Alhambra에는 이슬람 양식의 기하학적인 장식으로 꾸며진 건물들이 많이 있어서 당시 이슬람교도들의 섬세함과 호화로움을 느낄 수 있다. 그라나다에서 '장님이 되는 것보다 더 잔인한 것은 아무것도 없다.'라는 속담이 있을 정도로 그라나다의 가치와 의미는 그 어느 곳에 비할 수 없을 것이다.

〉〉 코르도바(Cordoba)

8세기부터 이슬람 세력의 근거지였다. 이슬람 세력은 이곳에 이슬람 사원인 메스키타 Mezquita를 만들었는데, 적색과 백색의 벽돌로 된 이중 아치, 아름다운 채색 타일의 벽감 등으로 유명하다. 그러나 국토 회복 운동인 레콩키스타가 완료된 후, 가톨릭 교도들은 이 사원의 일부를 성당으로 개축하였다. 이는 두 종교 간의 묘한 조화를 이루면서 전 세계인들의 많은 관심을 불러일으키고 있다.

〉〉 세비야(Sevilla)

이슬람 세력이 남긴 성채 알카사르Alcazar와 대성당, 히랄다Giralda로 유명하다. 특히 히랄다는 원래 이슬람 사원의 탑이었지만 대성당의 종탑으로 바뀌었다. 세비야 대성당은 유럽에서 가장 큰 성당으로 콜럼버스의 유해가 있는 곳이다.

▓ 스페인 북부

산티아고 순례길에서 프랑스 길을 걸으면 팜플로나Pamplona, 로그로뇨Logrono, 부르고스Burgos, 레온Leon과 같은 도시를 지나게 되는데, 이 도시들은 스페인이 역사를 간직한 도시로 스페인의 진정한 모습을 볼 수 있는 도시들이다. 마지막 목적지 도시인 산티아고 데 콤포스텔라Santiago de Compostela와 땅끝 마을인 피니스테레Finisterre 역시 그 역사나 의미에 있어서 빼놓을 수 없는 곳이다.

〉〉 빌바오(Bilbao)

빌바오는 철강, 조선, 화학 공장으로 번성한 산업 도시였으나 1980년대의 경기 침체로 쇠락의 길을 걸었다. 이에 시 당국은 죽어가는 도시를 살리기 위해서 1990년 도시 재생 프로젝트를 추진한다. 그 일환으로 구겐하임 미술관을 유치해 건립했다.
초기에 시민들은 경기 침체 시대에 미술관 건립은 사치라며 거세게 반발했지만, 지금은 이 미술관이 도시 경제를 되살리는 데 큰 역할을 하고 있다. 1997년 개관한 구겐하임 미술관은 뉴욕의 2곳과 베니치아에

이어 4번째이다. 건물은 티타늄 구조물로 하늘을 향해 팔을 벌린 꽃잎 모양을 하고 있어서 '메탈플라워^{Metal Flower}'라는 별명을 가지고 있다.

>> 팜플로나(Pamplona)
1924년 이래 15명의 사망자와 200명 이상의 부상자가 발생했다고 보고되기도 했다. 이 축제는 헤밍웨이가 1926년에 출간한 소설 "해는 또 다시 떠오른다."에 나와 세계적으로 유명세를 타게 되었다. 하지만 축제 기간을 제외하면 팜플로나는 조용한 중세 도시일 뿐이다. 팜플로나는 10세기에는 프랑스와의 교역으로 번영을 누렸던 나바라 왕국의 수도였으며, 중세에는 산티아고 순례길에서 거치는 도시로 발전했다. 지금도 팜플로나에는 프랑스로부터 피레네 산맥을 넘어 온 순례자들의 무거운 발걸음이 끊이지 않는다.

>> 레온(Leon)
카스티야 왕국은 레온 왕국으로부터 독립하여 부르고스를 수도로 삼았다. 1230년에 이 두 왕국은 합병했다. 이 과정에서 레온의 영향력은 줄어들었지만 레온은 20세기 중반까지 이 지역의 철광석과 석탄 산업의 중심지로 영향력이 컸다. 레온의 인구는 약 15만 명으로 관광객과 순례자들이 찾는 도시로 알려져 있다.

스페인 여행을 떠나야 하는 8가지 이유

친숙한 여행지 & 휴양지

스페인은 우리에게는 "꽃보다 할배" TV 프로그램에 나오면서 친숙해졌다. 지금은 유럽에서 가장 인기 있는 여행지가 되었지만 10년 전만 해도 치안이 불안하다고 하여 유럽 배낭여행에서 빠지기도 한 나라가 스페인이다.

이슬람교, 가톨릭교, 유대교의 다양한 문화가 스며들어 스페인의 넓은 영토에 퍼져 있고 지중해를 낀 아름다운 해변과 섬이 많아 몇 번을 방문해도 새로운 분위기를 느낄 수 있는 나라이다. 특히 이슬람의 지배를 받았던 남부 지방에 가면 건물 벽이 화려한 무늬가 타일로 장식된 것을 볼 수 있는데 이는 이슬람 건축 양식의 영향을 받은 것이다. 서양인들에게는 스페인 남부의 안달루시아 지방이 휴양지로 인기가 많다.

과거의 흔적이 남아 있는 다양한 건축 양식

이베리아 반도의 80%이상을 차지하는 스페인은 국토의 대부분이 해발 1,000m 안팎의 고
원지대로 이루어져 있다. 스페인의 건축에는 이베리아 반도를 지배했던 여러 나라의 영향
이 그대로 남아 있다. 로마 시대의 유적이 곳곳에 남아 있는데, 그 가운데 수로와 다리는
지금도 사용되고 있다.
이슬람의 지배를 받았던 스페인 남부 지역에는 이슬람의 건축 양식의 영향을 받은 여러 건
축물이 남아 있는데, 그 가운데 가장 유명한 것이 그라나다에 있는 알함브라 궁전이다. 스
페인에는 모두 1,400개가 넘는 성과 궁전이 있는데, 수도 마드리드 서북쪽에 있는 가장 크
고 웅장한 엘에스코리알 궁전에는 300개의 방과 80개의 분수가 있고 스페인 왕들의 무덤
도 있다.

■ 다양한 먹거리

기후가 다양한 스페인에는 각 지방마다 너무 많은 음식들이 즐비하다. 후추, 마늘, 고추, 생각 등 향이 강한 향신료를 사용하는 음식이 많은데, 다른 유럽인들과 달리 마늘을 매우 좋아한다. 따뜻한 지중해성 기후를 가진 스페인 남부 지방은 해산물이 풍부하고 토마토와 올리브가 많이 생산되어 음식에도 빠지지 않는다. 음식에 올리브기름을 넣거나, 토마토를 끓이고 갈아서 채소와 고기 등의 여러 재료를 넣어 소스로 사용하는 것이 특징이다.

목축을 많이 하는 카스티야 지역은 양고기나 돼지고기를 이용한 육류 요리가 발달하였고, 지중해 연안은 스페인 최대의 쌀 생산지로 다양한 해산물을 쉽게 구할 수 있는 발렌시아 지방은 쌀과 해산물을 주재료로 하는 파에야가 발달했다. 날씨가 더운 안달루시아 지방은 차갑게 해서 먹는 수프인 가스파초를 많이 먹는다.

▨ 가도 가도 계속 보고 싶은 관광지가 가득

스페인은 2009년부터 본격적으로 여행을 계속 다녀오면서, 산티아고 순례길을 다녀오면서 계속해서 볼 관광지가 생기는 신기한 나라였다. 책을 쓰려고 마음을 먹은 후에도 단편적인 글만 썼지 어떻게 이해를 편하게 하면서 스페인을 이해하고 여행을 준비할 수 있는지에 대한 개념은 잡히지 않았다.

지속적으로 스페인 여행을 떠나면 재미있고 신기했지만 부족한 느낌을 지울 수 없었다. 남부와 북부, 카탈루냐 지방과 수도인 마드리드 등 비교를 하면서 여행을 떠나도 지루하지 않아 스페인 여행은 항상 설레게 만든다.

유럽의 수호자이자 강대국이었던 스페인

스페인은 15세기 후반, 아라곤과 카스티야 두 왕국이 합쳐져서 생긴 나라이다. 스페인은 이슬람 세력을 이베리아 반도에서 몰아낸 뒤, 맨 먼저 신항로 개척에 나서서 유럽에서 가장 힘센 나라가 될 수 있었다. 그러나 영국, 프랑스, 네덜란드와의 전쟁에서 진 뒤 해상권을 영국에 넘겨주었다.

1931년에 공화정이 들어서긴 했지만, 1939년부터 프랑코 장군이 30년 넘게 독재 정치를 펴 세계의 외톨이가 되었다. 마침내 1975년에 프랑코 장군이 죽자 스페인은 1978년에 제정된 헌법에 따라 입헌 군주국이 되었다. 오늘날 스페인은 나토와 UN에 가입하는 등 서유럽의 일원으로 활발히 활동하고 있다.

■ 수많은 박물관과 미술관

스페인에는 우리가 많이 듣고 본 박물관의
작품들이 없지만 한번 보면 빠져드는 작품
들이 너무 많다.
스페인의 수도인 마드리드에는 프라도 박물
관에 전시된 프란치스코 고야 등 여러 스페
인 화가의 세계적으로 명성을 날리는 소장
품이 있다. 세계에서 가장 유명한 스페인인
화가의 작품 세계 발달사를 볼 수 있는 피카
소 미술관은 바르셀로나에 있다. 빌바오에
는 단연 티타늄 지붕과 미래주의적 건축 양
식을 뽐내는 구겐하임 박물관이 있다.

■ 사계절 언제든 여행을 떠날 수 있는 다양한 기후

유럽에서 3번째로 땅덩이가 큰 스페인은 그에 걸맞게 다양한 기후가 나타난다. 그래서 겨
울에도 따뜻한 기후를 느끼며 여행을 다닐 수 있고, 북부지방에서는 하얀 겨울도 만날 수
있다.
대서양과 맞닿아 있는 서북 지방은 일 년 내내 습한 해양성 기후이고, 동남부 해안 지대는
여름에는 덥고 건조하며 겨울에는 따뜻하고 비가 오는 지중해성 기후이다. 또 중부 내륙은
스텝 기후 지역으로 비가 적게 내린다. 이베리아 반도의 80%이상을 차지하는 스페인은 국
토의 대부분이 해발 1,000m 안팎의 고원지대로 이루어져 있다.

S · P · A · I · N

스 페 인
여 행 에
꼭필요한
INFO

간단한 스페인 역사

스페인 사람들은 서유럽의 다른 나라들보다 피부색이 검고, 곱슬머리와 머리칼은 검은색이나 갈색이 많다. 아프리카와 유럽, 지중해 주변에서 건너온 사람들이 혼혈을 이루고 약 800년동안 이슬람 왕조의 지배를 받으면서 아랍 인종과도 섞여 살았기 때문이다.

기원 전 3000년 ~기원 후 411년

이베로족과 켈트족의 융합
이베로족이 기원전 3000년경 아프리카에서 건너왔다. 기원전 800년경에는 중부 유럽에 살던 켈트족이 내려와 살았다. 그 뒤 기원전 500년경에 페니키아 인과 그리스 인들이 이베리아 반도에 도시를 건설했다. 이후 힘이 세진 로마가 이베리아 반도를 포함한 지중해 지역을 손에 넣었다. 이때부터 스페인 땅은 로마의 지배를 받게 되었다.

411년 ~711년

스페인 최초의 통일 왕국인 서고트 왕국
게르만족이 이동해 오면서 로마 제국의 힘은 약해졌다. 이때를 틈타 게르만족의 한 갈래인 서고트족은 이베리아 반도에 왕국을 세웠다. 하지만 711년 북아프리카에서 침입한 무어 인들에게 패해 서고트 왕국은 멸망하였다.

이슬람 왕조 800년

이슬람교를 믿는 무어 인들이 들어와 스페인 땅을 지배하기 시작했다. 남부 코르도바를 중심으로 독립 왕국인 '알안달루시아'를 건설했다. 무어 인들은 당시 유럽 문명보다 과학, 기술, 문화가 발달했다. 이때 상업과 수공업이 발달해 스페인문화에 스며들었다. 이슬람 왕조 때의 위대한 학자로 이븐 루시드가 있다. 그는 법학, 철학, 의학 등 여러 분야에서 그리스의 철학자 아리스토텔레스의 책들을 연구해 아랍어로 번역하고 유럽에 소개했다.

레콘키스타와 스페인 왕국의 통일

이슬람 왕조는 처음에는 이베리아 반도 대부분을 점령했다. 북쪽으로 밀려났던 스페인 왕국은 서서히 힘을 키워 다시 점령지를 넓혀갔는데 이를 국토 회복 운동, '레콘키스타'라고 부른다. 그 중심에 섰던 카스티야 왕국과 아라곤 왕국은 두 왕국을 통일하고 1492년에 마침내 이슬람 왕조를 무너뜨렸다. 이로써 스페인 통일 왕국이 태어났다.

대항해 시대

여러 왕국으로 나뉘어져 있던 스페인 왕국들이 합쳐지면서 카스티야 왕국의 이사벨 여왕과 아라곤 왕국의 페르난도 2세는 결혼을 통해 두 왕국을 통일시켰다. 그리고 이슬람 왕조를 몰아내고 스페인을 통일했다. 이후 콜럼버스의 아메리카 대륙 발견으로 엄청난 부와 영토를 얻게 되었고 유럽과 라틴 아메리카, 동남아시아에 이르는 넓은 영토를 확보했다. 그러나 필립 2세 때부터 영국, 프랑스와 여러 번의 전쟁을 거치면서 대부분의 식민지를 잃고 쇠퇴하기 시작했다.

무적함대, 대항해 시대

스페인은 이슬람 왕조를 몰아낸 뒤로 크게 발전해 나갔다. 콜럼버스가 아메리카 대륙을 발견하면서 대항해 시대가 펼쳐졌다. 아메리카 대륙 곳곳을 식민지로 삼으면서 한때는 세계 최강의 해군인 무적함대를 자랑하였다.

스페인이 통일을 이룰 무렵, 유럽은 난처한 상황이었다. 오스만 제국이 지중해를 가로막는 바람에 동양과 교류하던 교역로가 막혀 버렸다. 유럽인들은 바닷길을 개척하였는데 그 선두에 섰던 나라가 바로 포루투갈과 스페인이다. 스페인은 콜럼버스의 아메리카 발견으로 대항해 시대를 열어 나갔다.

스페인의 무적함대

스페인은 지중해를 통해 유럽을 공격해 오던 오스만 제국과 레판토 해전에서 싸워 크게 이겼다. 이로써 스페인 해군은 '무적함대'라고 불리게 되었다. 하지만 필리페 2세는 영국을 점령하기 위해서 나섰다가 크게 패배하고 말았다. 이 전쟁의 패배로 스페인의 힘은 약화되었고 대항해 시대의 주도권이 영국으로 넘어갔다.

아메리카를 발견한 콜럼버스

콜럼버스는 이탈리아 출신의 뱃사람으로 스페인의 이사벨 여왕에게 대서양 횡단을 지원해 달라고 청해 승낙을 받아냈다. 서쪽으로 항해한 끝에 육지를 발견했는데 인도라고 착각한 것이다. 실제로 도착한 곳은 중앙아메리카의 산살바도르 섬이었다. 콜럼버스는 유럽인으로는 처음으로 아메리카를 발견했지만, 죽을 때까지 이곳을 인도하고 생각하였다. 그래서 오늘날 콜럼버스가 도착했던 섬 주변을 서인도 제도라고 한다.

변화하는 유럽인들의 삶

스페인은 아메리카에 있던 나라들을 정복하고 엄청난 양의 금과 진귀한 물건들을 빼앗아 왔다. 또, 사탕수수 농장을 만들어 설탕을 생산했다. 유럽 여러 나라에 비싼 값으로 팔아 어마어마한 돈을 벌어들였다. 아메리카에서 고구마, 토마토, 카카오, 옥수수, 감자, 고추, 담배가 전해지면서 유럽인들의 삶도 변화하게 되었다.

812년 ~1975년

프랑코 독재시대

1812년 스페인 최초의 헌법을 만들어 절대 군주제가 입헌 군주제로 바뀌었다. 그 후 1873년에 왕이 다스리지 않는 최초의 공화국을 세웠다. 하지만 1936년 프랑코 장군이 군사 반란을 일으켜 스페인 내란이 일어났다. 1939년 프랑코 장군의 군대가 승리하고 이후, 1975년까지 36년동안 프랑코의 긴 독재가 이어졌다.

프란시스코 프랑코(1892~1975)

국민군의 지도자로 스페인 내란에서 승리한 후 정권을 잡았고, 세계 2차대전에서 파시스트 정부가 집권한 독일과 이탈리아를 도왔다. 죽을 때까지 스페인 정부의 총통을 지냈다.

1975년 ~현재

민주화의 성공과 발전, 금융위기

1975년 프랑코가 죽고나서 스페인은 입헌 군주제를 채택했다. 이후 정당 활동이 자유롭게 보장되었고 정치도 안정되었다. 1986년 유럽연합에 가입했고 1992년 바르셀로나 올림픽을 개최하여 성공을 거둔 후에 경제적으로 성공한 나라로 발돋움했지만 2008년 미국의 금융위기 이후에 스페인은 재정위기로 힘들어하고 있다.

스페인의 번영과 쇠퇴

스페인은 대항해 시대를 처음에 주도하여 유럽의 최강대국으로 발전하였다. 하지만 그에 비해 유럽의 강대국으로 발전하지 못하고 오히려 쇠퇴하였다. 여러 가지 이유가 있겠지만 대항해 시대를 주도해 많은 해외 식민지를 건설하였지만 오랜 시간 번영하지 못하고 쇠퇴하였다.

대항해 시대 해외로, 절대 왕정으로 발전한 스페인

유럽에서 가장 먼저 절대 왕정의 틀을 갖춘 나라는 스페인이었다. 스페인은 식민지에서 들여오는 엄청난 양의 금과 은을 바탕으로 유럽의 어느 나라보다 부유해졌다. 16세기 후반 필리페 2세때 네덜란드와 북부 이탈리아, 포루투갈과 많은 식민지까지 지배했다. 또한 무적함대라고 불리는 막강한 해군을 바탕으로 1571년, 오스만 제국과 붙은 레판토 해전에서 승리하면서 지중해의 서쪽과 대서양을 장악하였다. 하지만 필리페 2세는 식민지 약탈에만 힘을 쏟아서 국내 산업의 발달에 신경을 쓰지 않았다.

계속되는 전쟁과 왕실의 사치 때문에 나라 살림이 거의 파산 상태에 이르렀고, 네덜란드가 독립 전쟁을 일으켜 스페인의 지배에서 벗어나 독립하면서 흔들리더니 무적함대가 영국에 패하면서 휘청거렸다. 스페인의 필리페 2세가 가장 번영하였고, 짧은 시간 무너져 번영한 기간도 매우 짧았다.

가장 먼저 식민지를 개척한 스페인
스페인은 다른 유럽나라들보다 먼저 식민지를 건설하기 시작했다. 16세기 중반에 이미 아메리카 대륙의 중남부에 식민지를 건설하였는데 기후가 온화한 땅에서 스페인에서 들여온 말, 소, 양을 이용해 대규모 목장을 경영하였고 열대 해안 지역에서는 사탕수수와 담배를 길렀다.

원주민을 강제로 동원하여 아프리카 흑인을 노예로 데려와 일을 시켰다. 아메리카 대륙에 묻혀 있는 금과 은이 스페인이 가장 탐내는 것이었다. 볼리비아의 포토시에서 세계 최대의 은광을 개발하여 엄청난 양의 금과 은을 캐내 스페인으로 가지고 와 필립 2세는 강력한 무적함대를 구축할 수 있었다.

스페인이 쇠퇴한 이유?
스페인은 아메리카 대륙과의 무역을 독점하기 위해 스페인 상인들에게만 무역 허가장을 내주고 모든 수출과 수입은 세비야 항을 통해서만 이루어지도록 하여 16세기에 가장 부강한 나라가 될 수 있었다. 하지만 스페인은 식민지에서 가져온 금과 은을 왕실의 사치와 전쟁 자금으로 사용하여 스페인의 산업을 발전시키지 못했다.

이에 반해 영국은 해상 무역으로 국부를 늘리고 모직물 공업 등의 국내 산업을 육성하고 프랑스도 왕권을 강화하고 국내 산업 육성에 주력하여 스페인이 식민지에서 가져온 금과 은을 영국과 프랑스의 상품을 사는데 사용하도록 하였다. 산업이 발달한 나라들의 발전은 스페인을 쇠퇴의 길로 접어들게 했다.

스페인의 왕국의 탄생

프랑스와 영국에서 국왕의 힘이 강해지는 가운데, 이베리아 반도에서도 강력한 왕권이 등장했다. 이 지역은 8세기 초반 이슬람 제국을 지배했던 우마이야 왕조의 침략을 받은 이후 줄곧 이슬람 세력의 지배를 받았다. 그런데 10세기경부터 크리스트교 신자들이 카스티야 지역에 세운 카스티야 왕국이 1085년에 이슬람 세력의 요충지인 톨레도를 차지한 뒤 점차 영토를 넓혀 갔다.

크리스트교 세력은 이슬람 세력과 전쟁을 계속해 13세기에 이르자 남부의 그라나다 지역을 제외하고 잃었던 영토를 대부분 회복했다. 당시의 오랜 전쟁을 가리켜 크리스트교 세력은 '재정복 운동'이라고 한다.

특히 15세기 후반에 이베리아 반도의 양대 세력인 아라곤 왕국과 카스티야 왕국 사이의 커다란 변화가 생겼다. 아라곤 왕국의 왕 페르난도 5세와 카스티야 왕국의 여왕 이사벨 1세가 결혼함으로써 통일된 스페인 왕국이 탄생한 것이다. 마침내 1492년, 스페인 왕국이 이슬람 세력의 근거지였던 나스르 왕조를 함락시키면서 결집된 힘을 과시했다.

이로써 이베리아 반도에서 이슬람 세력은 완전히 물러나고, 이베리아 반도는 크리스트교 세력이 주름잡게 되었다.

재정복 운동

11~13세기까지 크리스트교 세력이 이슬람 세력을 이베리아 반도에서 몰아내기 위해 벌인 군사 원정이다. 이베리아 반도는 8세기에 이슬람 세력이 점령했고 이에 따라 반도 북쪽과 동쪽 변두리에 작은 왕국들을 이루었다. 그러나 11세기 경 이슬람의 후우마이야 왕조가 내부 분열을 겪자, 이 틈을 타 크리스트교 세력이 이슬람 세력을 몰아내기 시작했다.

나스르 왕조

아랍계 나스르족이 세운 왕조이다. 수도가 그라나다여서 그라나다 왕국이라고 부른다. 나스르 왕조는 이베리아 반도에서 이슬람 세력을 내쫓으려는 크리스트교 세력에 의해 1236년 코르도바가 점령당하자 점차 남쪽으로 후퇴했다. 그러나 나스르 왕조는 알함브라 궁전과 그라나다 대학을 중심으로 학문과 예술을 발전시켰다.

한편, 유럽에서 이슬람 세력을 몰아낸 페르난도 5세와 이사벨 1세는 왕의 세력을 키우는 일에 열중했다. 페르난도 5세와 이사벨 1세는 우선 여러 도시와 동맹을 맺고, 동맹 도시에 재판권과 경찰권을 넘겨줌으로써 귀족을 견제할 수 있는 세력을 만들었다. 또한 귀족들의 성을 빼앗고 그 대신 귀족을 군인이나 관료로 임명함으로써 귀족들이 독자적인 세력을 키울 수 없도록 했다. 귀족을 억압하며 국왕의 힘을 키운 스페인 왕국은 그 뒤 유럽의 강대국으로 도약했다. 특히 대서양 항로 개척에 나서서 많은 식민지를 개척했다.

이처럼 유럽 곳곳에서 기존의 봉건 사회는 무너져 내렸다. 또한 교황과 크리스트교라는 정신적 기둥마저 흔들렸다. 그 틈을 타서 나라마다 국왕의 힘은 더욱 커졌다. 유럽인들 사이에 국왕을 중심으로 한 국가의 국민이라는 국민 의식이 서서히 싹트게 되었다.

스페인 음식

스페인 사람들은 후추, 마늘, 고추, 생강 등 향이 강한 향신료를 음식에 많이 사용한다. 특히 다른 유럽인들과 다르게 마늘을 매우 좋아해서 요리에 자주 사용한다. 남유럽에서 국토가 가장 넓은 스페인은 각 지역마다 기후나 풍토, 문화가 조금씩 다르다. 그런 만큼 지역마다 특색 있는 요리들이 발달했다. 목축을 많이 하는 카스티야 지역은 양고기나 돼지고기를 이용한 육류 요리가 발달했다.

또한 스페인은 유럽 최대의 쌀 생산지이자, 지중해 연안에 있어서 다양한 해산물을 쉽게 구할 수 있는 발렌시아 지역은 쌀과 해산물을 주재료로 하는 파에야Paella가 발달했다. 날씨가 더운 안달루시아 지역은 차갑게 해서 먹는 수프인 가스파초를 많이 먹는다.

■ 하몽(Jamón)

돼지 뒷다리를 통째로 소금에 절여 훈연하거나 건조시킨 스페인의 전통 햄이다. 날 것을 소금에 재워 말린 고기로 쫄깃쫄깃하고 씹을수록 고소한 맛이 난다. 스페인 타베르나 문화에서 빼놓을 수 없는 별미이다. 하몽 중에서도 18개월 이상 도토리만 먹여 키운 흑돼지로 만든 이베리코 하몽Ibérico Jamón이 고급이다.

■ 플란(Flan)

계란의 노른자와 우유, 설탕을 섞어 만든 단맛이 나는 후식이다.

■ 보카디요(BocadilloJamón)

절반 크기의 바게트 사이에 하몽이나 초리소, 치즈, 야채 등을 넣은 스페인식의 샌드위치이다. 이름은 한 입에 먹을 수 있는 양을 의미하는 'Bocado'에서 유래하였다.

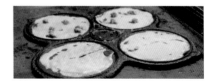

■ 토르티야(Tortilla)

계란에 감자, 양파, 구운 피망, 햄 등을 넣어 만든 음식이다. 옥수수 가루로 만든 멕시코의 토르티야와는 다른 음식이다.

■ 가스파초(Gapacho)

토마토, 피망, 오이, 양파, 빵, 올리브유 등으로 만든 안달루시아의 대표음식으로 태양이 강한 안달루시아에서 더운 여름을 이기기 위해 만든 차가운 스프이다.

■ 코치니요(Cochinillo)

세고비아 지방의 대표적인 요리로 태어난 지 20일 정도 된 새끼 돼지를 오븐에 구운 음식이다.

■ 초리소(Chorizo)

다진 돼지고기, 소금, 빨간 피망을 다져만든 것을 순대처럼 넣어 만든다. 후추를 첨가하기도 한다.

■ 살치차(Salchidcha)

초리소와 비슷한 이탈리아의 살라미^{Salami}와도 비슷하다. 햄과 돼지비계에 후추 열매를 섞어 창자에 채워 넣어 만든다. 소금에 어느 정도 올려놓아 간이 베게 한 다음, 건조시키기 위해 야외에 그냥 두거나 연기를 쏘여 보관한다.

■ 파에야(Paella)

쌀에 해물이나 고기, 야채, 샤프란을 넣어 만든 스페인식 볶음밥으로 발렌시아 지방의 대표적인 요리이다. 해물이나 닭고기를 넣어 만든 걸쭉한 볶음밥으로 만들어 먹기도 하여 지역에 따라 약간씩 다른 맛을 낸다. 사프란을 넣어 노란빛이 나기도 하고 오징어 먹물을 넣어 검은 빛이 나기도 한다.

피바다(Fabada)

콩을 이용한 일종의 전골 요리로 스페인의 북동쪽에 위치한 아스푸리아스 지방의 요리이다.

바칼라오 알 라 비스카이나 (Bacalao a la vizcaina)

바스크식의 대구 요리로 대구, 마른 후추, 양파만으로 만든 바스크 지방의 대표요리이다.

사르수엘라(Zarzuela)

생선과 해물을 주재료로 해 한 가지 소스만 넣어 만든 요리로 나중에는 과일과 고기, 가금류 등을 넣어 만드는 바르셀로나 지역의 대표적인 요리이다.

소파 데 아호(Sopa de ajo)

빵, 마늘, 올리브기름, 피망만을 가지고 만드는 마늘 수프로 스페인 중앙에 위치한 카스티야 라만차 지방의 대표적인 요리이다.

추로스(Churros)

밀가루에 베이킹 파우더를 넣어 반죽해 막대 모양으로 튀겨낸 음식을 초콜릿에 찍어 먹는다. 이를 추로스 콘 초콜라테Churros con chocolate라고 한다.
우리나라의 추로스보다 더 부드러우며, 초콜라테는 진하고 무겁다. 갓 구운 추로스를 초콜라테에 찍어 먹으면 간식으로 훌륭하다. 스페인 사람들은 아침식사로 먹는 경우가 많다.

■ 타파스(Tapas)

뚜껑이나 책 표지를 의미하는 단어인 타파스Tapas는 저렴한 가격에 다양한 음식을 맛볼 수 있는 스페인 대표 음식으로 사실은 와인이나 맥주와 함께 먹는 안주가 발전한 요리라 보면 된다.

끼니를 간단히 때우기에 제격으로, 대부분 카페나 바Bar에서는 스페인 사람들의 일상이 되어 버린 타파스Tapas를 판매한다. 치즈, 생선, 계란, 야채 요리, 카나페 등의 간단한 것에서 복잡한 요리까지 포함된다. 바스크 지방에서는 핀초스Pinchos라고 한다.

스페인 맥주

스페인은 국토가 넓고 다양한 기후를 가지면서 각 지방이 서로 달리 살아왔다. 그래서 맥주 브랜드에서도 다양하게 지방마다 특색이 있다. 주말에는 점심을 먹고 나서 친구들이나 가족끼리 1, 2, 3차를 맥주와 와인을 바Bar를 돌아다니면서 마시고 이야기를 나눈다. 그들에게는 이런 이야기를 나누는 즐거움이 매우 큰 행복의 요소이다. 그만큼 맥주는 스페인 사람들에게 중요하다고 할 수 있다.

🟦 마호우(Mahou)

중부지방에서 주로 볼 수 있는 마호우Mahou는 마드리드에 본사를 둔 스페인 최고의 맥주 회사이다. 마드리드에서 1890년에 만들어진 맥주 회사로 패일 라거Pale lager 스타일의 맥주이다.

🟦 마호우(Mahou)

1885년 말라가에서 만들어진 후에, 1890년, 필리핀으로 옮겼다. 그래서 필리핀 맥주라고 알고 있는 사람들도 있는 산 미구엘San Miguel은 말라가에 본사를 둔 스페인 안달루시아 맥주이다. 마호우 – 산미구엘mahou- san miguel 이라는 회사로 말라가와 필리핀에 지사를 두고 있는데 마호우와 같은 패일 라거Pale lager 스타일의 맥주이다.

🟦 알함브라(Alhambra)

그라나다의 대표 맥주인 알함브라alhambra는 1925년 만들어진 그라나다 대표 맥주인 알함브라는 1990년대부터 경영난을 겪다가 2006년에 마호우Mahou가 인수하였다. 앰버 라거Amber lager 스타일의 맥주는 마호우와 조금 다른 맥주 맛을 즐길 수 있다.

■ 에스뜨레야 댐(Estrella Damm)

바르셀로나에 본사를 둔 맥주회사로 검정색의 띠를 두른 브랜드로 알려져 있다. 라거lager와 몰타doble malta 스타일의 맥주 맛이 특징이다.

■ 에스뜨레야 갈리시아 (Estrella Galicia)

저자가 산티아고 순례길을 많이 걸어서인지 가장 입에 맞는 맥주이다. 1906년에 갈리시아 주에서 만들어진 맥주는 현재, 스페인 북동부 지방에서 가장 인기가 많은 맥주이다.

■ 암바르(Ambar)

사라고사 대표맥주인 암바르는 라거 스타일의 맥주로 맛이 풍부하다는 평가를 받고 있다.

스페인 와인

스페인 와인은 쉽다. 이탈리아와 프랑스에 이어 세계 3대 와인생산국인 스페인, 프랑스 와인에 비해 포도의 질감이 그대로 드러나기 때문에 맛이 있다고 느끼는 경우가 많다. 스페인의 남부인 안달루시아 지방은 더운 지방이고 1년 내내 태양이 뜨겁게 달구기 때문에 대부분의 와이너리들은 북부의 라 리오하 지방에 서늘한 고원지대에 위치해 있다. 그래서 서늘한 지대에서 재배된 포도는 잘 익어 풍부한 포도맛과 동시에 좋은 산미가 있는 와인은 복잡하지 않고 높은 풍미를 느끼게 해준다.

스페인 와인의 역사

기원전 3~4천년, 로마제국의 통치 아래 포도가 재배되고 와인 양조가 시작되었다. 로마제국의 멸망한 이후 이슬람교를 믿는 무어 족이 통치하면서 와인은 거의 사라지기에 이르렀다. 국토 회복 운동으로 가톨릭 국가로 다시 성장하면서 와인이 다시 생산되기에 이르렀다. 16세기 중반, 영국 국왕 헨리 8세와 스페인 공주와의 결혼으로 당시 스페인 와인이 미국과 영국으로 수출량이 증가했으나, 두 사람이 이혼하면서 수출은 주춤하게 되었다. 그러다가 19세기 중반에 결정적인 스페인 와인을 다시 평가하는 계기를 맞게 되었다. 프랑스를

중심으로 퍼진 필록세라 균으로 유럽의 포도밭이 황폐화되었을 당시, 다행이 피해가 없던 스페인 북부의 라 리오하 지방이 대체 와인 생산지로 스페인 와인을 알리게 되었다. 스페인 와인은 인기를 끌면서 세계 시장으로 진출하기 시작하였다.

20세기 초, 결국 스페인에도 필록세라 균이 퍼지면, 스페인 내전과 1~2차 세계대전까지 겹치며 스페인 경제가 타격을 입으면서 와인도 동력을 잃었다. 이후 스페인 경제는 1950년대나 되어서야 안정을 되찾았고 1980년대부터 양질의 와인 생산과 함께 세계 3대 와인강국으로 올라서게 되었다.

■ 스페인 와인의 평가 체계

■ DO de Pago (Denominaci&oacuten de Pago)
개인의 소유한 포도원에서 생산된 와인에 붙여지는 등급으로 최근에 등급을 만들었다. 국제적으로 높은 호평을 받으면서 2009년까지 9개가 선정되어 있다.

■ DOC (Denominaci&oacuten de Origen Calificada)
DO보다 한 단계 높은 등급으로 좋은 품질의 와인으로 선정된 후, 같은 품질을 유지하면 선택이 된다. 1991년에 리오하Rioja가 최초로 승급되고, 그 후 프리오랏Priorat이 2003년에, 리베라 델 두에로Ribera del Duero가 2008년에 승급되었다.

■ DO (Denominaci&oacuten de Origen)
스페인 와인 생산 지역의 2/3에 달하는 수많은 와인들이 대부분 속해 있는 등급이다. 콘세호 레굴라도르Consejo Regulador라는 기관의 규제를 받아 선정이 된다.

■ VCPRD (Vino de Calidad Producido en Regi&oacuten Determinada)
DO 등급으로 승격되기 바로 이전 단계로 프랑스의 VDQS (Vin D&eacutelimité de Qualité Sup&eacuterieure)와 거의 흡사하다.

- VdIT (Vinos de la Tierra)

와인 라벨에 지역명을 표기하는데 세밀한 지역이 아닌 폭넓은 지역명을 넣어서 대중적인 와인을 선정할 때 선택하는 등급이다.

- VdM (Vino de Mesa)

'테이블 와인'이라고 부르는 특정된 포도원이나 양조장의 표기가 없으며 양조법과 포도의 블렌딩 또한 규제 받지 않은 저렴한 와인이다. 가격은 대부분 저렴한데 간혹 독특한 블렌딩으로 놀라운 맛이 탄생하는 경우도 있다.

와인 숙성에 따라 다른 표기

크리안자(Crianza)

레드 와인의 경우는 2년의 숙성을 거치는데, 오크통에서 적어도 6개월 이상을 보관해야 한다. 로제와 화이트 와인은 오크통 숙성 기간은 같지만 전체 숙성 기간은 1년 이상이다.

리제르바(Reserva)

레드 와인은 1년 동안의 오크통 숙성을 합쳐 적어도 3년의 시간이 필요하며, 로제와 화이트 와인은 6개월의 오크통 숙성과 더불어 2년 정도의 기간을 거친다.

그랑 리제르바(Gran Reserva)

레드 와인은 5년의 기간을 갖는데, 오크통에서 1년 6개월과 병에 넣은 후 3년을 거쳐야 한다. 로제와 화이트 와인은 적어도 6개월 이상의 오크통 보관과 함께 4년의 숙성 기간을 거친다.

스페인 대표 와인 품종

아이렌 (Air&eacuten)

스페인에서 가장 큰 재배 면적을 차지할 정도로 가장 대중적인 품종이다. 고원 지대에서 주로 생산되며, 알코올 도수가 높고 산화가 쉽게 되는 특성으로 인해 스페인산 브랜디 양조의 기본 포도로도 사용되어 왔다. 중부의 라 만차La Mancha 지역의 주요 포도로, 레몬과 청사과의 향이 살짝 감도는 단순하고 드라이한 화이트 와인으로 탄생된다.

가르나차(Garnacha Tinta)

적 포도 중에 가장 재배 면적이 크고 수확량도 많다. 스페인의 동부, 서부, 북부 등 여러 곳에서 재배되지만 수확량을 적게 한 곳에서 생산된 와인은 템프라니요Tempranillo 와 카리네Cari&ntildeena와 섞어 양질의 뀌베를 만들어 내기도 한다. 컬트 와인처럼 진한 체리 향, 밝은

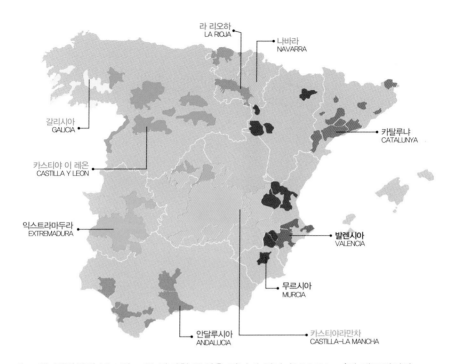

라 리오하
LA RIOJA

나바라
NAVARRA

갈리시아
GALICIA

카탈루냐
CATALUNYA

카스티야 이 레온
CASTILLA Y LEON

익스트라마두라
EXTREMADURA

발렌시아
VALENCIA

무르시아
MURCIA

안달루시아
ANDALUCIA

카스티야라만차
CASTILLA-LA MANCHA

레드 색, 벨벳처럼 부드럽고 풀 바디한 특성을 지니게 된다. 'DOC Priorat'이 대표적이다.

보발(Bobal)
한 때 사라졌다 최근에 다시 급부상한 포도로, 포도가 달리 익기 때문에 재배하기 매우 까다롭지만 수확이 좋을 때는 우아하면서 복합적인 특징을 가진 와인으로 만들어 진다. 높은 지대에서 보통 생산하여 산도가 높고 알코올이 낮다.

템프라니요 (Tempranillo)
스페인을 대표하는 품종이지만 지방마다 다른 이름으로 불리기도 한다. 라 리오하La Rioja 나 리베라 델 디에로Ribera del Diero 같은 스페인 북부의 추운 지역에서 잘 자란다. 알코올과 산도의 조화가 잘 어우러지는 포도로 오크통에서 숙성하면 풍부하고 복합적인 맛의 와인으로 탄생된다. 짙은 루비색과 체리 혹은 잘 익은 무화과의 향미를 내며 때론 너무 오래 오크통에서 숙성되어 동물의 가죽 향이 짙어 지기도 한다.

알바리뇨 (Albari & ntildeo)
가장 비싸고 맛있는 와인으로 탄생하는 품종으로 갈리시아Galicia 지방에서 주로 재배된다. 살구, 키위 같은 짙은 과일 향과 함께 꽃향기도 함께 들어 있으며, 리아스 바이하스 두 블랑코Rias Baixas DO Blanco 같은 여운이 긴 화이트 와인을 만든다.

스페인의 대표적인 축제

라스 파야스(Las Fallas)

라스 파야스는 스페인의 동부 발렌시아 지방에서 목수들의 수호성인 산 호세 주간인 3월 15~19일까지 행해지는 스페인 3대 축제 중의 하나로, 중세 때 목수들이 일을 마무리하고 남은 목재 부스러기들을 모아 태워 버린 데서 비롯되었다. 오늘날에는 목공예 기능인들이 축제 때 불에 태울 작품을 만들기 위해서 1년 내내 준비한다.

유명한 인물이나 사건을 상징하는 목조 건축물이나 인형들을 지상 4~5층 높이로 만들어 거리 곳곳에 전시한다. 축제의 마지막 날인 3월 15일 '산 호세San Jose'의 날에 모든 작품들을 일시에 불태우는데, 이는 한해에 쌓인 나쁜 일들과 낡은 것을 부수고, 새것을 창조하는 의미를 가진다. 오늘날 축제의 성격은 변화되어 정치, 사회적인 문제나 사건을 코믹하게 풍자하고 있다.

세마나 산타(Semana Santa)

세마나 산타는 성Santa 주간Semana이라고 하는데, 성지 주일 Domingo de Ranos부터 부활절 주일Domingo de Resurreccion까지 행해 지는 가톨릭 축제로 예수의 수난과 죽음을 기리는 행렬이 이어진다. 세비야의 축제가 가장 화려하다고 알려져 있다.

4월의 축제(Feria de Abril)

4월의 축제는 스페인 남부 안달루시아 지방에 있는 세비야에서 세마나 산타가 끝나고 1주일 동안 열리는 축제이다. 축제 기간 동안에 플라멩코 옷이나 장식이 화려한 옷 등 전통적인 복장을 한 사람들을 쉽게 볼 수 있다. 정오가 되면 세비야 전통 스타일로 갖춰 입은 사람들이 말을 타고 행진을 한다.

산 페르민(San Fermin)

산 페르민은 스페인의 북동쪽에 자리한 팜플로나 시에서 매년 7월6일 정오부터 14일까지 열리는 축제이다. 3세기 말 팜플로나의 주교이자 수호 성지인 산 페르민을 기리는 축제이다. 이

축제의 하이라이트는 소몰이인데 이는 투우에 쓰일 소들을 투우장까지 달리게 하면서 목과 허리에 빨간 손수건과 띠를 두르고 하얀 옷을 입은 사람들이 이 투우들과 함께 투우장까지 달리는 축제 행사의 하나이다. 이들이 소와 함께 달리는 거리는 불과 900m 정도로 몇 분에 지나지 않는다.

라 토마티나(La Tomatina)

라 토마티나는 8월의 마지막 주 수요일, 발렌시아에서 서쪽으로 40㎞ 떨어진 인구 1만 명 남짓의 소도시인 부뇰Bunol에서 열리는 축제이다. 11시에 신호탄이 발사되면 100ton이 넘는 토마토가 트럭에서 쏟아져 나오면서 시작된다.

이 축제는 1944년 시민들이 시의회 의원들에게 토마토를 던지면서 항의해 자신들의 의사가 관철된 것을 기념하여 벌어진 축제이다. 축제가 끝나면 청소차들은 2시간 동안 토마토로 인해 붉게 물든 도시를 깨끗하게 청소한다.

인간 탑 쌓기(Castell-Torre humana)

인간 탑 쌓기는 발렌시아 지방의 춤에 그 기원을 두었다. 100~200명의 참가자들은 팀마다 독특한 셔츠를 입고 탑을 쌓는다. 이 축제는 주로 카탈루냐와 발렌시아 지방의 일부 마을에서 행해진다. 예전에는 전통 놀이로 1년에 한두 번 정도 열렸으나, 지금은 매월 거행된다.

연말 축제

스페인의 크리스마스 축제는 12월 22일 밤부터 시작하여 동방 박사가 예수의 탄생을 축하하기 위해서 예수를 방문했던 1월 6일까지 이어진다.

새해 전야(Nochevieja)

많은 사람이 붉은 속옷을 입고 새해에 행운이 있기를 기원한다. 자정에 울리는 12번의 시계 종소리에 맞춰 포도 한 알씩, 모두 12알을 먹는다. 이는 행운의 '포도Las uvas de Suerte'라고 부르는 데, 12알을 시간 내에 모두 먹으면 새해에 행운이 온다고 믿는다.

성탄절(Navidad)

12월 24일과 25일에는 아기 예수의 탄생을 기리기 위해서 마구간Belen을 만들어 온 가족이 모여 식사를 한다. 크리스마스 전통의 단 과자 투론Turron, 마사판Mazapan, 폴보론Polvoron, 작은 인형이 든 로스콘Roscon 빵을 먹는다.

동방 박사의 날 (El Dia de los Reyes Magos)

1월 6일은 동방 박사들이 아기 예수에게 금, 향, 몰약을 선물한 날이다. 수십 대의 마차 행렬이 동방 박사의 행렬과 함께 사탕이나 선물을 나누어 주며 시내 일주를 한다.
스페인어 권에서는 성탄절에 아이들이 동방 박사들에게 받고 싶은 선물을 편지에 쓰고, 동방 박사로 분장한 어른들은 1월 5일 밤 잠자는 아이들에게 선물을 한다.

스페인의 유네스코 세계 유산

■ 톨레도 구시가지

톨레도는 과거 스페인의 중심지였던 도시로 서고트 왕국, 이슬람 왕국, 크리스트교 왕국의 수도로 번영을 누렸다. 고딕양식으로 지어진 톨레도 대성당과 이슬람과 고딕 양식이 혼합된 톨레도 성 등이 다양한 양식의 유적들이 남아 있다.

■ 그라나다의 알함브라

스페인의 남부 지방을 지배한 이슬람의 마지막 왕조가 지은 건축물로 그라나다를 대표하는 궁전이다. 그라나다를 한눈에 볼 수 있는 구릉 위에 세워진 알함브라는 궁전, 정원, 요새로 이루어져 있는데, 궁전의 장식이 매우 섬세하고 아름다워 이슬람 문화의 뛰어난 예술을 엿볼 수 있다.

■ 산티아고 데 콤포스텔라

스페인의 작은 도시이지만 우리에게는 산티아고 순례길의 마지막 종착지로 유명하다. 예수의 제자 중 한 명인 야곱이 크리스트교를 전파하려다 순교한 곳으로 알려져 있다. 10세기에 이곳에서 야곱의 유해가 발견된 뒤, 산티아고 데 콤포스텔라는 예루살렘과 로마에 이어 유럽의 3대 성지 순례지가 되었다. 여기에는 대성당, 수도원 등 중세 기대의 건물들이 많이 남아 있는데 특히 야곱을 기리며 세운 대성당이 가장 유명하다.

■ 알타미라 동굴

알타미라는 스페인 북부의 칸타브리아 주에 있는 동굴 유적으로 동굴 벽에는 들소와 매머드, 사슴 등 당시의 동물들이 생동감 있게 그려져 있다. 이 벽화를 통해 구석기 시대의 사냥 방법과 사용한 무기, 예술의 수준을 알 수 있다.

여행 준비물

1 | 여권
여권은 반드시 필요한 준비물이다. 의외로 여권을 놓치고 당황하는 여행자도 있으니 주의하자. 유효기간이 6개월 미만이면 미리 갱신하여야 문제가 발생하지 않는다.

2 | 환전
유로를 현금으로 준비하는 것이 가장 효율적이다. 예전에는 은행에 잘 아는 누군가에게 부탁해 환전을 하면 환전수수료가 저렴하다고 했지만 요즈음은 인터넷 상에 '환전우대권'이 많으므로 이것을 이용해 환전수수료를 줄여 환전하면 된다.

3 | 여행자보험
물건을 도난당하거나 잃어버리든지 몸이 아플 때 보상 받을 수 있는 방법은 여행자보험에 가입해 활용하는 것이다. 아플 때는 병원에서 치료를 받고 나서 의사의 진단서와 약을 구입한 영수증을 챙겨서 돌아와 보상 받을 수 있다. 도난이나 타인의 물품을 파손 시킨 경우에는 경찰서에 가서 신고를 하고 '폴리스리포트'를 받아와 귀국 후에 보험회사에 절차를 밟아 청구하면 된다. 보험은 인터넷으로 가입하면 1만원 내외의 비용으로 가입이 가능하며 자세한 보상 절차는 보험사의 약관에 나와 있다.

4 | 여행 짐 싸기
짧은 일정으로 다녀오는 스페인 여행은 간편하게 싸야 여행에서 고생을 하지 않는다. 돌아올 때는 면세점에서 구입한 물건이 생겨 짐이 늘어나므로 가방의 60~70%만 채워가는 것이 좋다. 주요물품은 가이드북, 카메라(충전기), 세면도구(숙소에 비치되어 있지만 일부 호텔에는 없는 경우도 있음), 수건(해변을 이용할 때는 큰 비치용이 좋음), 속옷, 상하의 1벌, 신발(운동화가 좋음)

5 | 한국음식

| 고추장/쌈장 | 각종 캔류 | 즉석밥 | 라면 |

분야	품목	개수	체크(V)
생활용품	수건(수영장이나 바냐 이용시 필요)		
	썬크림		
	치약(2개)		
	칫솔(2개)		
	샴푸, 린스, 바디샴푸		
	숟가락, 젓가락		
	카메라		
	메모리		
	두통약		
	방수자켓(우산은 바람이 많이 불어 유용하지 않음)		
	트레킹화(방수)		
	슬리퍼		
	멀티어뎁터		
	패딩점퍼(겨울)		
식량	쌀		
	커피믹스		
	라면		
	깻잎, 캔 등		
	고추장, 쌈장		
	김		
	포장 김치		
	즉석 자장, 카레		
약품	감기약, 소화제, 지사제		
	진통제		
	대일밴드		
	감기약		

Pamplona

팜플로나

팜플로나

PAMPLONA

중세 스페인 북부의 있던 나바라 왕국의 수도로 중세부터 순례자들이 반드시 거쳐 가야 하는 도시였다. 로마 시대에는 폼페이오폴리스(Pompeiopolls)로 불렸다가 바스크인들이 정착하면서 그들의 언어로 '도시'라는 뜻의 이루나(Iruna)로 불렸다.

도시 이름의 기원

기원전 1세기 경, 로마의 카이사르와 폼페이우스가 내분이 일어났을 때, 폼페이우스 휘하의 세르토리우스 군대를 정벌하기 위해 카이사르의 폼파엘로Pompaelo 장군이 막사를 지어 도시가 시작되었는데, 그 이름이 지금까지 이어오면서 '팜플로나Pamolona'로 변형되었다.

산 페르민(San Fermin) 축제

스페인 북부 나바라 지방의 주도인 팜플로나는 소몰이 축제가 유명하다. 소몰이 축제Encierro는 7월 6일부터 시작되는 산 페르민San Fermin 축제의 일환으로 열리는 행사이다. 투우 경기에 사용하는 소들은 투우장으로 옮길 때 운반 수단을 이용하지 않고, 도시 인근의 소 우리에서 투우 소들을 풀어서 투우장까지 몰고 가는 과정에서 생긴 축제이다. 많은 사람들은 산 페르민 축제 기간 동안 매일 8시 정각에 산토 도밍고 광장에서 산토 도밍고가와 에스타페타가를 지나 투우장까지 825m의 좁은 거리를 투우 소들과 함께 달린다.

1924년 이래 15명의 사망자와 200명 이상의 부상자가 발생했다고 보고되기도 했다. 이 축제는 헤밍웨이가 1926년에 출간한 소설 "해는 또 다시 떠오른다."에 나와 세계적으로 유명세를 타게 되었다.

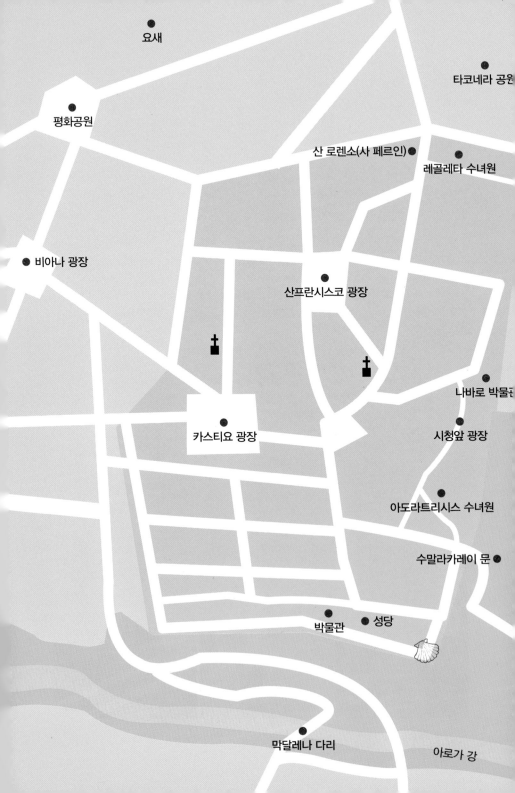

요새

타코네라 공원

평화공원

산 로렌소(사 페르인)

레골레타 수녀원

비아나 광장

산프란시스코 광장

나바로 박물관

카스티요 광장

시청앞 광장

아도라트리시스 수녀원

수말라카레이 문

박물관   성당

막달레나 다리

아로가 강

팜플로나 파악하기

박물관이나 유적지를 둘러보면서 더 머물 수 있다. 알베르게는 도시의 중앙에 위치해 있어서 도시를 둘러보기에 좋다. 대성당 입구의 건너편이 쿠리아 거리$^{Curia\ Calle}$인데 이 길은 메르카데레스 거리$^{Mercaderes\ Calle}$로 이어지고 계속 직진하면 산 사투르니노 성당$^{Iglesia\ San\ Saturnino}$이 보인다.

길을 따라 좁은 골목으로 올라가면 레콜레타스 광장$^{Plaza\ Recoletas}$과 산 로렌소 성당$^{Iglesia\ San\ Lorenzo}$에 도착한다. 이곳에 수호성인인 산 페르민$^{San\ Fermin}$의 예배당이 있다. 도로를 건너가면 보스케시오 거리로 들어서고 곧 타코네라 공원을 볼 수 있다.

프랑스 문
Portal de Francia

16세기에 프랑스에서 출발한 순례자들이 이 문을 지나야 팜플로나에 들어갈 수 있었다. 팜플로나는 8세기에 다시 한 번 이주민인 노르만족이 들어오면서 기존의 정착민과 이주민이 나누어져 생활을 하였다. 다시 15세기에 카를로스 3세Carlos III가 이주민을 장려하면서 기존의 2개 구역을 허물고 성벽을 쌓았다. 이때 문이 만들어졌다.

18세기에는 다리를 올리고 내리는 문을 다시 만들어 2개의 문이 있다. 1939년에는 '수말라 카레기 문'이라고 이름을 지었지만 시민들은 아직도 기존의 '프랑스 문Portal de Francia'이라고 부르고 있다.

산타 마리아 성당
Iglesia Santa Maria

로마시대에 광장이 위치한 구시가지에 있는 산타 마리아 성당은 팜플로나 알베르게 Albergue에서 1분 거리에 있다.

스페인의 건축가 에스테반Esteban이 로마네스크 양식으로 지었지만 14세기에 화재로 불탄 후 다시 고딕 양식으로 지어져 지금에 이르렀다. 팜플로나를 지금의 규모로 키운 카를로스 3세Carlos III의 무덤이 위치하고 다양한 유물들이 있어서 관광객으로 항상 붐비는 성당이다.

🏠 Calle Dormitaleria 1, 31001 🕐 10~17시(토요일 10~13시) € 5€

산 사투르니노 성당
Iglesia San Saturnino

산타 마리아 성당의 정면에서 내려가면 산 사투르니노 성당으로 이어져 골목이 시작된다. 3세기에 프랑스 툴루즈의 신부였던 산 사투르니노는 선교를 위해 팜플로나에 도착해 활동했다. 하지만 이방인을 배척하면서 포교활동을 못하고 250년경에 순교하였다. 제단에는 오른쪽에 산티아고 상, 왼쪽에 요한 상이 서 있다.

Logrono

로그로뇨

로그로뇨

LOGRONO

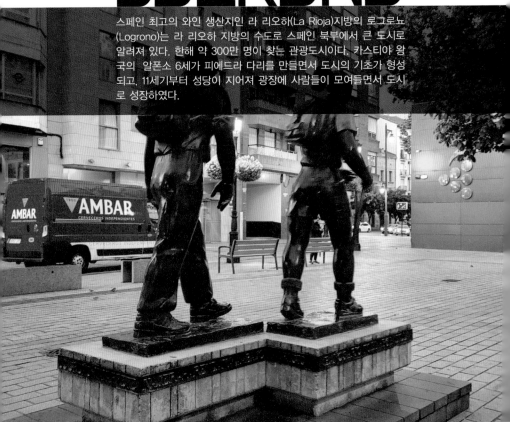

스페인 최고의 와인 생산지인 라 리오하(La Rioja)지방의 로그로뇨 (Logrono)는 라 리오하 지방의 수도로 스페인 북부에서 큰 도시로 알려져 있다. 한해 약 300만 명이 찾는 관광도시이다. 카스티야 왕국의 알폰소 6세가 피에드라 다리를 만들면서 도시의 기초가 형성 되고, 11세기부터 성당이 지어져 광장에 사람들이 모여들면서 도시 로 성장하였다.

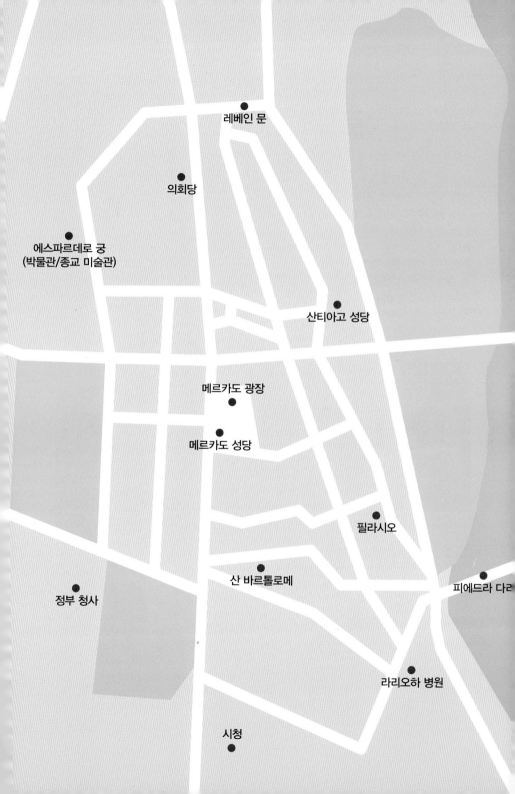

레베인 문

의회당

에스파르데로 궁
(박물관/종교 미술관)

산티아고 성당

메르카도 광장

메르카도 성당

필라시오

산 바르톨로메

피에드라 다리

정부 청사

라리오하 병원

시청

한눈에
로그로뇨 파악하기

중심가인 데 포르탈레스 거리^{Calle Portales}와 14세기의 산타 마리아 데 라 레돈다 성당^{Iglesia} Santa Maria de la Redonda 앞에 광장이 형성되어 있고 많은 바^{Bar}와 레스토랑, 상점들이 밀집해 있다. 광장까지 이어진 거리는 약 100m 정도이므로 언제나 도시를 둘러보기 쉽다. 쌍둥이 탑인 라스 제멜라스^{Las Genedas}는 메르카도 광장^{Plaza del Mercado}에 있어서 구분해 인식해야 한다.

메르카도 광장에는 다양한 카페와 상점이 줄지어 있다. 여기서 서쪽으로 걸어가면 타파스가 모여 있는 라우렐 거리^{Calle Laurel}가 나온다. 광장의 동쪽에는 살바도르 광장^{Plaza Amon Salvador}이 나오고 이곳에 산 바르톨로메 성당^{Iglesia de San Bartolome}과 산타 마리아 델 팔라시오 성당^{Iglesia de Santa Maria de Palacio}이 있다.

레베인 문(Puerta del Revellin) & 의회당

12세기, 찰스 4세(Charles IV)는 도시에 접근할 수 있는 유일한 아치형 통로인 레베인 문(Puerta del Revellin)을 만들어 도시를 보호하려고 문을 만들고 성벽을 지었다. 이전에 라 메르세드(La Merced) 수녀원이었던 원래 건물은 14세기에 지어졌지만 16세기에 증축되어 20세기에 이르러 리오하 지방의 의회로 사용되고 있다.

푸엔테 데 피에드라 다리
Puente de Piedra

로그로뇨Logroño의 에브로 강Rio Ebro에 있는 4개의 다리 중 하나로 도시의 입구에 있어서 순례자들이 시내로 들어가기 위해 만나기 때문에 인상적이다. '산 후안 데 오르테가 다리Puente San Juan de Ortega'라고도 불리는 이 다리는 1871년에 오래된 다리가 무너진 후인 1884년에 공사가 시작되어 지금에 이르렀다.

🏠 26001 Logroño

산타 마리아 데 라 레돈다 성당
Iglesia Santa Maria de la Redonda

12세기 고대 로마네스크 사원 위에 16세기에 지어진 성당으로 외부에 건축가 마르틴 데 베리아투아Martín de Berriatúa가 지은 쌍둥이 빌딩이 눈에 띈다. 1453년 산 마르딘 데 알벨다 교회 San Martin de Albelda Church와 합병되면서 증축되었다.

건물은 16, 18, 19세기에 여러 차례 증축되어 1959년에는 대성당으로 스페인에서 지정되었다. 3개의 본당과 후면에 3개의 다각형 모양으로 지어졌고, 내부에는 여러 개의 예배당과 많은 무덤이 있다.

🌐 www.museodelarioja.es 🏠 26001 Logroño 📞 +34 941291259

산티아고 엘 레알 교회
Parroquia de Santiago el Real

로그로뇨Logroño의 구시가지, 산티아고 광장 옆에 있는 산티아고 엘 레알 교회는 시의회가 열렸고 중요한 지방의회 문서가 보관된 곳이다.

1513년에 건축된 교회는 3개의 섹션과 본당이 있다. 정면은 17세기로 개선문을 따라 설계되었으며 2개의 사도 산티아고 조각으로 장식되었다.

산티아고의 샘
(Fuente de Santiago)

성당 밖에 있는 분수는 1675년에 돌로 지어진 2개의 기둥, 프리즈(Frieze)와 페디먼트(Pediment) 사이에 아치가 형성되어 있다.

'산티아고 분수', '순례자의 분수', '길의 분수' 등 다양한 이름으로 널리 알려져 있다. 완전한 복원을 거쳐 1986년 12월 18일에 문을 열었다.

🌐 www.lariojaturismo.com 🏠 26001 Logroño 📞 +34 941209501

산타 마리아 데 팔라시오 성당
Iglesia de Santa Maria de Palacio

카스티야의 알폰소 7세가 기증한 궁전의 기초 위에 세워졌기 때문에 '라 아구하La Aguja'나 '라 임페리얼La Imperia'로도 알려져 있다. 성당은 11세기에 세워졌으나 12세기에 재건되어 16세기에 증축되었다.
성당에는 3개의 본당이 있고, 횡단면 위로 팔각형 코폴라가 솟아 있고 외부에서 피라미드 고딕 스타일의 탑까지 확장된 구조로 이루어져 있다.

🌐 www.lariojaturismo.com 🏠 26001 Logroño 📞 +34 941249660

산 바르톨로메 성당
Iglesia de San Bartolome

로그로뇨에서 가장 오래된 성당으로 12세기에 지어지기 시작했지만 16세기에 완성되어 중요한 성당은 아니다. 성인으로 일컬어지는 바르톨로메를 기리기 위해 만들어진 성당은 출입구 상당에 생애에 대해 조각으로 표현해 놓았다.

Burgos

부르고스

부르고스

BURGOS

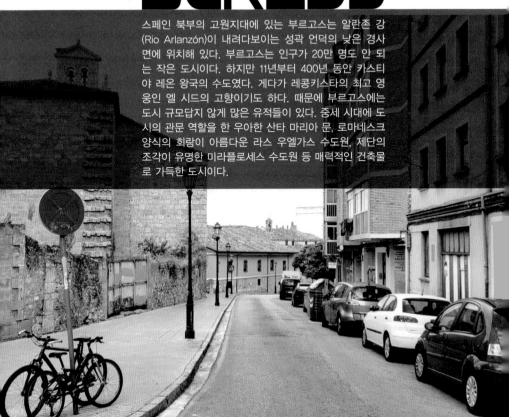

스페인 북부의 고원지대에 있는 부르고스는 알란존 강 (Rio Arlanzón)이 내려다보이는 성곽 언덕의 낮은 경사면에 위치해 있다. 부르고스는 인구가 20만 명도 안 되는 작은 도시이다. 하지만 11년부터 400년 동안 카스티야 레온 왕국의 수도였다. 게다가 레콩키스타의 최고 영웅인 엘 시드의 고향이기도 하다. 때문에 부르고스에는 도시 규모답지 않게 많은 유적들이 있다. 중세 시대에 도시의 관문 역할을 한 우아한 산타 마리아 문, 로마네스크 양식의 회랑이 아름다운 라스 우엘가스 수도원, 제단의 조각이 유명한 미라플로세스 수도원 등 매력적인 건축물로 가득한 도시이다.

간략한 카스티야 왕국의 수도,
부르고스 역사

884년에 도시로 형태를 갖춘 부르고스^{Burgos}는 1037년에 카스티야 왕국의 수도가 되었고, 국토 회복운동^{Reconquista}이 완료되던 1492년에 카스티야 이 레온^{Castille y Leon} 연합 왕국의 수도였다. 16세기에는 부르고스^{Burgos}가 양모 산업의 중심지로 성장했지만, 중앙 정부가 마드리드로 옮겨간 17세기부터 쇠퇴하기 시작했다.

카스티야 무역의 쇠퇴와 함께 부르고스는 18세기 샤를 3세 치하에서 부활할 때까지 쇠퇴했다. 1808년, 프랑스와의 반도 전쟁에서 프랑스군은 부르고스에서 스페인군을 물리쳤다. 프랑스군은 차례로 1812년 도시에서 영국군에 의해 포위당했고 결국 1813년에 점령당했다.

스페인 내전이던 1936~1937년에는 프랑코 장군 측의 본거지이기도 했다. 프랑코는 스페인 내전 동안 부르고스^{Burgos}의 이미지를 보수적인 가톨릭주의의 중심지로 만들었다. 프랑코 독재 정권 때 세운 직물, 화학, 고무 공장 덕분에 부르고스^{Burgos}는 지금도 스페인에서 중요한 산업 도시로 남아 있다.

산 페드로 이파블로(San Pedro y Pablo) 축제

부르고스는 스페인의 고딕 도시의 수도라고 할 정도로 민족주의적인 건축을 대표하는 도시이다. 1938년까지는 프랑코 정부의 근거지로 인구가 지속적으로 증가하여 20만 명에 이를 정도로 종교적이고 정치적인 이미지를 가지고 있었다.

도시의 방어 탑이라는 뜻의 부르고스Burgos는 엘 시드 장군의 고향으로 6월 29일에 속한 주에는 주요 축제인 산 페드로 이파블로San Pedro y Pablo 축제를 즐긴다.

부르고스 대성당
Iglesia de Santa Maria de Burgos

우리가 부르고스로 가는 이유는 오로지 대성당을 보기 위해서다. 장엄한 건축물과 인상적인 첨탑, 대성당 주변의 중세풍 거리는 항상 사람들로 북적인다. 부르고스 대성당은 크기로만 따지면 스페인에서 세비야와 톨레도에 이어 3번째이다. 하지만 규모, 아름다움, 예술적 가치 등 모든 것을 종합할 때 부르고스 대성당이 스페인의 최고 성당이라는 데, 이의를 제기할 사람은 거의 없다.

13세기 건축물인 산타 마리아 대성당Cathedral de Santa Maria은 세계 문화유산으로 등재되었다. 스페인의 무수한 대성당들 중에서도 가장 아름답고 큰 세비야 대성당 다음으로 크다. 고딕 형식의 건축물이지만, 다른 양식도 많이 결합되어 있으며 수세기에 걸쳐 뛰어난 건축가들에 의해 아름답게 장식되었다.

🌐 www.catedraldeburgos.es 🏠 Plaza Santa Maria, s/n. 09003
🕘 9시 30분~19시 30분(3월 중순~10월 말 / 이외는 10~19시 / 1시간 전까지 입장)
📞 +34 661535683/ +34 947204712

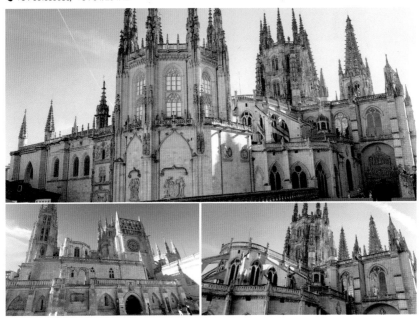

부르고스 대성당 집중 탐구

1221년 건축을 시작, 약 300년에 걸쳐 독일, 프랑스 등 세계 각지에서 온 건축가와 예술가들이 총력을 기울여 만든 고딕 양식의 최고 걸작품이다. 대성당은 건축의 우아함과 조화가 탁월하며, 대성당 건물만으로도 유네스코 세계 문화유산으로 지정된 스페인 유일의 대성당이다.

고딕 양식이지만 대성당은 1221~1795년까지 지속된 기간에 걸쳐 지어졌다는 점을 감안할 때 다른 예술적 스타일을 보여준다. 외관은 별표가 있는 장미창과 조각상 갤러리가 있는 푸에르타 델 페르돈(Puerta del Perdón)이다. 그 양쪽에는 84m 높이의 탑이 있으며, 석조 트레이서리와 함께 장엄한 15세기 첨탑으로 장식되어 있다.

내부

가장 아름다운 조각품은 푸에르타 델 사르멘탈(Puerta del Sarmental) 파사드에서 찾을 수 있으며, 사도와 복음 전파자들에 둘러싸인 판토크라토르Pantocrator의 이미지가 있다. 내부에는 아름다운 금고로 덮인 본당의 돔이 있고, 그 아래에는 "엘 시드 캄피도르(El Cid Campeador)"로 알려진 로드리고 디아스 데 비바르(Rodrigo Díaz de Vivar)와 그의 아내 도나 히메나(Doña Jimena)의 유해가 있다.

또한 그 옆으로는 디에고 데 실로에(Diego de Siloé)의 아름다운 황금 계단인 에스칼라라 도라다(Escalera Dorada)가 있다. 이 계단은 16세기에 건축되었으며 이탈리아 르네상스에서 영감을 받았다. 대성당의 측면 본당에는 19개의 예배당이 있으며, 귀중한 예술 작품도 있다.

마요르 광장
Plaza Mayor

카페에서 시원한 맥주나 카페 콘 레체^{cafe con leche} 한 잔을 마시며 시청사와 사방에 페인트 칠이 된 오래된 건물을 보면서 쉴 수 있다. 몇 걸음만 가면 미오 시드 광장^{Plaza Mio Cid}이 나온 다. 이곳에는 스페인 영웅 동상이 말을 타고 알란존 강^{Rio Arlanzón}을 가리키는 동상이 있다.

푸엔테 데 산 파블로에서 몇 분 동안 머물면서 강과 푸른 강둑을 감상한 후 도시의 가장 오 래된 지역으로 몸을 숙이고 팔로마 거리^{Calle Paloma}와 랭 칼보 거리^{Calle de len Calbo}에서 다양한 상점과 레스토랑을 만날 수 있다.

카사 델 코르돈
Casa del Cordon

리베르타드 광장Plaza de la Libertad에는 카스티야에서 파견된 고위직을 위해 지어진 15세기 궁전이 있다. 그 이름은 건물 정문 위의 돌로 조각된 프란체스코회 코드에서 따왔다. 현재, 궁전은 1층에 은행이 있고 위층에 전시 공간이 있다.

건물이 지어진 지 얼마 되지 않아 가톨릭 군주 페르난도 2세와 이사벨 1세가 1497년 두 번째 신대륙 항해에서 돌아온 크리스토퍼 콜럼버스를 바로 이곳에서 맞이했다. 나중에 펠리페 1세Felipe I 왕은 의심되는 중독으로 궁전에서 사망했으며, 나바라 왕국은 1515년 이곳에서 공식적으로 카스티야 왕국으로 통합되었다.

산타 마리아 성문
Arco de Santa Maria

꼭대기에 포탑이 있는 인상적인 15세기 개선문은 도시로 향하는 12개의 원래 중세 관문 중 하나였다. 산타 마리아 성문은 산타 마리아 다리에서 남쪽 입구를 지키고 있다. 아래에는 6개의 골방이 있으며, 각 골방은 도시의 과거의 핵심 인물에게 헌정되었다. 내부에는 1780년까지 부르고스 공의회가 열렸던 곳으로 천장과 아케이드, 갤러리가 있는 방이 있다.

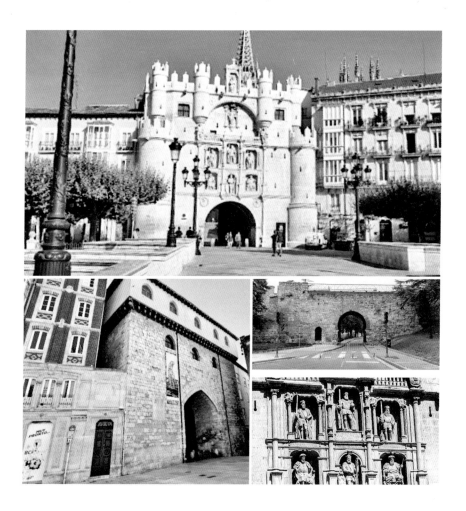

Astorga

아스토르가

아스토르가

ASTORGA

스페인 북서부에 위치한 아스토르가(Astorga)는 레온 지방의 도시로 로마시대부터 역사가 시작되는 유서 깊은 도시이다. 가우디의 디즈니 같은 궁전, 초콜릿 박물관, 고대 로마 유적지, 대성당이 어우러져 매년 관광객의 사랑을 받고 있다.
7월 마지막 주말에 펼쳐지는 로마시대를 재연하는 행사는 매년 수천 명의 방문객을 끌어들이는 축제이다. 아스토르가Astorga는 산티아고 순례길에서 마지막 남은 큰 도시여서 필요한 물품이 있다면 미리 구입해 두는 것이 좋다.

● 주교의 문　　　　● 로마의 문

● 박물관

● 산타 마르타 성당

● 카테드랄 광장

로마시대 홍등가 ●　　　● 주교의 궁(가우디)

● 카미노 박물관

● 시요르 신학교

● 엘 멜가르 공원

● 모데스토 광장

● 산 미겔 광장

● 오비스포 광장

● 로마나스

● 초콜릿 박물관　　● 왕의 문

● 산토실데스 광장

● 중앙광장

● 시청(시계)

● 산 바르톨로메 광장

● 산 바르톨로메 성당

시나고그 정원 ●　　● 산 프란시스코 광장

● 산 프란시스코 성당

간략한 역사

아스토르가Astorga는 산티아고 순례길의 마지막 250㎞지점 정도에 있는 도시로, 2000년 전에 로마인들에 의해 세워진 유서 깊은 도시이다. 로마시대의 유적지도 유명하지만 가우디가 디자인한 네오 고딕 양식의 주교관 건물이 더 보고 싶을 수 있다. 현재 순례자 박물관으로 사용하고 있는데, 가우디의 초창기 건축물이라 가우디의 특징이 나타나지는 않아 유명하지는 않다.

아스토르가Astorga는 로마 기원의 도시로 2,000년 전 아우구스투스 황제에 의해 도시가 형성되었다. 로마 시대의 고고학적 유적을 시내의 로마 모자이크와 하수도가 보존되어 있다. 수백 년 전의 모습 그대로 도시에 일상생활의 물건을 전시한 로마 박물관도 있다. 성벽은 로마에서 유래했지만 후기에 재건되었다.

아스토르가Astorga는 반도 전쟁 동안 가장 큰 영향을 받은 스페인 도시로, 나폴레옹이 아스토르가Astorga에 있을 때 러시아 전선에 소집되었다. 프랑스군은 아스토르가 성벽의 일부를 파괴했다.

한눈에
아스토르가 파악하기

중세 시대에 아스토르가Astorga는 산티아고 순례길에서
가장 중요한 도시였다. 18세기에 시청이 세워졌고, 대
성당에서는 200년 동안 현지 의상을 입은 2명이 매시
간 종을 울렸다. 로마네스크 양식으로 지어진 대성당
은 15세기에 증축을 시작해 18세기에 완공하였다. 도시
의 인구가 증가하면서 마요르 광장은 도시 생활의 중
심지로 거듭났다.

아스토르가(Astorga)로 가는 방법

아스토르가(Astorga)는 마드리드
(Madrid)에서 갈리시아 지방까지 A6 고
속도로를 통해 차로 약 3시간 거리에
있다. 마드리드와 스페인 북서부의 거
의 모든 도시에서 버스로 아스토르가
까지 갈 수 있다.

마요르 광장
Plaza Mayor

광장은 아스토르가 시민들이 매일 보고 사람들을 만나는 장소이다. 고대 로마 시대에 포룸이 있던 곳으로 중세부터 현재의 광장 모습으로 변화하기 시작했다. 광장의 한편에는 17세기 바로크 양식으로 지어진 시청이 있다.

카테드랄 광장
Plaza Cathedral

아스토르가 끝자락에 있는 광장은 가우디 건축물이 있는 카미노 박물관과 산타 마리아 대
성당이 있는 아름다운 광장이다. 낮에도 관광객이 많이 몰려 건축물을 보기 바쁘지만 저녁
이 되면 커피와 함께 아름다운 건축물과 함께 즐기는 야경도 아름답다.

산타 마리아 대성당
Iglesia de Santa Maria

15세기 말에 대성당 건설이 시작되어 300년 동안 이어졌기 때문에 아스토르가Astorga 대성당에서는 다양한 건축 양식을 볼 수 있다. 고딕, 르네상스, 바로크 양식이 섞여 있는 데, 약 300년 동안 지어진 흔적을 볼 수 있다.

18세기에 마지막으로 완성된 파사드는 은 세공 양식이 섬세하게 녹여 아름다움을 더했다는 평가를 받고 있다. 내부에는 가스파르 베세라가 만든 제단이 있고 12세기에 비잔틴 양식으로 만들어진 성모자상이 있다.

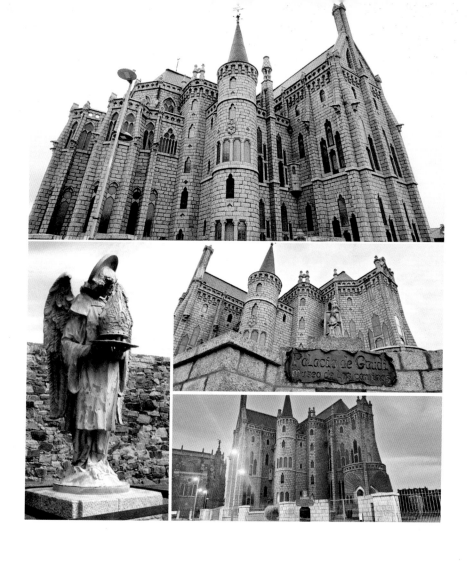

카미노 박물관
Museo de los Caminos

동화에서 갓 튀어나온 것처럼 보이는 네오고딕 양식의 화강암으로 만들어진 가우디Gaudí의
성공회 궁전Palacio Esiscopal은 현재 카미노 박물관으로 사용하고 있다. 의외로 다양한 순례자
상과 순례길과 관련한 소장품은 흥미롭다.

Montserrat

몬세라트

몬세라트

MONTSERRAT

몬세라트(Montserrat)는 바르셀로나에서 기차로 북서쪽으로 1시간 거리에 있는 아름다운 베네딕트 수도원이 있는 산악 휴양지이다. 몬세라트는 바르셀로나 근교에 있는 산으로 울퉁불퉁 근육질처럼 바위와 봉우리가 6만개나 이어진다.

몬세라트 IN

자동차

바르셀로나의 중심에서 약 70㎞ 떨어진 몬세라트는 자동차로 이동하려면 스페인에서 가장 아름다운 구불구불한 도로를 이동해야 하지만 도로 옆의 풍경을 정말 아름답다.
A2 고속도로에서 마르토렐Martorell 출구로 나온 다음 NⅡ 국도에서 몬세라트Montserrat 교차로까지 이동하면 된다. 고속도로에서 산의 독특한 모양을 볼 수 있어서 바르셀로나에서 투어로 몬세라트를 다녀오는 관광객이 많다.

기차

기차로 몬세라트까지 이동하는 데 약 1시간 30분이 소요된다. 몬세라트, 케이블카 또는 랙 철도 '체레말레라Cremallera'를 오르는 2가지 방법이 있다.
플라카 에스파냐Plaça Espanya 지하철역에서 FGC(Ferrocarrils de la Generalitat)를 타고 만레사Manresa 방향으로 R5 라인을 타고 이동하면 된다. 첫차는 08:36부터 매시간 출발한다.

케이블카(€10 / 렉 철도8.45€)

아에리 데 몬세라트Aeri de Montserrat역에서 내려서 탑승하거나, 랙 철도의 경우 '몬세라트 수도원Monistrol de Montserrat' 정류장에서 탑승하면 된다. 20분마다 랙 철도가 몬세라트까지 운행되며 수도원으로 바로 연결된다.

결합 티켓(Trans Montserrat / Tot Montserrat)

몬세라트 통합교통권(Trans Montserrat/26.60유로)와 토트 몬세라트(Tot Montserrat/42.65유로)의 합산 티켓은 바르셀로나에서 당일치기 여행으로 다녀올 수 있다. FCG(Ferrocarrils de la Generalitat de Catalunya), 카탈로니아(Catalan) 철도역, 에스파냐 광장(Plaça Espanya)역 및 카탈루냐 광장(Plaça Catalunya)역의 자동판매기에서 구입할 수 있다.

티켓에는 두 번의 지하철 타기, 몬세라트(Montserrat)까지 기차를 타다 돌아오는 티켓이 있다. 케이블카(Aeri) 또는 랙 레일, 케이블카로 계속해서 시청하고 시청각 전시회에 입장하는 것이 포함된다. 토트 몬세라티 티켓에는 박물관 입장권과 레스토랑 메뉴도 포함되어 있다.

몬세라트 수도원
Santa Maria de Montserrat Abbey

종교적으로 매우 중요할 뿐만 아니라 수도원을 둘러싼 자연은 숨이 막힐 정도로 아름답다. 이곳에는 아서 왕의 성배 전설에 등장하는 베네딕트의 산타 마리아 몬세라트 수도원이 있어서 기독교 성지로 알려져 있다. 가우디가 사그라다 파밀리아 성당과 카사밀라를 짓게 만든 영감을 주었다는 이야기가 전해지며 전 세계 관광객이 찾고 있다.

몬세라트Montserrat 산은 기독교 이전 시대부터 종교적 중요성을 가졌다. 그리스도를 숭배하는 사원이 로마인에 의해 세워졌다. 최초로 880년에 첫 번째 수도원이 건축되었다고 전해진다. 그들은 몬세라트에 다양한 암자를 지은 은자 승려였다. 수도원은 산타 마리아 1025의 암자를 확장하여 설립되었다. 12세기에 발견된 블랙 마돈나에 발견되면서 순례의 대상으로 전해지면서 수도원은 성장하였다.

콜럼버스를 비롯해 페르난도 왕과 이사벨라 여왕 등의 역사적으로 유명한 인물들이 몬세라트를 순례했다. 콜럼버스는 1493년 두 번째 신대륙으로 떠나면서 수도원에서 마지막으로 기도를 올렸다. 1811년 수도원은 나폴레옹 군대에 의해 대부분 파괴되었지만 베네딕토 수도원은 다시 재건되었다.
프랑코 독재 시대에 수도원은 저항을 하면서 수백 명의 박해가 가해졌고 20명 이상의 승려가 처형되기도 했다. 이 저항으로 수도원은 카탈루냐 사람들이 억압과의 싸움에 대한 중요한 상징으로 여겨지게 되었다.

기적의 주인공을 만나고 싶다면?

전설이 과한 측면은 있지만 지금도 찾는 기적의 주인공, 검은 성모상은 예배당에서 만날 수 있다. 성모상을 들고 있는 공에 손을 대고 소원을 빌면 이루어진다고 믿는다. 성모상을 보기 위해 여름에는 2시간 이상, 겨울에도 일찍 찾지 않으면 기다리는 줄을 서야 만날 수 있다. 성모상이 있는 예배당은 오픈 시간이 따로 정해져 있다.

▶ 홈페이지_ www.abadiamontserrat.net

모니스트롤 – 몬세라트 트레킹
Monistrol - Montserrat (Drecera dels Tres Quarts 경유)

여러 트레킹 코스가 있지만 가장 많이 다녀오는 트레킹 중 하나는 'La Drecera del Tres Quarts'를 경유하여 몬세라트Montserrat로 가는 모니스트롤Monistrol이다. 524m의 경사로 3.8㎞에 불과하지만 처음부터 끝까지 가파른 코스가 나온다. 트레킹이 끝날 때까지 1시간에서 1시간 45분이 소요된다.

산책을 즐기는 경우 카탈로니아 전체에서 가장 특이한 암석층의 웅장한 전망을 경험할 수 있는 산을 통과하는 흥미로운 산책도 있다. 케이블카를 타고 산 정상까지 올라갈 수 있으며 거기에서 카탈로니아 시골의 놀라운 전망을 감상 할 수 있는 다양한 산책로를 선택할 수 있다.

주차장에는 몇 개의 피크닉 테이블이 있으며 여기에서 트레킹이 시작된다. 왼쪽으로 이동해 평평하고 넓은 숲 트랙에 도달할 때까지 5분 정도 상당히 가파른 지형이 나타난다. 숲 트랙은 'Camí de les Aigües'라고 불리며 몬세라트까지 이어진다.

숲길은 첫 번째 표지판과 오른쪽으로 올라가는 또 다른 트레킹 코스를 찾을 때까지 숲 트랙을 계속 걸어가면 된다. 바위가 많고 가파르기도 하니 조심해야 한다. 절반정도의 길에 숲 지역이 있는데 화창한 날에는 아름다운 풍경이 기다리고 있다.

트레킹 정보
- ▶거리 : 3.5km(경사 : 550m)
- ▶표지판에 따라 1시간 45분 정도 소요 / 내 시간 50 분
- ▶자동차나 기차로 모니스트롤(Monistrol)에 도착한다. 마을을 지나 왼쪽으로 조금만 이동하면 주차 공간이 있다.

Albergue
El Jardín
del Camino

Zaragoza
사라고사

사라고사

ZARAGOZA

사라고사는 바르셀로나 서쪽으로 300㎞ 떨어진 곳에 있는 작은 도시로 고속 열차로 마드리드 와 바르셀로나에서 편리하게 다녀올 수 있다. 사라고사는 아라곤 주의 주도로 널찍한 보도를 걸으며 멋진 가게를 구경하고 가장 맛있기로 소문난 타파스도 맛보자.
무데하르 교회, 로마 유적지와 르네상스 건축물 등 번화한 현대 도시에 깊이를 더하는 매력적인 역사를 눈으로 확인할 수 있다.

사라고사 파악하기

도시 최고의 건축물이 경계를 짓고 있는 델 필라르 광장을 관광의 출발점으로 삼으면 된다. 기원전 40년에 성모 마리아가 나타났다고 알려진 지점에 세운 멋진 17세기 건물인 누에스트라 세뇨라 델 필라르 성당이 우뚝 서 있다. 안에 들어서면 다미안 포르멘트가 설화석고로 제작한 16세기 제단화 조각품이 눈에 들어온다.

광장 동쪽에는 인상적인 라 세오 성당은 고딕 제단화부터 아름다운 무데하르풍 외관까지 각종 양식이 뒤섞여 보는 이의 시선을 사로잡는 하나의 예술 작품이다. 바로 옆에 있는 박물관에 전시된 14~17세기 태피스트리도 놓치지 말자.

아베니다 드 세자르 아우구스토는 한때 이 도시 전체를 휘감았던 로마 성벽의 현존하는 가장 긴 부분이다. 이 벽은 이제 80m 길이의 조각밖에 남지 않았지만, 1세기 무렵에 세운 원래의 벽은 한때 도시 전체를 둘러싸며 무려 3,000m도 넘게 이어졌다고 한다.
11세기에 지어진 스페인 최고의 무어 궁전인 알하페리아는 원래 이슬람 지도자들의 왕궁이었다. 정교한 꽃문양을 보면 탄성이 절로 나오는 무데하르 양식 격자 천장도 인상적이다. 포로 데 카에사라아구스타 박물관에는 잘 보존된 로마식 원형 극장을 볼 수 있다. 거대한 6,000석 규모의 극장은 물론 발굴 중에 복원한 관련 박물관에 전시된 유물도 있다.
엘 투보 주변의 좁은 거리를 돌아보면 맛있는 타파스 바는 물론 매력적인 거리 예술 작품도 많이 만날 수 있다. 고기 요리가 기본인 든든한 아라곤 전통 요리를 맛볼 수 있다.

로마 성벽
Roman Walls

사라고사의 로만 월은 '카에사라아구스타Caesaraugusta'라는 로마 시대 식민지였던 시절 도시 전체를 둘러싼 벽이었다. 한때 견고한 위용을 자랑했던 이 벽이 이제 파편 수준으로만 남아 현대의 사라고사 전역에 여기저기 흩어져 있지만 이 유적을 보면 옛 로마 시대 도시 풍경을 상상할 수 있다.

벽의 남아 있는 부분 근처에 세워진 아우구스투스 황제의 청동상이 있다. 1940년 이탈리아 정부에서 사라고사에 증여한 이 조각상은 바티칸에서 발견된 원본을 청동으로 복제한 작품이다. 가슴판을 자세히 보면 아우구스투스가 정복한 수많은 지역 중 몇몇 곳의 상징을 볼 수 있다. 설화석고로 만든 장식벽에는 수 세기 동안 변해온 사라고사의 4가지 이름이 새겨져 있다.

이 벽은 중세 시대 요새의 일부분이었던 토레온 데 라 수다(수다 탑)에서 끝난다. 10세기경에 로만 월 위에 세워진 이 탑은 이곳에 세워진 웅장한 무어식 궁전에서 오늘날까지 남아 있는 유일한 흔적이다. 안을 들여다보면 도시 전체를 내려다볼 수 있는 전망대를 비롯해 오래된 사진과 그림이 전시되어 있다.

🏠 Avenida Cesar Augusto s/n, 50003

간략한 로마 성벽 역사

로마인이 기원전 14세기에 이 도시를 세웠을 때, 이름은 '카에사라아구스타(Caesaraugusta)'라 명명했다. 지금의 이름인 '사라고사'도 여기서 파생된 것이다. 도시 성벽은 3세기가 되어서야 세워졌다. 원래는 3,000m도 넘는 길이로 길게 이어졌으며 120개의 방어 탑이 포함되어 있었다.

로마 문명이 멸망하고 난 뒤 서고트족과 무슬림 등 이후의 통치자들도 이 벽을 외부의 공격에 맞서는 방어책으로 계속 활용했다. 원래의 벽은 대부분 도시 경계를 넓히기 시작한 15세기 무렵 파괴되고 말았다.

규모

남아 있는 부분 중 가장 긴 조각은 아베니다 드 세자르 아우구스토(Augusto)에서 찾아볼 수 있다. 이 부분은 80m 정도의 길이로, 원래 벽과 마찬가지로 바깥쪽은 설화석고와 백악질 평판으로 만들고 단단한 모르타르를 채워 만들었다. 이 벽은 한때 10m 높이에 달했고 너비는 7m에 육박하는 부분도 많을 정도로 엄청난 규모였다.

🏠 Plaza Pilar Ntra. Sra s/n. 50003 🕐 10~19시 📞 +34-976-397-497

필라르 성모 대성당
Fiestas Del Pilar

기둥이라는 뜻의 필라르Pilar를 사용하는 필라르 성모 대성당Fiestas Del Pilar은 화려하게 타일을 붙인 11개의 둥근 지붕으로 유명하다. 옛날 성모 마리아가 나타나 신앙을 전파하러 온 야곱에게 기둥을 전했다는 것에서 유래되었다.

성당의 천장에는 사라고사 출신의 세계적인 화가인 고야F.Goya의 천정화로 유명하다. 스페인 시민전쟁 당시 성당을 뚫고 들어온 포탄 2개가 다행히 불발이 되어 고야가 그린 프레스코화는 오늘날까지 무사히 보전되고 있다. 사라고사의 교좌 성당에 보존되어 있는 13세기의 문헌들에 기록되어 있는 대로, 기둥의 성모의 전승은 예수 그리스도의 승천 직후 사도들이 성령으로 가득차서 힘차게 복음을 전하고 있다.

성당 내부에 있는 '산따 까비야'는 벤뚜라 로드리게스의 작품으로 빛나는 은과 꽃들 사이의 기둥 위에 작은 성모상이 있다. 성당 한 켠의 작은 보석박물관에는, 역대 성당 주교들의 장신구, 18C 귀족들부터 지금까지 사람들이 기증한 각종 보석들이 전시되어있다. 그중에는 에바 페론의 귀걸이도 있다.

필라르 광장
Plaza del Pilar

스페인에서 가장 큰 보행자 전용 광장 중 하나인 플라자 델 필라르는 예쁜 카페와 유서 깊은 건물에 에워싸여 있다. 사라고사의 여러 명소를 둘러보기에 가장 좋은 출발점이다. 이 광장은 공연, 축제를 비롯한 활발한 행사로 늘 바쁘게 북적인다.

북쪽에 위치한 누에스트라 세뇨라 델 필라르 성당에서 광장의 이름을 따왔다. 압도적인 바로크 성당은 1681년에 지어진 건물로, 18세기에 대대적인 개보수 공사를 거쳤다. 실내에 들어가면 프란치스코 고야의 프레스코화 두 점이 시선을 사로잡는다. 매년 수천 명의 순례자를 끌어 모으는 자그마한 조각상인 비르헨 델 필라르도 못지않은 명성을 자랑한다. 엘리베이터를 타면 탑 꼭대기까지 올라가 도시 전체를 가로지르는 아름다운 전망을 볼 수 있다.

🏠 Plaza Pilar Ntra. Sra s/n, 50003

광장 둘러보기

성당 바로 근처에서 시청인 '아윤타미엔토'를 찾아보자. 원래 르네상스 시대에 지어진 건물이 스페인 내전 때 손상되어 지금 볼 수 있는 재건된 건물은 20세기 중반에 완공된 형태이다. 주 출입구 양쪽에 세운 조각상의 한쪽은 산 발레로이고 다른 한쪽은 이 도시의 수호 천사인 '안헬 쿠스토디오'이다. 이들은 추상 조각가인 파블로 세라노가 설계한 작품이다.

광장 맞은편으로 향하면 1380~1550년 사이에 지어진 라 세오 성당이 보인다. 고딕, 바로크와 무데하르 양식이 매력적으로 뒤섞인 이 성당은 원래 모스크로 설계되었다. 성당 옆에 붙어 있는 박물관에는 멋진 프랑스와 플랑드르산 태피스트리가 전시되어 있다.

광장 서쪽 끝에 있는 분수인 푸엔테 델라 이스파니다드는 1991년에 라틴 아메리카 지도 모양을 본떠 만들었다. 남미 대륙의 북쪽을 상징하는 폭포와 왼쪽 위에 있는 구멍은 유카탄 반도와 중미 대륙을 상징한다.

스페인 광장
Plaza de Espana

도심 한가운데의 스페인 광장은 근처에 레스토랑과 바, 기념비와 박물관이 많다. 역사가 오래된 건축물은 물론 현대식 건물이 주위를 장식하듯 서 있다. 약 2,000년이라는 세월 동안 사라고사 역사에서 뗄 수 없는 관계를 유지해 왔지만 이름, 형태, 기능은 여러 차례 변화를 거듭했다. 도시의 당시 상황에 따라 레알 플라사 데 산페르난도, 플라사 데 라 콘스티투시온 등으로 불렸다.

사라고사 초기 시절에는 로마 시대 문도 스페인 광장에 서 있었는데, 초창기 기독교인들이 처형지로 향하는 길목에서 마지막으로 보게 되는 광경에 스페인 광장이 포함되어 있었다. 15세기에는 순교자들을 기리는 신전이 광장 중간에서 한 자리를 차지하기도 했다.

고대 건축물들은 세월이 지나면서 없어졌지만 그렇다고 해서 스페인 광장에 주목할 만한 건물이 없는 건 아니다. 지방 의회가 자리한 1940년대 신고전주의 건물이 대표적이다.

스페인 광장 중앙에는 순교자들을 위한 기념비가 서 있는데, 20세기 초에 세운 이 기념비는 초기 기독교 순교자들과 1808년에 시작된 독립 전쟁 당시 프랑스 침략자들로부터 도시를 구하는 데 온 힘을 다한 용사들을 기리고 있다.

🏠 Avenida Independencia y Calle Coso

로마 원형극장
Roman Forum

2세기가 넘는 세월 동안 로마 원형극장은 사라고사 주민들이 서로 어울리고 유흥을 즐겼던 장소였다. 1세기 도시 전성기 시절에 지어졌으며 사라고사에서 가장 잘 보존된 로마 건축물이기도 하다. 대부분의 관광객들이 로마 원형극장에 마련된 박물관 1층에서 관람을 시작한다. 1972년에 우연히 카에사라아구스타 극장을 발견한 때부터 이후의 발굴에 이르기까지 당시 상황을 자세히 기록한 사진과 문서를 볼 수 있다. 지하층으로 내려가면 발견 당시에서 시작해 1세기 무렵 원형극장이 건설되기까지 이곳의 역사를 모두 기록한 시청각 자료를 볼 수 있다. 유적지에서 발굴된 유물과 복원 모형을 살펴보고 유리 바닥을 통해 보이는 극장 토대도 살펴보자.

로마 원형극장의 지하층에서 통로를 따라 걷다 보면 보호 덮개 아래에 놓여 있는 극장 유적이 나오는데, 여러 층으로 배치된 좌석 중 일부도 볼 수 있다. 로마 원형극장 박물관 2층에는 원형극장, 극작가, 배우, 연극 장르 등에 관한 시청각 자료가 더 준비되어 있다. 3세기 후반기에 로마 문명이 쇠퇴하면서 이곳에 나타난 이슬람, 유대인, 가톨릭 문화에 초점을 둔 전시도 있다.

알하페리아 궁전
Palacio de la Aljaferia

11세기 이슬람 통치자를 위해 지은 요새화된 궁전인 알하페리아 궁전Palacio de la Aljaferia의 수 많은 방과 공간을 따라 걸으면 당시를 상상할 수 있다. 오랜 역사를 거치며 기념비적인 건 축물로 자리 잡은 이 궁전은 아라곤의 기독교 왕들과 스페인 가톨릭 군주들의 집으로 이용 되기도 했는데 지금은 지방 의회 청사로 활용되고 있다.

알하페리아 궁전Palacio de la Aljaferia 입구에 있는 해자를 다리로 건너면서 역사적인 원형 탑을 볼 수 있다. 주 출입구를 따라 성 마르틴의 안뜰로 들어가면 주변에 다양한 건축 양식으로 지어진 건물들이 눈에 들어온다. 초기 무어인의 궁전으로 향하는 출입구와 의회 청사 정 면, 성 마르틴의 예배당에 적용된 무데하르 양식인 점을 눈여겨보자. 홀로 서 있는 모습의 직사각형 탑은 주세페 베르디의 오페라인 일 트로바토레 중 한 장면의 배경으로, 오늘날 음유 시인이라는 의미의 트루바두르 타워라고 불리고 있다.

알하페리아 궁전Palacio de la Aljaferia 안에 마련된 14세기 교회 안으로 들어가면 아라곤 군주의 문장과 함께 양각으로 새긴 장미를 목재 천장에서 볼 수 있다. 가톨릭 군주의 왕궁에 있는 숙고의 방에서 아름다운 천장화도 유명하다. 1469년, 페르디난드 왕과 이사벨라 여왕의 결 혼의 상징과 모토는 현대 스페인의 시작인 역사적인 곳이다.

 알하페리아 궁전Palacio de la Aljaferia의 복잡한 복도를 따라 늘어선 방마다 들러 아름다운 천 장화와 위층 회랑을 거닐다 보면 금박을 입힌 오목한 천장과 그림을 그린 목재가 인상적 인 공간인 왕의 알현실로 향하게 된다.

🏠 Calle Los Diputados   ⏱ 10~14시, 16시30분~20시   📞 +34-976-289-589

라 세오 성당
La Seo del Salvador

사라고사 중심의 세오 광장에 자리한 라 세오 성당La Seo del Salvador이 들어선 자리는 수 세기에 걸쳐 성스러운 장소로 여겨졌는데 처음에는 로마 신전이 이 자리에 있었다. 그 이후, 서고트 족 교회가 들어섰다가 마침내 이슬람 사원이 자리하게 되었다.

현재의 성당은 12세기에 들어서야 착공되어 거대한 건축물에는 고딕, 르네상스, 무데하르 등의 건축 양식이 조화를 이루고 있다. 아치형 아프시스와 심보리오(8각 돔)로 덮인 높은 탑, 아름다운 조각이 일품인 파로키에타 덕분에 무데하르 양식을 잘 보여주는 건축물로 가치를 인정받아 유네스코 세계 문화유산으로 등재되었다.

라 세오 성당La Seo del Salvador 내부를 직접 둘러보며 역사를 살펴보고 오랜 세월 동안 공간을 지킨 종교 예술품을 볼 수 있다. 제단화는 15세기에 조각된 고딕 작품으로, 사라고사의 수호성인인 성 발레리우스의 삶을 묘사하고 있다. 오르간의 파이프는 15세기까지 거슬러 올라갈 만큼 오랜 역사를 자랑한다.

라 세오 성당La Seo del Salvador에는 예배당도 다수 자리하는데, 일부는 요절한 성인을 기리기 위해 지어졌다는 전설이 있다. 성 베르나르드의 르네상스풍 예배당에는 아라곤의 대주교인 돈 에르난도와 그의 어머니의 무덤이 있다. 대천사 미카엘의 예배당도 놓치지 말자.

> **필라르 성모 대성당과의 비교**
> 라 세오 성당을 둘러본 후 사라고사에 있는 또 다른 성당인 필라르 성모 대성당을 방문하면 인상적인 커다란 돔 1개와 작은 돔 10개가 보인다. 에브로 강을 따라 약 5분 정도만 걸으면 도착한다.

🏠 Plaza de la Seo   📞 +34-976-291-238

🏠 Plaza Seo 2,50001 📞 +34-976-399-752

카에사라아구스타 박물관
Museo del Foro de Caesaraugusta

라 세오 광장 아래에 마치 다른 세계처럼 펼쳐진 포로 데 카에사라아구스타 박물관Museo del Foro de Caesaraugusta에는 사라고사 고대 로마 포럼의 흔적이 남아 있다. 사회, 정치, 경제, 종교 생활의 요충지였던 이곳은 포르티코로 둘러싸인 넓고 개방된 공간으로, 신전과 행정처로 연결되었다. 2,000년이 훨씬 넘는 유적지를 살펴보면서 도시가 형성되던 당시의 모습을 그려볼 수 있다.

포로 데 카에사라아구스타 박물관Museo del Foro de Caesaraugusta의 지하층은 역사에 관한 시청각 자료를 보면 로마인들이 사라고사에 온 배경을 알 수 있다. 포로 데 카에사라아구스타 박물관Museo del Foro de Caesaraugusta의 전시창 너머로 가득한 로마 시대 도자기를 볼 수 있다. 시장 구역 아래에서 중앙 분수까지 물을 운반하는 데 사용된 납관 중 일부가 전시된 창도 보인다. 역사가 1세기까지 거슬러 올라가는 커다란 하수관 내부는 도시에서 에브로 강으로 폐수를 흘려보내는 용도로 사용되었다. 하수관 벽을 보면 무언가 보이는데 건설 당시 쓰인 나무판자 자국이다.
2층으로 올라가면 이 박물관의 주연급 고고학 유적을 볼 수 있다. 하수관 2개의 배치와 포럼 포르티코의 토대, 역사가 1세기까지 거슬러 올라가는 시장의 자취 등이다. 로마 상점 지하를 재현한 전시와 포럼의 모형이 전시되어 있다.

호세 안토니오 라보르데타 공원
Parque Grande Jose Antonio Labordeta

잔디, 나무, 꽃, 정원, 기념비 등이 그림처럼 아름답게 조화를 이루는 곳, 도시의 오아시스 같은 곳이 호세 안토니오 라보르데타 공원Parque Grande Jose Antonio Labordeta이다. 주변 지역을 산책하거나 조깅, 자전거, 스포츠를 즐기셔도 좋고 그냥 쉬어도 좋은 장소이다.

밖으로 나가 호세 안토니오 라보르데타 공원Parque Grande Jose Antonio Labordeta의 넓고 탁 트인 공간에서 휴식을 취하면 '그랜드 파크'라고도 하는 공원은 사라고사에서 가장 넓은 공원으로, 약 405,000m²에 이르는 면적을 아우르는 초록의 싱그러운 공간이다. 잎이 무성한 푸른 나무, 식물원, 분수, 넓은 거리, 기념비 등이 마음을 편하게 해준다.

호세 안토니오 라보르데타 공원Parque Grande Jose Antonio Labordeta에 마련된 파세오 산세바스티안을 따라 걸어가면 장식용 분수와 깔끔하게 손질된 울타리, 장미 덤불 등이 아름답다. 이곳은 프랑스의 화려한 베르사유 정원에서 영감을 받았다.

호세 안토니오 라보르데타 공원Parque Grande Jose Antonio Labordeta에서 12세기 전쟁 왕이라고 불렸던 '알폰소 1세'의 거대 조각상도 있다. 커다란 대리석 기념물의 받침대에는 도시의 상징인 청동 사자 조각상도 볼 수 있다. 조각상 근처에는 주변보다 조금 더 높게 마련된 공간이 있는데 이곳에 오르면 공원과 사라고사의 멋진 풍경을 볼 수 있다.

린콘 데 고야는 합리주의 양식이 돋보이는 건물로 스페인 화가인 프란시스코 데 고야 사망 100주년을 추모하기 위해 지어졌다. 넵튠 분수와 베네수엘라의 군 지도자였던 시몬 볼리바르의 청동 반신상이 건물 앞에 있다. 호세 안토니오 라보르데타 공원Parque Grande Jose Antonio Labordeta 내 식물원 입구에는 연못과 유압식 시계가 자리하고 있다. 아라곤 지역 토착 식물과 침엽수, 관목 사이를 산책하다 보면 마음이 차분해진다.

🏠 Paseo de Isabel la Catolica 75, 50009

PLAZA JOSE LUIS SAMPEDRO

127

사라고사 박물관
Museo de Zaragoza

사라고사 박물관은 방대한 양의 소장품이 여러 곳에 흩어져 있는데 1908년 스페인-프랑스 박람회 건물이 본부 역할을 하고 있다. 사라고사 박물관 본관은 시내 바로 동쪽에 있는 플라사 데 로스 시티오스 근처에 자리하고 있다. 이곳에서 고대 유물과 순수 미술을 만날 수 있다.

고대 유물이 전시된 사라고사 박물관 1층은 기원전 80,000년부터 로마 시절까지 다양한 시대의 유물이 전시되어 있다. 구석기 시대 사람들이 사용하던 도구와 청동기 시대의 문화 유물 등을 볼 수 있다.

사라고사 박물관 2층으로 올라가면 지난 몇 세기 동안 활동한 작가들의 예술 작품이 있다. 스페인 회화 역사상 가장 위대한 예술가로 꼽히는 프란시스코 데 고야의 작품이 전시된 공간이 가장 관광객의 방문이 많은 곳이다. 동아시아 예술품과 19~20세기 회화 및 조각품이 전시된 공간도 있다. 사라고사 박물관의 안뜰을 거닐면 명문가의 문장과 15세기 성 도밍고 교회의 고딕 아치 등 다양한 작품의 컬렉션을 볼 수 있다.

🏠 Plaza los Sitips 6 CP 50001 ⏰ 10~14시, 17~20시 € 무료 📞 +34-976-222-181

3곳의 전시관

사라고사 박물관의 소장품은 다른 3곳에도 나뉘어 전시되어 있는데, 선사 시대부터 현재까지 아라곤에서 만들어진 도자기는 호세 안토니오 라보르데타 파크에 있는 알바라신 하우스에 있다. 이 공원에는 민족학 관련 전시를 볼 수 있는 피레네안 하우스도 있다.

사라고사에서 남동쪽으로 50㎞ 정도 이동하면 벨리야 데 에브로에 있는 콜로니 오브 셀사가 나온다. 에브로 계곡에 기원전 44년에 세워진 최초의 로마 식민지 유적지이다. 박물관으로 들어가 식민지의 일상생활과 정치 역사를 아우르는 유물과 전시품이 전시되어 있다. 고대 로마의 거리와 주택, 그 밖의 건물도 볼 수 있다.

Valenciana

발렌시아

발렌시아

VALENCiANA

기원전 138년 로마인들에 의해 세워진 스페인에서 3번째로 큰, 지중해의 항구 도시인 발렌시아는 수족관, 과학 센터와 같은 현대적인 명소뿐만 아니라, 스페인에서 가장 역사적인 건축과 문화도 함께 공존하고 있다. 중세 건축물, 지중해 해변에서부터 미래적인 문화 센터와 우아한 도시 공원까지, 발렌시아는 분위기와 스타일이 조화를 이루는 도시이다.

발렌시아는 스페인에서 가장 큰 역사적 도시 지역 중 하나로, 현대적인 산업 성장의 원동력이 되는 도시이다. 걸어서 구경하기에 이상적인 구시가지의 거리와 광장 주변에 모여 있는 발렌시아의 관광지들은 쉽게 찾아갈 수 있다.

왕의 광장에서는 성배를 갖고 있는 곳으로 유명한 발렌시아 성당을 구경하고, 성당의 종탑에서는 도시의 파노라믹 전망도 즐길 수 있다. 성모 광장의 카페에 앉아 거리 공연과 17세기 바로크 교회를 비롯한 도시 랜드마크를 느껴보자.

발렌시아 신 · 구의 조화

발렌시아의 다양한 건축물

마르케스 데 도스 아구아스 궁전은 바로크, 로코코, 네오클래식 양식이 조화된 독특한 건축 스타일을 나타내고 있다. 라 론하에는 발렌시아의 오래된 실크 무역의 역사를, 섬세한 르네상스 장식과 함께 고딕 양식의 건물이 조화를 이룬 것을 알 수 있다.

투리아 가든
Turia Garden

한때 발렌시아의 구시가지를 흐르던 투리아 강은 엄청나게 큰 홍수가 발생한 후 더 이상 이곳으로 흐르지는 않는다. 강이 흐르던 지역은 현재 투리아 가든^{Turia Garden}이라고 불리는 대형 도시 공원으로 변모했다. 잔디밭에 앉아 피크닉을 즐기고, 비오파크 발렌시아 동물원에서는 멸종된 아프리카 동물도 확인할 수 있다. 예술과 과학의 도시로 거듭나게 만든 투리아 가든에는 수족관, 콘서트홀, 박물관 등이 있는 다목적 문화센터로 시민들의 휴식처로 변화하였다.

한눈에
올드 타운 파악하기

발렌시아의 구시가지는 도시의 역사적인 중심부에 위치하며 활기찬 공공 광장으로 이어지는 구불구불한 거리들이 미로처럼 연결되어 있다. 이 매력적인 동네를 구경하는 데는 시간이 필요하다 일부는 로마 시대까지 거슬러 올라가는 아주 상징적인 건물들을 발견하게된다. 음식 시장도 구경하고, 박물관도 방문하며, 카페에 앉아 바쁘게 지나치는 도시인들의 삶도 엿보는 것도 좋은 방법이다.

활기찬 광장에서 다양한 사람들도 구경하고, 발렌시아의 중세 시대 거리를 탐험하고, 역사적 건축물을 감상하고, 음식 시장과 박물관도 방문해 보자. 관광을 시작하기에 좋은 장소

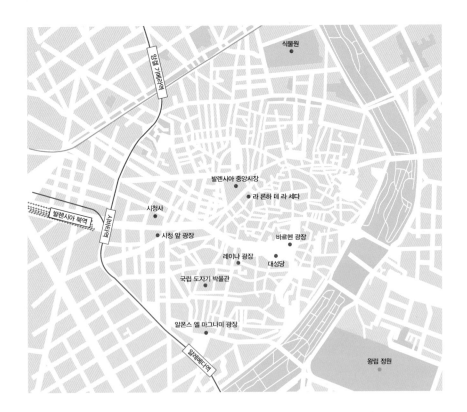

는 왕의 광장이다. 바로크, 고딕, 로마네스크 건축 양식이 훌륭하게 조화를 이룬 발렌시아 성당을 만날 수 있다. 성당 내부로 들어가면 최후의 만찬에 사용되었다고 믿어지는 성배를 보게 된다. 계단을 따라 성당의 종탑에 올라가면 도시의 파노라마 전경을 감상할 수 있다.

성모 광장 인근에는 더 많은 역사적 건물들이 있다. 이중 하나가 스페인의 첫 바로크 양식 건물 중 하나인 성모 성당이다. 저녁에 광장에 오면 카페에 앉아 거리 예술가들의 공연에 빠져 쉬어보자. 광장에서 엘 카르멘 지구까지 걸어가면 펍, 레스토랑, 타파스 바들이 즐비한 골목길이 있어서 저녁을 즐기는 시민들을 발견할 수 있다.

올드 타운을 둘러볼 때는 세라노 타워와 쿼트 타워도 절대 놓쳐서는 안 될 명소이다. 도시의 성문은 주변 지역에서 올드 타운으로의 통로가 되었었으며, 오래된 중세 도시 성벽의 일부였다.

왕의 광장
Plaça del Rei

발렌시아의 구시가지의 중심부에 위치한 왕의 광장에는 웅대한 건축물을 보면서 오래전부터 이어져 온 카페에서 휴식도 취하고, 수공예 시장에서 쇼핑도 즐기는 대표적인 광장이다. 광장에는 역사적 도시 건축물, 계절에 따라 오픈하는 수공예 시장, 야외 테이블이 마련된 다양한 카페와 레스토랑 등이 있다. 광장은 발렌시아 도시 관광을 위한 시작 지점으로 관광객으로 항상 북적인다.

왕의 광장 주변 거리에는 다양한 카페, 바, 레스토랑이 있다. 야외 테라스에 자리를 잡고, 성당과 산타 카탈리나 교회의 종탑과 같은 광장의 다양한 건축물을 즐길 수 있다. 물, 설탕, 기름골로 만들어진 현지 전통 음료인 오르차타도 추천한다. 이 음료를 맛보기에 가장 좋은 장소는 아마 광장의 남쪽에 위치한 오르차테리아 데 산타 카탈리나일 것이다. 이 카페는 1800년 대에 발렌시아 시내에서 이 음료를 선보이는 가장 오래된 장소이다. 1년 중 특정한 시기에 열리는 장인 시장 중에 대표적인 곳은 5월에 열리는 장인 메르카도 데 레스 쿠라에타로 점토 냄비, 조리 도구, 도자기 물품들을 만날 수 있다.

발렌시아 대성당
Valencia Cathedral

광장에 도착하면 광장의 북쪽 지역을 지배하고 있는 발렌시아 대성당이 눈에 띈다. 13세기 무어인들의 사원 지역에 지어진 성당은 바로크, 고딕, 로마네스크 건축 양식의 훌륭한 조화를 보여주고 있다. 프란시스코 고야의 예술 작품과 많은 사람들이 최후의 만찬에 사용되었다고 믿고 있는 성배를 발견할 수 있다. 나선형 계단을 따라 발렌시아의 탁 트인 시내 전망을 선사하는 미겔레테 종탑에 올라 시내를 조망해 보자.

성모 광장
Plaza de la Virgin

활기 넘치는 구시가지 광장에서 지나가는 사람들을 구경하고 성모 광장에서 유서 깊은 건물들을 카메라에 담고, 다양한 문화 행사도 즐기면서 발렌시아의 일상의 모습을 느껴 볼 수 있다. 보행자 전용으로 운영되는 성모 광장은 발렌시아 구시가지의 중심부에 자리 잡고 있다.

광장에 늘어서 있는 건물들은 관광객들의 가슴을 설레게 한다. 푸른색 타일로 이루어진 돔 지붕이 아름다운 무기력의 성모 성당이 특히 인상적이다. 17세기에 세워진 성모 성당은 스페인 최초의 바로크 양식 건물로 성당 옆으로는 발렌시아 대성당의 후문을 볼 수 있다. 고대 로마의 콜로세움을 연상케 하는 열주와 정교하게 조각된 고딕 양식 입구는 로마와 착각을 일으키게 한다. 궁전 같이 생긴 광장 맞은편의 카탈루냐 자치 정부는 고딕 양식, 르네상스 양식과 무어 양식이 혼합된 건축물이다.

'투리아 분수Touria Pountain'라고 불리는 중앙의 조각 분수대를 구경하며 더위를 식히는 시민들을 볼 수 있다. 분수대는 발렌시아의 구석구석까지 물을 공급하는 관개 운하와 투리아 강을 형상화했다. 성모 성당과 발렌시아 대성당, 분수대를 한꺼번에 카메라에 담으면 아름다운 사진을 간직할 수 있다.

카페에 앉아 휴식을 취하거나, 중앙 시장에서 간식을 준비해 분수대 옆에 앉아 햇볕을 쬐면서 쉬다가, 해질 무렵에는 성모 광장으로 모여드는 거리의 악사들이 흥겨운 분위기를 즐길 수 있다.

광장에는 연중 다양한 문화 행사가 열리는데, 3월에 이틀 동안 발렌시아 불꽃 축제에서 성모 마리아에게 꽃을 바치는 행사가 가장 유명하다. 전통 의복을 입은 발렌시아 인들이 일렬로 행진하며 성모 마리아 상에 색색의 꽃을 바친다.

라 론하
La Lonja de la Seda

발렌시아의 기름과 실크 무역 번성의 중심지였던 후기 고딕 양식의 건물인 라 론하는 발렌시아의 기름과 실크 무역 거래를 서비스했던 건물들의 집합소이다. 후기 고딕 건축 양식의 대표적인 예와 함께 섬세한 르네상스 스타일의 장식을 볼 수 있다. 1482~1533년에 지어진 라 론하는 현재 세계유산지역으로 지정되었다. 위대한 지중해 상업 도시의 하나인 발렌시아의 풍요로움과 권위의 상징으로 그 역할을 이어왔다.

본관인 '살라 데 콘트락티온'은 상인들이 서로 만나고 무역하고 계약을 하던 곳이다. 무늬가 있는 대리석 바닥으로 된 홀을 3개의 통로로 나누는 5개의 나선형 기둥을 따라 걸어 보자. 벽을 장식하는 라틴 문구는 옛 상인들의 정직함을 선언해 준다.
본관을 나와 다층 구조의 타워로 가면 작은 예배당을 만날 수 있다. 나선형 돌계단을 따라 가면 타워의 위층으로 올라갈 수 있다. 1층은 파산한 상인들을 가두는 감옥의 역할을 했다. 섬세하게 장식된 창문이 특징인 콘술Consol 건물도 놓치지 말자. 오늘날 발렌시아의 문화 아카데미로 사용되고 있는 이곳에는 전시와 문화 활동이 이루어지고 있다.
외부로 나오면 괴물 석상과 로마 황제와 유명인들의 흉상이 건물의 외관을 장식하고 있는 것을 볼 수 있다. 산토스 후아네스 교회로 나 있는 거리를 건너면 아름다운 전망과 함께 사진을 남길 수 있을 것이다.

🏠 Plaza del Mercado, 46001 ⏰ 월요일 휴무 📞 +34-963-153-931

센트럴 마켓
Central market

유럽에서 가장 오래된 음식 시장 중 한 곳에서 상인들이 파는 현지 과일, 채소, 치즈, 절인 고기를 구매해 볼 수 있다. 알폰소 XIII세에 의해 1928년에 탄생한 시장에는 오늘날 약 1,000여 개의 상점이 들어서 있으며, 유럽에서 가장 오래된 음식 시장 중 하나로 여겨지고 있다. 바르셀로나에서 교육을 받은 알레한드로 솔레르 마치와 프란시스코 가르디아 비알, 이 2명의 건축가가 1914~1928년 사이에 이곳을 지었다. 건물의 여러 돔 중 하나의 꼭대기에 살고 있는 녹색 앵무새는 시장 내부의 대화와 북적거림을 상징하는 새이다.

센트럴 마켓에는 다양한 볼거리와 함께 음식으로 가득 찬 소리와 냄새에 매료될 것이다. 신선한 과일에서부터 야채, 치즈, 절인 고기까지 발렌시아의 모든 맛을 만나 볼 수 있다. 시장을 방문하기에 가장 좋은 시간은 오전으로 상인들이 자신의 상점을 꼼꼼하게 준비하는 과정을 볼 수 있다. 베이커리에서 따뜻한 패스트리를 사서 즐기면서 시장이 현지인은 물론 관광객들로 점점 붐벼가는 과정은 인상적이다.

시장은 신선한 식품들을 종류별로 만날 수 있는 섹션으로 구분되어 있다. 과일 섹션에서 다양한 과일 접시를 고르거나 신선하게 짜진 주스를 마셔보자. 연어, 가재 및 게 등은 수산

🕐 월요일~금요일 오전 7시 30분부터 오후 3시, 일요일 휴무

시장에서, 고기를 좋아하면 절인 햄, 살라미 등을 판매하는 상점이 반가울 것이다. 구매하기 전 시식할 수 있는 기회도 주어진다. 내장을 파는 상점에 가면 돼지의 상상할 수 있는 모든 부위를 볼 수 있다. 시장 외부에 있는 음식 스탠드에 자리를 잡고 타파스와 빠에야를 비롯한 스페인의 정통 음식을 먹어보는 것을 추천한다. 사탕과 장인정신이 깃든 아이스크림도 맛보고, 조리 도구와 기념품을 파는 상점도 발견할 수 있다.

Photo Point

시장 건물을 배경으로 사진을 찍는 관광객이 많지만 스테인드글라스 창문과 철과 유리로 된 돔 등이 특징인 건물들과 같이 사진을 찍는 것이 더 좋다.

현지 상인들이 신선한 과일과 채소, 절인 고기와 해산물 요리까지 다양한 음식을 판매하고 있다. 시장 외부에 있는 음식 노점상에서 발렌시아 스타일의 파에야를 맛보는 것을 추천한다. 시장에서 걸어갈 수 있는 가까운 라 론하 거리가 있다. 한때 발렌시아의 실크 무역의 중심이 되었던 고딕 양식의 웅대한 건물이다.

마르케스 데 도스 아구아스 궁전
Palacio del Marques de Dos Aguas

마르케스 데 도스 아구아스 궁전은 15세기에 지어진 발렌시아의 유서 깊은 건물이다. 관내의 국립 세라믹 박물관에는 스페인 최고의 도자기 컬렉션이 유명하다. 15세기 후반에 발렌시아의 귀족 일가를 위해 고딕 양식으로 지어진 마르케스 데 도스 아구아스 궁전은 18세기와 19세기에 한차례씩 재건되었다. 로코코와 신고전주의, 동양의 양식이 어우러진 파사드와 바로크 양식의 거대한 정문도 시선을 사로잡는다.

작은 파티오를 통해 궁내로 들어가면 마차 안뜰이 나오는데, 발렌시아의 귀족들이 사용하던 마차와 전차를 볼 수 있다. 도스 아구아스Dos Aguas 후작이 직접 사용하던 전차인 님프의 전차도 전시되어 있다. 계단을 올라 2층으로 가서 궁전의 여러 방을 둘러보면 원래의 모습 그대로 보존된 가구와 장식을 통해 과거 귀족들의 생활상을 엿볼 수 있다. 로코코와 신고전주의 양식 건축과 발렌시아 최고의 도자기 컬렉션에는 커다란 연회장, 동양풍으로 꾸며진 중국실, 도자기로만 꾸며진 부엌이 인상적이다.

각 방의 도자기 전시

1954년 발렌시아의 학자 마누엘 곤잘레스 마르티의 개인 소장품으로 시작됐다. 이베리아, 그리스와 로마를 거쳐 현대에 이르기까지 도자기가 어떻게 발달해 왔는지 확인할 수 있다.

🏠 Calle Poeta Querol 2　⏱ 10~14시, 16~20시(월요일 휴관)　📞 +34-963-516-392

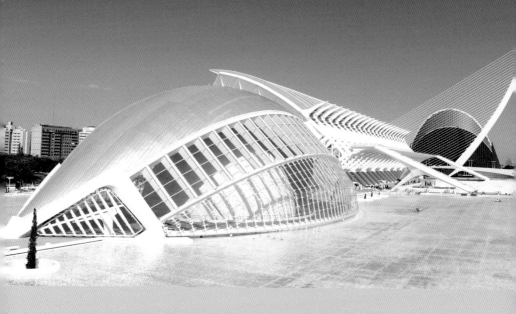

예술과 과학의 도시
Ciudad de las Artes y las Ciencias

현대적인 건축 양식으로 디자인된 다목적 문화 / 엔터테인먼트 단지는 발렌시아가 예술과 과학의 도시라는 인식을 만들어주었다. 오페라 공연을 보고, 상호작용적인 과학박물관을 방문하고, 500여 종이 넘는 해양 동물에 대해 즐기는 시민들을 볼 수 있다.

6개의 장소로 구성된 이 단지는 발렌시아 투리아 가든Jardi del Turia까지 약 2㎞로 뻗어 있다. 에미스페릭에서 관람을 시작하자. 3D 영화와 디지털 애니메이션을 돔 형태의 IMAX 영화관에서 관람할 수 있다. 호수에 반사되는 모습과 함께 반구 형태로 구성된 건물은 대형 눈을 연상시키는 특이한 구조를 갖추고 있다.

과학박물관은 상호작용 전시를 통해 재미있게 배우도록 만들어서 주중에는 학생들의 관람이 많다. 개미집의 재현, 15m 구조물로 완성된 DNA 분자 등이 참여가 높다. 오세아노그라픽는 스페인 최대의 수족관이다. 수족관은 남극 대륙, 지중해와 홍해를 포함해 각 수상 생태계를 대표하는 영역으로 구분되어 있다. 수중 터널을 통해 상어와 가오리도 구경하고, 펭귄과 바다 사자, 돌고래 쇼도 즐길 수 있다. 움브라클레에서는 이 단지의 건축 구조를 감상할 수 있다.

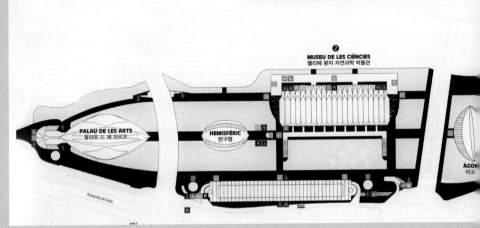

홈페이지_ www.cac.es　주소_ Av. Professor Lopez Pinero 7　전화_ +34-961-97-4686

❶ 오세아노그라픽 수족관(Oceanográfic Val ncia)

획기적인 전시회를 열고 500여
종 해양 생물을 품고 있는 실내외
복합 수족관의 웅장한 장관이 압
도적이다. 오세아노그라픽 수족
관Oceanogràfic València은 유럽 최대
규모의 수족관으로 손꼽힌다.

널찍한 복합 건물이 여러 가지 구
역으로 나뉘어 있어 각 부분이 세
계의 주요 해양 생태계를 나타내
는 구조이다. 흰 고래, 상어, 바다
코끼리, 펭귄 등 수백 종의 해양
생물도 볼 수 있고 동물들과 특별

한 방식으로 교감할 수 있는 즐거운 활동 프로그램도 제공된다.

🌐 www.oceanografic.org　🕐 10~20시　📞 +34-960-470-647

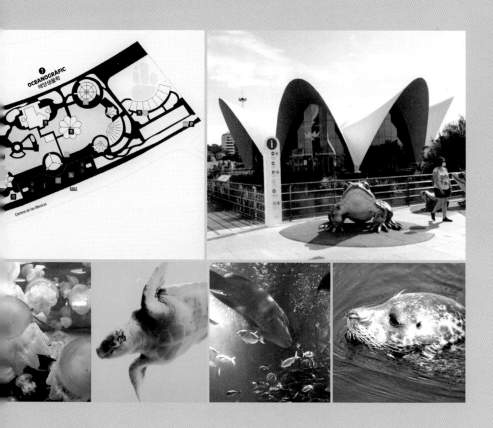

위층과 아래층으로 구성된 건축 양식도 눈여겨볼 만하다. 위층, 즉 '표면' 층은 호수를 둘러싸고 여러 채의 건물과 조경으로 가꾼 구역으로 구성되어 있다. 펠릭스 칸델라가 설계한 '언더워터 레스토랑'이 그 중 가장 눈에 띄는 건물로, 마치 수련처럼 생겼다. 관리 사무소 건물 또한 칸델라가 설계한 작품이다. 여기에 안내 데스크와 매점 등이 있다. 아래층에는 대부분의 동물 전시관이 위치해 있다. 복합 단지 전체를 통틀어 45,000여 종의 수중 생물들이 살고 있다.

홍해(Red Sea)
거대한 전시장에는 실제로 홍해에서 찾아볼 수 있는 생물종으로 구성한 수족관이 꾸며져 있다. 자세히 들여다보면 지붕이 가리비 껍데기처럼 생긴 것이 눈에 띈다. 시연 시간이 되면 다이버가 수족관 내 동물들에게 먹이를 주는 광경을 구경할 수 있다.

돌고래 수족관
수영장 5개에 관람객 2,000명을 수용할 수 있는 세계 최대 규모를 뽐낸다.

❷ 펠리페 왕자 자연과학 박물관(Museo de Cienias Naturales)

시내의 남동쪽에 위치한 펠리페 왕자 자연과학 박물관은 발렌시아 '예술과 과학의 도시'의
일부분으로 만들어져 있다. 신비로운 인간 유전체의 비밀과 최첨단 우주 과학 연구에 대해
배워볼 수 있는 대화형 과학 박물관이다. 펠리페 왕자 자연과학 박물관은 남녀노소 누구
나 과학을 쉽게 접하고 이해할 수 있도록 체험 전시물을 다양하게 준비해 놓았다. 병아리
가 부화되는 광경을 보고 전기 발생의 현장을 직접 확인하며 기후 변화, 보안 감시 기술 등
이외에도 매혹적인 주제에 대해 배워볼 수 있다.

2000년에 개장한 박물관은 건축가 산티아고 칼라트라바의 작품으로 고래 뼈를 본뜬 모양
이 특징이다. 이곳의 표어인 '만지지 못하고 느끼지 못하고 생각하지 못하도록 막는 것 금
지'만 보아도 체험 학습이라는 철학이 확연히 드러난다. 전시물은 3개 층에 걸쳐 26,000㎡
가 넘는 넓은 면적에 진열되어 있다.

🌐 www.museodecieniasnaturales.es   🕐 10〜18시
€ 8€(콤비네이션 티켓은 할인가로 반구형 IMAX와 오세아노그라픽 수족관 입장권까지 이용가능)

내부
1층
여러 가지 과학적인 현상을 재현하고 설명해주는 과학관Exploratorium에 들러 보자. 15m에 달하는 DNA 조각상과 건물 꼭대기에 매달린 푸코의 진자도 볼거리이다. 이 진자는 길이가 무려 34m에 육박해 세계에서 가장 긴 진자 중 하나로 꼽힌다.

2층
과학 유산관Legacy of Science에는 산티아고 라몬 이 카할, 세베로 오초아와 장 도세라는 3명의 노벨상 수상자의 연구 내용을 볼 수 있다. 3층의 염색체 숲Chromosome Forest은 꼭 봐야할 코스이다. 이곳은 1950년대 왓슨Watson과 크릭Crick의 DNA 구조 발견이라는 의미심장한 사건을 다루고 있다. 이곳의 전시물은 크게 확대한 염색체 모델 23쌍이다. 각각 특정한 유전자 집합체의 기능에 대해 알려주는 대화형 모듈을 포함하고 있다.

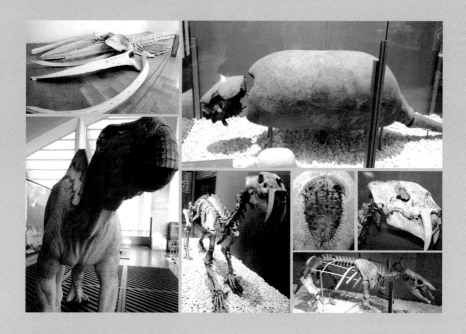

무중력(Zero Gravity) 전시
유럽 우주 기구(ESA)와 함께 만든 프로젝트로 허블 우주 망원경이 20년간 궤도를 돌면서 촬영한 다양하고 매혹적인 영상이 펼쳐지며, ESA의 현재 진행 중, 앞으로 예정된 스페이스 미션 등을 알아볼 수 있다.

투리아 가든
Jardi del Turia

투리아 가든Jardi del Turia은 발렌시아의 시내 중심부를 가로지르는 문화와 레저 공원이다. 1957년 엄청난 홍수가 발생한 후 발렌시아 시는 투리아Turia 강의 흐름을 우회하도록 만들고, 그 지역을 110ha 규모의 공공 공원인 투리아 가든으로 변모시켰다. 이곳의 동물원에서는 아프리카 야생 동물을 볼 수 있고, 잘 가꾸어진 정원의 길을 따라 여유로운 산책도 즐길 수 있다.

공원의 서쪽 끝에 위치한 비오파크 발렌시아 동물원에는 아프리카 서식지를 그대로 재창

조한 구역에서 코끼리, 고릴라, 멸종 위기의 여우원숭이와 같은 동물들을 만날 수 있다. 동물원에서 북쪽으로 향하면 주말에는 발렌시아 사람들로 가득 차는 공공 스포츠 부지와 어린이 놀이 공간이 있다.

아데무스 다리와 아르테스 다리 사이에 위치한 정원의 운동 구역에서 피크닉이나 운동을 즐길 수도 있다. 공원의 길을 따라가다 보면 세라노 다리를 볼 수 있다. 공원에서 가장 좋은 구역 중 하나는 매년 재즈 페스티벌과 기타 음악 이벤트를 여는 콘서트홀, 팔라우 데 라 무시카 앞에 펼쳐져 있다. 나무가 우거진 길을 따라 걷다 보면 대칭구조의 정원, 연못, 분수, 콜로네이드 등을 발견하게 된다. 어린 아이들은 유명한 소설을 바탕으로 한 걸리버 파크에 있는 미끄럼틀과 어드벤처 놀이 공간을 즐긴다.

🏠 Avenida Manuel de Falla S/N, 지하철 알라메다와 투리아 역 하차 ⊕ 10~20시 📞 +34-963599-967

대한민국의 관광객이 주로 가는
스페인의 도시 Best 5

1 마드리드(Madrid)

스페인여행에서 첫발을 디디는 곳은 단연 마드리드다. 스페인의 한가운데에 있는 수도인 마드리드는 1561년부터 스페인의 수도였으며 오늘날, 스페인의 정치와 경제의 중심지이다. 가장 번화한 거리인 그랑비아로 들어서면 파란 하늘과 어울리는 하얀 석조 건물들이 줄지어 있고 거리에는 사람들이 햇빛을 피해 파라솔 아래에서 오후를 여유롭게 즐기고 있다.

마드리드를 벗어나면 중부의 드넓은 밀밭이 펼쳐지는데, 너울거리는 구릉 위에 연두색 융단을 깔아 놓은 듯한 메세타 평원은 평균 고도가 700m정도로 스페인 전체에서 2/3를 차지한다. 비가 많이 내리지 않기 때문에 중앙에 있는 메세타 평원에서는 밀농사를, 남부에서는 오렌지, 올리브, 포도 등의 과일나무를 많이 심고 농가에서는 소와 돼지를 기른다.

톨레도
마드리드에서 조금 떨어진 곳에 있는 아주 오래된 도시로 강물이 도시를 감싸며 흘러, 스페인이 로마의 지배를 받을 때부터 중요한 요새였다. 서고트 왕국 때는 수도로 정해져 카스티야 왕국이 수도를 마드리드로 옮기기 전까지 왕국의 수도였다. 톨레도에는 로마, 가톨릭, 이슬람 문화를 골고루 느낄 수 있고 먼 옛날 스페인의 풍경을 볼 수 있다.

2 론다(Londa)

투우는 아주 먼 옛날 스페인 남쪽 지방에서 신에게 제사를 지낼 때 소를 죽여 바치던 의식에서 시작된 것이다. 화려한 옷을 입은 투우사가 소와 대결을 펼치는 모습은 무용을 하는 것처럼 부드럽고 우아하지만 흐트러짐 없는 매서운 모습을 보여주었다. 관중들은 투우사가 소를 공격할 때마다 '올레'라고 환호를 터뜨린다. 투우사와 소, 그리고 관객들이 뿜어대는 후끈한 열기 속에서 스페인의 열정을 느낀다.

투우 경기 순서

1. 팡파르와 함께 3명의 투우사와 소가 들어온다.
2. 첫 번째 투우사인 피카도르가 긴 창으로 소 등을 3번 찌른다.
3. 두 번째 투우사인 반데릴레로가 나와서 작살 모양의 짧은 창을 소 등에 꽂는다.
4. 마지막 투우사인 마타도르가 붉은 천인 물레타와 검을 들고 나와 소의 숨통을 끊는다.

3 세비야(Sevilla)

플라멩코와 투우, 유럽 최고 건물들의 본고장인 안달루시아 지방의 수도는 풍부한 역사, 종교, 삶에 대한 열정으로 가득한 곳이다. 과달키비르 강 유역을 감싸는 안달루시아의 세비야는 역사적, 건축적, 문화적 보물들이 넘쳐난다. 이곳을 구경하다 보면 어느 새 과달키비르 동쪽 유역에 있는 도시의 구 시가지에서 3개의 주요 문화재를 만날 수 있다.

세비야 대성당은 규모 자체로 커다란 감동을 주며 금박을 입힌 화려한 장식이 눈에 띈다. 성당 바로 옆에는 한 때 미라네트였던 종탑, 히랄다 탑이 우뚝 솟아 있다. 광장을 지나면 유명한 이슬람과 기독교의 디자인이 혼합되어 수 천 년 동안 환상적인 아름다움을 유지하고 있는 알카사르 성이 있다.

4 그라나다(Granada)

좁은 골목에는 이슬람풍의 주전자, 양탄자, 공예품을 파는 가게들이 즐비하다. 스페인이 오랫동안 이슬람 세력의 지배를 받았는데, 이슬람의 흔적이 그라나다에 남아 있는 것이다. 710년 경, 로마가 멸망한 뒤 혼란스러웠던 이베리아 반도 남부는 무주공산이었다. 아프리카 북부에 살던 무어 인들이 바다를 건너 스페인 남부에 쳐들어와서 왕국을 세웠다. 이들은 이슬람교를 믿는 사람들로, 800년 동안 스페인 남부를 지배했다. 그라나다는 이슬람 왕국의 마지막 수도였다. 이슬람 왕국은 오랫동안 스페인을 지배하면서 이슬람식으로 아름다운 거리를 만들고 건물들을 세웠다. 오늘날 코르도바, 세비야, 그라나다는 모두 이슬람 왕국의 수도였던 곳으로 스페인 남부를 대표하는 안달루시아의 도시이다.

그라나다에 이슬람 왕국이 남긴 뚜렷한 흔적이 알함브라 궁전이다. 이슬람 건축의 최고 걸작으로 손꼽히는 이 궁전은 시내가 한눈에 내려다보이는 언덕 위에 있다. 궁전 안으로 들어섰을 때 벽과 천장을 가득 메운 아름답고 섬세한 무늬들은 당신의 마음을 사로잡을 것이다. 알함브라 궁전은 약 500년에 걸쳐 지은 이슬람 건축의 최고 걸작으로 궁전의 뜰에는 큰 연못이 있고 연못에 비치는 궁전의 모습은 더욱 아름답다. 마치 나무를 깎듯이 돌을 쪼아서 만든 궁전의 벽면은 이슬람교의 경전인 쿠란의 구절과 모자이크로 꾸며져 있다. 천장에는 정교한 조각 사이로 스며드는 빛이 특히 아름다운데 종유석 모양으로 섬세하게 장식하였다.

4 바르셀로나(Barcelona)

스페인 북동쪽에 자리 잡은 항구도시로 가우디의 열정이 살아 숨 쉬는 스페인 제2의 도시이다 스페인과 유럽을 잇는 통로가 되는 중요한 도시이다. 북으로는 높은 피레네 산맥이 유럽과 경계를 이루고 바다를 통해서는 프랑스, 이탈리아 등과 쉽게 이동이 가능하다. 일찍부터 무역을 통해 서유럽의 발달된 문물을 받아들여 발전했다.

1700년대 서유럽에서 산업 혁명이 일어나자 바르셀로나도 산업혁명을 시작했다. 거기에 프랑스 대혁명이 일어나 왕정이 공화정으로 바뀌자 바르셀로나 인들은 먼저 받아들여서 스페인에서 왕을 끌어내리고 공화정을 세우는 데 앞장섰다. 바르셀로나는 옛 전통에 얽매이지 않고 새로운 것을 자유롭게 받아들이기 분위기가 이때부터 형성되었다.

바르셀로나 인들이 새로운 것을 추구하는 모습은 스페인이 자랑하는 건축가 가우디가 세운 건축물에서 가장 잘 느낄 수 있다. 사그라다 파밀리아 성당은 거대한 옥수수들이 하늘로 치솟은 모양으로 가까이 다가가면 사방이 반듯한 곳이 없고 온통 손으로 진흙을 주무른 듯 울퉁불퉁하다. 가까이 다가가면 모두 정성들여 빚은 조각품이다. 가우디의 건축물은 모두 스페인의 아름다운 자연을 본떠 자연을 닮은 곡선을 많이 사용해 자유롭고 독창적인 건축물을 지었다.

Segovia

세고비아

세고비아

SEGOVIA

주민 약 57,000명의 세고비아는 수도인 마드리드에서 북
서쪽 방향으로 약 70㎞ 떨어져 있다. 세고비아 주에 있는
역사유적. 로마 시대의 수도교와 로마네스크 양식의 건축
물들이 잘 보존되어 있어 1985년 유네스코 세계문화유산
으로 지정하였다. 안토니오 마차도 생가 박물관, 센트로
디닥티코 데 라 후데리아에서 다양하고 흥미로운 전시물
을 둘러볼 수 있다. 예술을 좋아한다면 에스테반 비센테
현대미술관, 안토니오 마차도 하우스 박물관, 세고비아 주
립박물관을 추천한다.

간략한 세고비아 역사

기원전 700년 무렵부터 이베리아 인들이 거주하였으며 기원전 1세 기 말에 로마의 식민지가 되면서 기독교 문화권에 편입되었다. 11 세기에 이슬람교도가 침입하여 도시가 파괴되었으나 카스티야 왕국의 알폰소 10세는 이곳을 수 도로 정하였다.

중세에는 양모공업이 번창한 이후로 지금까지 농업을 중심으로 살던 도시였다. 현재는 도 자기와 직물제조가 이루어진다. 도시 곳곳에 로마인이 세운 수도교와 성채 알카사르, 대성 당 등 고대와 중세의 건축물이 많이 남아 있다.

중세로의 시간 여행

유명한 사적 중 인기가 높은 세고비아 로마 수도교에 가서 시간을 거슬러 여행을 해보자. 긴 세월을 버텨온 세고비아 알카사르는 지역의 대표 명소이다. 세고비아의 궁전은 화려한 건물과 아름답게 가꿔진 정원 등 볼거리가 풍성하다. 동화 같은 모습으로 여행객의 사랑을 한 몸에 받는 라 그란하, 리오프리오 왕궁에 가보는 것을 추천한다.

세고비아 대성당, 파랄 수도원, 파로키아 데 산 안드레스, 카멜리타 수녀원에서 조용하고 기품 있는 종교적 분위기를 경험할 수 있다. 광장의 주변에는 시장이나 오래된 건축물을 만날 수 있으며 도시의 심장 박동을 제대로 느낄 수 있다. 산 마르틴 광장 및 산로렌소 광장에 가보지 않고서는 이곳을 제대로 여행했다고 할 수 없을 것이다.

라 프라데라 데 산마르코스 전망대는 세고비아의 대표적인 랜드마크이다. 플라사 데 메디나 델 캄포, 토레온 데 로소야, 에피스코팔 고궁 같은 명소에 방문해 세고비아의 과거로 여행을 떠나보자.

세고비아 수도교
Acueducto de Segovia

로마시대의 수도교는 여러 지역에 남아 있지만 세고비아 수도교로 대표된다. 그만큼 수도 교가 온전한 모습으로 남아 있다는 것이다. 유럽에서 가장 보존이 잘 되어 있는 수도교의 길이가 거의 720m나 된다. 128개의 2층 아치로 이루어진 수도교는 전체길이가 813m, 최고 높이는 약 30m로 과달라마 산맥에서 가져온 화강암만을 사용해 축조했다.

수도교는 1세기, 로마 트라야누스 황제 때 건설되었으며 1906년까지 고지대에 물을 공급하는 역할을 하였다. 시내에서 17㎞ 정도 떨어진 산에서 흐르는 맑은 물을 끌어오기 위하여 축조되었는데, 완벽한 형태로 보존되어 있다. 아치 윗단 니치 부분에는 성인조각상이 모셔져 있다. 지금은 물이 흐르지 않지만 1세기부터 당시의 최신 수도시스템이 설치되어 있어 깨끗한 물을 사용할 수 있었기 때문에 도시가 형성될 수 있었다.

🏠 Plaza del Azoguejo, 1

'악마의 수도교'라는 이름에 얽힌 전설

옛날에 한 젊은 여인이 물을 긷기 위해 마을에서 멀리 떨어진 계곡까지 다녀야 했다. 하루도 빠짐없이 무거운 물통을 져 날라야 했던 그녀는 어느 날 계곡에 주저 앉아 이렇게 중얼거렸다. "만약 누가 이 계곡에서 마을까지 수로를 놓아준다면 내 영혼이라도 바칠 수 있겠다." 어둠 속에서 여인의 탄식을 들은 악마가 그녀 앞에 나타났다. 악마는 '당신의 영혼을 준다면 하룻밤 사이에 수로를 만들어 주겠다.'고 제안했다.

여인과 악마의 거래는 이루어졌고 악마는 서둘러 돌을 쌓아 수로를 만들기 시작했다. 자신의 영혼을 팔아야 하는 공사가 진행되는 동안 여인은 밤새 성모에게 기도를 올렸고 악마는 동이 트기 전에 수로를 완성하기 위해 바삐 움직였다. 그러나 수로를 완성하는 마지막 돌을 놓기 직전에 해가 뜨고 말았다. 햇살에 놀란 악마는 어둠 속으로 사라져 버렸다. 악마는 약속을 지키지 못했기 때문에 여인은 영혼을 빼앗기지는 않았고 수로는 그대로 남게 되었다. 하룻밤 사이에 나타난 거대한 수로를 본 마을 사람들은 깜짝 놀랐고 그들은 이 수로를 '악마의 수도교'라고 부르게 되었다.

히스파니아(Hispania)
로마 제국은 기원전 3세기 무렵부터 서기 5세기까지 '히스파니아(Hispania)'라는 이름으로 이베리아 반도를 지배하여 종교, 언어, 법, 사회 및 경제 체제 등에서 스페인에 많은 영향을 끼쳤다. 스페인에는 특히 로마 유적지가 많이 있는데, 그 중에서도 카스티야 이 레온 지방의 세고비아(Segovia)에는 서기 1세기 무렵 건설된 로마의 수도교(Acueducto)가 거의 원형 그대로 보존되어 있다.

수도교의
아름다운 야경

알카사르
Alcázar de Segovia

월트 디즈니의 만화 '신데렐라'에 나오는 성의 모델이 되었다고 해서 '신데렐라의 성'이라
고 불리기도 하는 알카사르^{Alcázar}는 로마 시대부터 시작되었다.
무어왕조의 이베리아 반도 점령시기인 12~13세기에 확장되어 지금의 형태를 갖추었다가
14세기에 레콘키스타로 무어왕조를 몰아낸 뒤에 방치되었다. 그 후 19세기 다시 복원되었
다. 높이 80m의 망루, 궁전 등이 시내를 내려다보는 위치에 있으며 움직이는 다리를 지나
성으로 들어갈 수 있게 되어 있다. 스페인에서 가장 아름다운 성으로 불리지만 수많은 전
쟁을 치른 요새로 사용되기도 하였다.
세고비아 서쪽 시내를 끼고 흐르는 에레스마^{Eresma} 강과 클라모레스^{Klamores} 강이 내려다보
이는 언덕 위에 있는 알카사르^{Alcázar}에 오르기 전에 세고비아를 둘러싼 성벽 외곽의 일주도
로에서 바라보는 성이 아름답다.

🌐 www.alcazardesegovia.com 🏠 Plaza Reina Victoria Eugenia7 € 5.5€(후안 2세 탑 2.5€)
🕙 10~20시(11~3월 18시까지)

간략한 알카사르 역사

로마시대부터 전략상 요새가 있던 곳이며, 14세기 중엽 처음으로 성이 건축된 뒤 수세기에 걸쳐 알카사르(Alcázar)에 살았던 왕들에 의하여 증축과 개축이 거듭되었다. 16~18세기에는 알카사르(Alcázar) 일부가 감옥으로 이용되기도 했으며, 1862년에 화재로 불탄 것을 복원했다. 스페인 전성기에 즉위한 펠리페 2세(Felipe II)는 1570년 11월 14일 이곳에서 결혼식을 올리기도 했다. 성 내부의 각 방에는 옛 가구와 갑옷, 무기류가 전시되어 있고 회화, 태피스트리 등이 있다.

라 프라데라 데 산마르코스 전망대

아름답고 시야가 탁 트인 공원 한가운데에 있는 라 프라데라 데 산마르코스 전망대는 세고비아 알카사르에서 북쪽으로 조금만 걸어가면 나오는 초록빛의 공원이자 전망대이다. 라 프라데라 데 산마르코스 전망대는 세고비아 북서쪽 언덕에 있는 에레스마 강변에 위치하고 있다.

공원에 펼쳐진 들판 한가운데에 전망대가 있어서 성과 그 아래에 우거진 나무들로 이루어진 아름다운 경치를 볼 수 있다. 성 꼭대기에 있는 작은 황금 탑과 타워, 활을 쏘는 구멍이 있는 벽을 올려다보면 뱃머리의 형상이 떠오른다.

라 프라데라 데 산마르코스 전망대의 평화로운 공원을 산책하고 요새의 경치도 감상해 보자. 지붕이 뾰족한 성과 그 옆을 둘러싸고 있는 나무까지 사진에 담을 수 있다. 라 프라데라 데 산마르코스 전망대가 있는 공원의 길을 따라가면 숲으로 이어진다. 세고비아의 바쁜 일상과 대조되는 평화롭고 자연 친화적인 분위기를 느낄 수 있다. 성 가까이에 있는 스페인 5월 2일 사태의 영웅들을 기린 기념비는 1808년 마드리드에서 일어난 봉기를 기념하는 곳이다.

세고비아 역사 지구에서 특히 눈여겨 볼만한 곳인 라 프라데라 데 산마르코스 전망대에서 미로 같은 자갈길을 걸어보자. 성까지 걸어가 수많은 복도를 따라 마련된 방들을 구경해 보고, 무기고에는 작은 장신구나 공예품을 감상하고 엄숙한 분위기가 느껴지는 왕의 알현실을 관람하면 좋다. 솔방울 방에서는 천장의 독특한 디자인을 볼 수도 있다.

세고비아 성모 대성당
Cathedral de Ssnta Maria de Segovia

스페인 후기 고딕양식의 건축물인 대성당은 1525~1768년에 걸쳐 고딕양식으로 건설되었으며 1985년 유네스코 세계문화유산으로 지정되었다.
가로 50m, 세로 105m, 높이 33m의 웅장한 규모로 이루어져 있다.
3개의 볼트 신랑과 익랑, 돔, 중앙후진, 7개의 예배실 등이 있다. 세련된 모양 때문에 '대성당 중의 귀부인'이라고 불린다. 부속 박물관에 회화, 보물과 함께 유아의 묘비가 있다. 이 묘비는 유모의 실수로 창문에서 떨어져 죽은 엔리케 2세 아들의 묘비이다. 왕자를 실수로 죽게 한 유모도 즉시 그 창문에서 떨어져 죽었다고 한다.

🏠 Plaza Mayor 🕐 9시 30분~21시 30분(11~3월 18시 30분까지)

Toledo

톨레도

톨레도

TOLEDO

스페인의 엣 수도 톨레도는 1561년 수도가 마드리드로 옮기기 전까지 스페인의 정치문화의 중심지였다. 그때의 톨레도에서 시간이 멈춘 듯 중세의 모습을 간직한 스페인의 몇 안되는 도시이다. 톨레도 구시가 전체는 1986년 세계문화유산으로 지정되었다.
약 400년간 이슬람의 지배를 받아 이슬람, 가톨릭 등 다양한 종교의 유적들이 공존하고 있어 새로운 모습으로 여행자에게 다가온다.

마드리드에서 남서쪽으로 70㎞ 떨어져 있는 톨레도는 세르반테스의 소설 "돈키호테"가 모험을 떠난 라만차 La Manch 지방의 주요 도시이기도 하다. 스페인의 3대 거장 엘 그레코가 오랜 시간을 살아 도시 곳곳에는 돈키호테와 엘 그레코의 발자취를 볼 수 있다.

톨레도 IN

마드리드에서 당일여행으로 다녀오기도 하고 톨레도에서 1박을 하는 배낭여행자도 많다. 렌페 기차와 버스로 갈 수 있다.

철도

마드리드 아토차Puerta de Atocha역에서 탑승하면 톨레도로 고속열차(AVE)가 운행한다. 유레일 패스가 있어도 예약비를 내야 하기 때문에 현지에서 구간권을 사는 것이 더 저렴하기도 하다. 스페인 3일권을 이용하면 당일 오전 일찍 톨레도를 들러 여행했다가 그라나다까지 이동하여 1일을 사용하는 경우가 많다.
톨레도 역에서 구시가 소코도베르 광장까지 조코도버(Pl. de Zocodover)는 도보로 약 20분 정도 소요되어 시내버스를 이용한다.(버스티켓 운전사에게 구입)

▶홈페이지 : www.rente.com   ▶운행시간 : 06:50~21:50   ▶소요시간 : 30분

버스

유럽 배낭여행자들은 스페인에서는 대부분 버스를 이용하는데, 더 저렴하고 소도시까지 이동이 편리하기 때문이다. 마드리드에서 당일여행으로 트래블 패스 1일권Abono Transportes Turistico(1 Dia-Zona T)을 구입하면 더욱 편리하다.
마드리드 엘립티카 광장의 버스 터미널Intercambiador de Plaza Eliptica에서 톨레도행 버스표를 구입한다. 1시간 30분정도 걸려 톨레도 버스 터미널Toledo Estacion Autobus에 도착하면 톨레도 버스터미널에서 구시가 소코도베르 광장까지는 시내버스 5번(터미널 지하에 연결)을 타고 가는 것이 좋다. (도보는 20분 정도 소요)

▶홈페이지 : www.alsa.es
▶요금 : 편도 €7

여행자 트래블 패스 1일권

마드리드 → 톨레도 구간 왕복 요금은 무료. 마드리드 시내 교통 1일권도 포함됨.

▶요금 : €19

톨레도 버스터미널

비사그라 문

태양의 문

발마르돈 문

산타 그루스 미술관

캄브론 문

소코도베르 광장

(군

톨레도 대성당

산 마르틴 교

엘 그레코 미술관

트란시토 시나고가
(세파르디 박물관)

전망대

태양의 문

● 발마르돈 문

호텔 도무스
플라사 소코도베르 ●

오아시스 백패커스
호스텔 ●

산타 그루스 미술관 ●

● 소코도베르 광장

버스터미널행 5번 버스
기차역행 61/62번 버스 ●

알카사르
(군사박물관) ●

꼬마 기차
출발 정류장 ●

● 시티 투어버스
1번 정류장

톨레도 대성당 ●

톨레도 파악하기

마드리드 남쪽으로 약 73㎞ 떨어진 스페인 중부 지방의 톨레도는 다양하고 인상적인 풍경 속에 유서 깊은 성당과 요새가 자리한 중세 풍경의 도시이다. 고대 아랍의 성채부터 수백 년 된 성당, 성, 타워를 비롯한 톨레도의 역사적 보물들을 통해 과거의 모습을 엿볼 수 있다. 광활한 평야와 높은 산봉우리, 숲으로 둘러싸인 도시와 마을 곳곳에 유물이 흩어져 있다. 등산을 하거나 국립공원에서 야생동물을 구경해 보고 고딕 양식의 성당 또한 둘러볼 수 있다.

톨레도는 역사적인 가치가 높은 기념물들이 풍부한 덕에 유네스코 세계 문화유산으로 지정되었다. 중세의 성벽 너머에 있는 오래된 성당, 궁전, 유대교 회당과 모스크 등을 탐험해 보는 것을 추천한다. 13세기 고딕 양식의 톨레도 성당, 고대 아랍의 요새 알카사르, 치장 벽토 장식이 아름다운 엘 트란시토 회당 등 둘러볼 관광지들이 많다. 톨레도에서 거의 40년 가까이 살았던 르네상스 시대의 스페인 화가 엘 그레코가 그린 걸작도 꼭 감상해보자. 그의 그림은 성당 벽면과 엘 그레코 박물관에 전시되어 있다.

톨레도는 수백 년 동안 도예에 관한 중요한 역할을 맡아왔다. 루이스 데 루나 도자기 박물관에서 14세기부터 현재까지의 작품을 전시하고 있다. 언덕 위에 지어진 13세기 성을 구경하고 16세기 예수회 대학교와 세례자 성 요한 병원 등 다른 역사적인 건축물을 방문해도 좋을 것이다.

마지팬, 미트 스튜, 양의 젖으로 만든 치즈 등 톨레도 지방의 전통 요리는 이곳을 떠나기 전에 꼭 먹어봐야 하는 별미이다. 하이킹이나 자동차를 타고 톨레도 산을 오를 수도 있다. 산악 지역에 위치한 카바네로스 국립공원으로 가면 넓게 펼쳐진 푸른 초원을 지나 참나무 숲과 산을 거닐 수 있다. 독수리나 황조롱이, 사슴 같은 현지에 서식하는 야생동물을 직접 볼 수 있다.

베스트 코스

톨레도는 작은 도시라서 5시간 정도면 충분히 볼 수 있다. 좁은 골목으로 중세의 분위기가 전해진다. 톨레도 여행은 산타크루즈 미술관부터 시작한다. 톨레도에서 반나절만 여행하고 다른 도시로 이동해야 한다면 꼬마열차 소코트렌을 타고 톨레도를 돌아보면 시간이 절약된다.

▶ 꼬마열차, 소코트렌(Zocotren)
소코도베르 광장부터 톨레도의 주요 관광지를 한 바퀴 도는 꼬마열차인 소코트렌은 1시간 정도면 톨레도를 돌아보도록 되어 있다. 버스처럼 열차에서 한번 내리면 끝난다. 유의점은 다시 탑승이 불가능하다.

알칸타라 다리 → 산타크루즈 미술관 → 알카사르 → 대성당 → 산토 토메 성당 → 엘 그레코의 집 → 파라도르 전망대 → 비사그라 문

알칸타라 다리
Alcántara

타호 강에 놓인 다리 중 가장 오래된 '교량'이라는 뜻의 알칸타라 다리는 구시가로 넘어가는 문의 역할을 한다. 전쟁을 거치면서 훼손되었지만 15세기 이후에 다시 재건되어 지금에 이르렀다.

🏠 소코도베르 광장에서 도보 7분

산타크루즈 미술관
Museum of Santa Cruz

병원으로 운영하던 건물을 미술관으로 사용하고 있는데 건물이 성 십자가 모양을 띠고 있어 산타크루즈라는 이름을 붙였다. 무료로 좋은 미술작품을 만날 수 있다.
16~17세기의 엘 그레코El Greco, 고야Goya, 리베라Rivera 등 화가들의 작품 등을 전시하고 있는 회화관이 있다. 고고학 유물, 전통 수공예품 등 3개관으로 나누어 전시하고 있다. 엘 그레코의 '성모마리아의 승천Asuncion(1613)'이 유명하다.

🏠 소코도베르 광장에서 도보 3분
🕐 10:00~18:30(일~14:00) 1/1, 5/1, 12/25 휴관

알카사르
Alcázar

톨레도에서 가장 높은 세르반테스 언덕에 자리잡고 있는 스페인에서 처음 세워진 요새이다. 카를로스 5세^{Carols V}가 르네상스 양식의 개축하여 궁전으로 사용하면서도 여러번 화재와 1936년 스페인 내전으로 폐허가 되기도 했다.

1940년 복구되어 지금에 이르렀다. 북쪽의 파사드와 중앙 정원, 황제의 계단 등은 무기 변천사를 볼 수 있는 군사 박물관으로 사용되고 있다.

🏠 소코도베르 광장에서 도보 5분
🕐 10:00~19:00(일~15:00), 6~9월 10:00~21:00, 일~15:00), 수, 공휴일(1/1, 1/6, 5/1, 5/24, 12/25, 12/31)
€ 일반 €5, 학생 €2.5, 일요일 무료

엘 그레코의 집
El Greco's House

1906년 스페인 국립 관광국장이던 베가 인 클란^{Vega Inclan}이라는 후작이 엘 그레코가 살 던 곳의 집을 사들여 1912년 박물관으로 개 관하였다. 박물관에는 엘 그레코의 그림을 비롯한 스페인 화가들의 작품을 전시하고 있으며 '성 베드로의 눈물', '톨레도의 전경' 등이 주요작품이다.

🌐 www.museodelgreco.mcu.es
🏠 소코도베르 광장에서 도보 13분
🕐 09:30~20:00(10~3월 : 18:30),
   일요일 10:00~15:00, 1/1, 1/6, 5/1, 12/24, 25, 31 휴관일
€ 일반 €3, 학생 €5

비사그라 문
Puerta Nueva de Bisagra

아랍어로 '신성한 문'이라는 뜻의 비사그라 문은 톨레도 구시가를 둘러싼 성벽의 북쪽 문이다. 벽면에 독수리 2마리의 머리가 달 린 황제가의 문장이 새겨져 있다.
카를로스 5세와 펠리페 2세가 톨레도에 입 성한 것을 기념해 16세기에 새겨진 모습이 다.

🏠 소코도베르 광장에서 북동쪽으로 도보 8분

톨레도 대성당
Santa Iglesia Catedral Primada de Toledo

톨레도의 상징이자 카톨릭 본산이라 더욱 중요한
대성당이다. 예술적, 역사적, 신학적으로 뛰어난 가
치를 지니는 톨레도 성당은 6세기경, 이슬람 사원
으로 사용되던 자리에 다시 1227년, 성당으로 짓기
시작해 1493년에 250년이 넘어서야 완공되었다.
고딕 양식으로 총 길이 120m, 너비 60m, 높이 45m
로 둥근 천장을 88개의 기둥이 떠받치고 있는 형
태이다.
성당 안으로 들어가는 문은 중앙은 '용서의 문', 오
른쪽은 '심판의 문', 왼쪽은 '시계의 문'으로 3개가
있다. 성당 내부에는 22개의 예배당을 비롯해 엘
그레코, 고야, 티치아노 등이 그린 프레스코화가

압권이다. 성서를 주제로 스테인드 글라스에 제단, 성가대석 코로Coro, 종교 관련 유물들이
전시된 보물관 테소로Tesoro 등이 인기가 많다.

Andalucía

안달루시아

ABOUT
안달루시아

유럽 대륙의 남쪽 끝 이베리아 반도에 자리한 스페인의 안달루시아는 스페인에서 가장 큰 지역 중 하나로 세비야, 말라가, 그라나다, 론다 등 아름다운 도시들을 거느린 빛나는 태양과 해변의 도시다. 화려한 금장식의 대성당과 거대한 이슬람 궁전과 성곽들, 투우와 플라멩코, 오페라 등 풍요로운 문화를 향유할 수 있는 곳이 안달루시아이다.

변화무쌍한 역사의 부침 속에서도 이슬람과 가톨릭 문화의 영향을 받아 도처에 동서양의 매력적인 분위기가 물씬 풍긴다. 대항해 시대, 콜럼버스와 마젤란의 성공은 스페인의 황금기를 가져왔으며 안달루시아는 그 중심에서 번영의 절정을 맞았다.

안달루시아의 주도인 세비야는 날씨도 좋지만, 옛것과 현대의 것이 적절히 조화를 이룬 도시 모습이 인상적이다. 또한 어디서나 볼 수 있던 오렌지 가로수가 기억에서 떠나질 않는다.

▶ 면적 | 87,268㎢(스페인 전 국토의 17.2%)
▶ 인구 | 약 842만 명(2011년 기준)
▶ 수도 | 세비야
▶ 전화 | 스페인의 국가 번호는 34이며 세비야 95, 말라가 95, 그라나다 958이다. 해외에서 스페인으로 전화를 걸때는 국제전화번호+국가번호(34)+지역번호+해당 전화번호를 누르면 된다. 스페인에서 우리나라로 전화할 때는 국제전화 접속번호를 누르고 한국 국가번호(82)+앞자리 0을 뺀 나머지 전화번호를 누르면 된다.

▶ 기후
전형적인 지중해성 기후가 국토 대부분에서 나타나는 스페인은 지중해 연안 국가와 마찬가지로 연간 강수량이 300~700㎜에 달한다. 여름에는 덥고 건조하고 겨울에는 포근하며 습한 기후를 가지고 있다. 특히 안달루시아의 한여름은 최고 42℃까지 올라가므로, 강한 태양열과 햇빛에 대한 대비가 필요하다. 봄, 가을에는 우리나라와 기온이 비슷하면서 편서풍의 영향을 받으므로 건조하다.

▶ 스페인 안달루시아 가는 방법
대한민국에서 안달루시아 지방까지 운행되는 직항 노선은 없다. 마드리드까지 항공으로 도착한 후, 마드리드에서 세비야, 말라가, 그라나다로 향하는 국내선이나 열차, 버스를 이용할 수 있다. 스페인 내에서는 저가 항공인 부엘링(www.vueling.com)을 이용하면 저렴하게 이동할 수 있다.

안달루시아 주 깃발
스페인은 각 주별로 기(旗) 제정이 가능하며, 공식 행사에서 사용하는 것이 허락된다. 안달루시아 깃발은 1918년 채택됐으며 흰색을 중심으로 초록색이 위 아래로 배치돼 있다. 가운데는 헤라클레스와 두 마리의 사자가 두 개 기둥 사이에 위치한 문양이 그려져 있다.

flamenco

플라멩코

안달루시아 예술의 꽃인 플라멩코는 자유와 낭만의 영혼이라고 말한다. 15~16세기 스페인 안달루시아 지방에서 탄생한, 원초적인 플라멩코는 집시들의 처지를 대변하는 슬픔과 죽음, 좌절 등을 주제로 삼지만 때로는 뜨거운 사랑과 정열을 표현한다. 플라멩코는 춤을 추는 사람들뿐만 아니라 기타를 연주하는 사람, 노래를 부르는 사람, 그리고 관객들이 모두 하나가 될 때 그 예술적 가치를 발휘한다.

플라멩코는 15세기경 안달루시아에 들어온 집시들이 사크로몬테 언덕의 동굴 속에서 거주하면서 자신들의 처지를 노래와 춤으로 표현하면서 시작되었다. 오랜 세월 유랑하던 집시들은 동굴에 모여 살면서 자신들의 처지를 노래와 춤으로 표현했다. 이것이 차츰 외부 사람들에게 알려지면서 오늘날과 같은 정열적인 플라멩코로 발전하게 됐다는 것이 가장 유력한 설이다.

초기 플라멩코는 현재와는 달랐다. 생활 속의 애환과 사랑 등 일상적인 일을 주제로 노래했고, 반주는 오직 손뼉Palma(팔마)을 치는 것뿐이었다.
지금은 플라멩코에서 빼놓을 수 없는 기타나 캐스터네츠 연주도 나중에 도입된 것으로, 이때는 구두도 신지 않았기 때문에 구두 소리를 내는 사파테아도Zapateado의 효과는 기대할 수 없었다.

실내에 들어서면 무용수인 남녀 바일레^{Vaile}, 기타 연주자인 토게^{Toque}, 노래를 부르는 가수인 칸테^{Cante}가 한 팀으로 눈빛을 맞추며 공연을 시작한다. 자세하게 볼 장면은 토케의 연주. 클래식 기타와 다르게 줄과 프렛 사이가 가깝고 지판들도 좁게 배열돼 있다. 따라서 손가락을 신속하게 움직이는 데 유리하다. 전광석화처럼.빠르게 줄을 몰아치는 플라멩코 기타 주법, 이른바 라스헤아도^{Rasgeado}라는 주법의 비결이 여기에 있다.

반주뿐 아니라 솔로 연주 역시 듣고 보는 내내 황홀하게 감상할 수 있다. 귀를 즐겁게 하고 나면 이제, 눈이 즐겁다. 몸 전체를 사용해 희로애락을 표현하는 바일레는 다리의 움직임(사파테아드, 푼테아드, 파테오)과 몸의 움직임(비틀기, 흔들기, 떨기), 팔(브라세오, 손가락)의 움직임으로 때로는 격렬하게 때로는 부드럽게 관객을 정점으로 몰아간다. 공연 내내 귀를 울리는 칸테의 노래는 가슴 밑바닥에서부터 끌어올리는 구슬프고, 비장하기까지 한 창법을 구사한다.

어디서 플라멩코를 볼까?

여행자가 플라멩코를 보기 위해서는 극장식 레스토랑인 타블라오^{Tablao}를 찾는 것이 좋다. 대부분 저녁식사와 결합되어 티켓을 팔지만 공연만 볼 수도 있다.

세비야

카사 델 라 메모리아^{Casa de la Memoria}와 엘 아레날^{El Arenal} 모두 타블라오 형태다. 식사와 공연이나 음료와 공연이 패키지로 묶여 있어 원하는 가격대와 원하는 공연 시간을 선택할 수 있다.

그라나다

집시들이 동굴^{Cueva}(쿠에바) 안에 집을 짓고 살았는데, 그라나다에서 보게 되는 플라멩코는 세비야의 극장식이 아닌 동굴에서 춤을 추는 형식이다. 사크로몬테에 위치한 로스 타란토스^{Los Tarantos}에 간다면, 무대와 객석이 아닌 같은 동굴 내부에서 함께 호흡하며 땀 흘리는 열정의 시간을 보낼 수 있다.

공연을 보면서 간혹 박수를 치는 이가 있는데, 이는 가수와 기타리스트, 댄서의 박자에 혼란을 줄 수 있으니 대신 '올레^{Olle}'라고 외치는데 주저하지 말자.

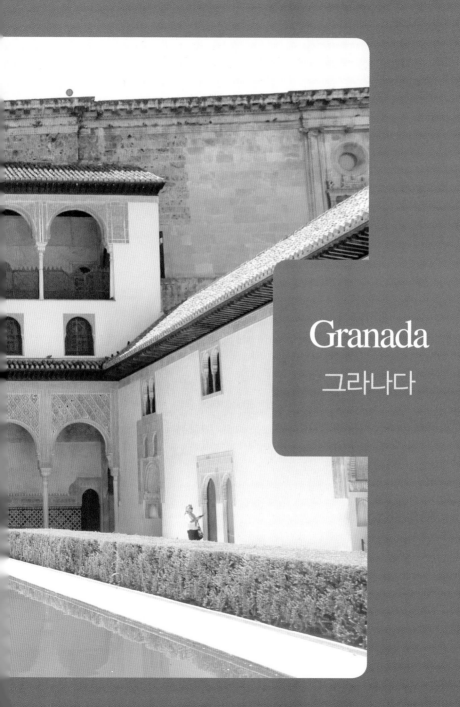

Granada

그라나다

그라나다

GRANADA

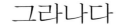

이슬람과 가톨릭 문화가 만나 어우러진 안달루시아의 그라나다는
알람브라 궁전으로 유명해지기 전까지는 조그만 마을에 불과했다.
알록달록한 꽃과 사이프러스Cyprus 나무, 볕이 잘 드는 곳에서 벚
꽃까지 오랜 시간 도시를 보면서 마을을 향유해야 하는 도시이다.

중세 건축물과 멋진 산, 스페인의 문화예술과 맛있는 음식이 어우
러져 마법 같이 아름다운 자연과 문화를 선사하는 도시가 그라나
다이다. 그라나다를 방문하여 오래된 건축물과 아름다운 산, 다채
로운 음식과 예술을 경험할 수 있다.

그라나다의
자랑거리

건축은 그라나다 최고의 자랑거리이다. 유서 깊은 이슬람교 지구인 알바이신을 걸으며 수백 년 된 모스크와 회당을 느껴볼 수 있고 바로크 양식의 카르투하 수도원에서는 스페인의 바로크 정물화가 후안 산체스 코탄의 작품을 만나볼 수 있다.

예술 애호가라면 호세 게레로 센터에 들려 추상표현주의 화가 게레로의 회화를 감상해보자. 인근에는 페데리코 가르시아 로르카 박물관이 자리 잡고 있다. 세계적인 시인 로르코는 이곳 그라나다에서 나고 자랐다. 과학 공원에서 아이들과 함께 인터렉티브 전시를 관람하고, 플라네타륨과 나비 정원도 둘러보자.

그라나다는 건축, 예술뿐 아니라 요리도 유명한 도시이다. 음료를 주문하면 타파스tapas가 곁들여져 나오는 경우도 많다. 라르가 광장에서 시작하는 파네데로스 거리나 엘비라 거리를 따라 늘어선 타파스 바는 반드시 찾아가 먹어봐야 하는 곳이다.

그라나다는 시에라네바다 산맥을 배경으로 제닐 강을 따라 자리 잡고 있다. 시에라네바다에서는 다양한 여름과 겨울 스포츠를 즐길 수 있다. 가장 높은 봉우리는 물아센으로, 높이가 3,478m에 이른다. 여름에는 인근의 코르도바와 세비야에 비해 시원한 기후를 자랑하는 산맥으로 트레킹을 떠날 수 있다. 겨울에는 1996년 FIS 알파인 월드 스키 챔피언십이 개최되기도 했던 스키장이 개장한다.그라나다는 알람브라 지구, 알바이신 지구, 사크로몬테 지구, 그란비아 데 콜론에서 볼거리가 있으며, 가운데에 이사벨 라 카톨리카 광장, 북쪽에는 누에바 광장과 3개의 언덕이, 남쪽에는 현대적인 신시가가 있다.

보통 1박 2일로 알바이신과 신시가에 있는 대성당, 카르투하 수도원 등은 1일 코스로 돌아보고 다음날 오전에 알람브라 궁전을 보는 경우가 일반적이다. 구시가에서는 이슬람 문화의 정취를 느낄 수 있다.

그라나다 IN

스페인 남부 안달루시아 지방의 도시 그라나다는 마드리드에서 기차로 5시간, 버스로는 7시간 정도 소요된다. 800년 이상 이슬람의 지배를 받은 이베리아 반도의 마지막 이슬람 왕국이 그라나다이다. 1492년, 이베리아 반도에서 이슬람 문명을 몰아내는 국토회복운동으로 이슬람 왕국은 사라졌다. 구시가 곳곳에 이슬람 문화의 흔적들이 남아 있어 이국적인 풍경을 보려 관광객이 끊임없이 그라나다를 방문한다.
이슬람 건축의 알람브라 궁전과 이슬람 사원이 있던 자리에 세워진 대성당은 그라나다에서 반드시 봐야 하는 곳이다.

비행기

마드리드나 바르셀로나에서 부엘링 등의 저가항공을 이용하면 그라나다까지 약 1시간 정도 걸린다. 그라나다 공항Federico Garcia Lorca Granada-Jaen Airport/GRX은 그라나다 도심에서 서북쪽으로 약 15㎞ 떨어져 있다.

▶ 공항 홈페이지 : www.granadaairport.com

공항버스

공항에서 시내로 가는 가장 편리한 수단은 공항버스다. 오토카 조세 골잘레Autocares Jose Gonzalez에서 운행하는데 그라나다 버스터미널Estacion de Autobuses de Granada, 그란비아Gran Via, 대성당Cathedral 등을 지나간다. 티켓은 미리 구입할 필요없이 운전기사에게 구입하면 된다.

▶ 운행시간 : 월요일~토요일 05:20~20:00
　　　　　　 일요일 06:25~20:00
▶ 소요시간 : 45분
▶ 요금 : €6

택시

공항에서 그라나다 시내까지 30유로 정도의 요금이 나오는데, 일행이 4명이라면 탈 만하다. 택시 승강장은 비행기가 도착하는 층에 있다.

철도

마드리드, 세비야, 코르도바, 말라가 등의 도시를 연결하는 열차는 많다. 그라나다 → 마드리드 구간과 그라나다 → 바르셀로나 구간은 주간열차와 야간열차가 운행되어 스페인 철도패스를 이용할 수 있지만 좌석을 반드시 예약해야 한다. 특히 여름 성수기의 세비야 → 그라나다 구간은 이용자가 많기 때문에 좌석 예약은 필수다.

버스

그라나다역에서 시내까지 걸어서 30분 정도 소요되는데, 시내버스를 이용하는 것이 좋다. 그라나다역 앞의 큰길 콘스티투시온 거리Av. de la Constitucion에서 3, 4, 6, 9, 11번 시내버스를 타고 10분 정도 지나면 이사벨 라 카톨리카 광장Plaza de sable la Catolica에 도착한다. 걸어서 15분 정도면 이사벨 라 카톨리카 광장에서 알람브라 궁전까지 갈 수 있다.

스페인은 국토가 넓어 고속도로와 장거리 버스 노선이 발달해 있다. 그라나다는 그중에서도 안달루시아 지방을 오가는 노선이 발달해 있다. 그라나다와 마드리드, 바르셀로나, 코르도바, 세비야 등의 구간을 연결하는 버스는 ALSA에서 운행하고 있다.
그라나다 버스터미널Estacion de Autobuses de Granada에서 그라나다 시내 관광의 기점이 되는 그란비아Gran Via와 이사벨 라 카톨리카 광장Plaza de Isabelle la Catolica까지는 버스 3, 33번을 타고 약 15분 정도 소요된다.

▶ALSA 홈페이지 : www.alsa.es

그라나다의 구시가는 도보로도 충분히 돌아볼 수 있다. 기차역에서 시내, 시내에서 떨어진 사크로몬테로 이동할 때에는 버스를 이용하는 것이 좋다.

시내교통

티켓의 종류 및 요금

버스 티켓은 1회권과 충전식 교통카드인 보노부스Bonobus가 있는데 운전기사에게 직접 구입하거나 자동발매기를 이용하면 된다. 보노부스는 5유로, 10유로, 20유로로 충전할 수 있으며 구입 시 충전 금액에 보증금 2유로를 합해서 내야 한다. 여행이 끝나면 운전기사에게 반납하고 보증금을 돌려받자. 잔액은 돌려받을 수 없다. 보노부스는 여러 명이 사용해도 무관하며 2023년 기준으로 20유로를 충전하면 8회, 30유로를 충전하면 12회 탑승이 가능하다.

미니버스

알람브라 궁전, 알바이신, 사크로몬테 등의 언덕을 순회하는 빨간색 미니버스로 누에바 광장Plaza Nueva에서 출발한다. 요금은 일반 버스 요금과 동일하다.

승차권 종류	원어명	요금
1회권	Billete Ordinario	€2.5
보노부스	Bonobus	€10, €20, €30 (보증금 €2 별도)

▶운행 노선
30번 – 알람브라 궁전
31번 – 알바이신 지구
35번 – 사크로몬테

그라나다의
베스트 코스

낮에는 아름다운 알람브라 궁전에서의 산책을, 저녁에는 아랍풍 카페에 들러 다양한 아랍 차와 그들의 문화를 느껴보자. 알람브라 궁전은 하루 입장객을 제한하기 때문에 미리 예약하는 것이 좋다.

알람브라 궁전을 거닐며 영화로웠을 그라나다의 옛 모습을 머릿속에 그려보자. 특별한 루트를 짜지 않더라도 쉽게 둘러볼 수 있으니 주요 볼거리들을 체크해가며 천천히 돌아보자. 모든 관광이 끝났다면 칼데레리아 누에바 거리의 아랍풍 카페에서 차를 마시거나 플라멩코 공연을 보는 것도 좋다.

누에바 광장

대성당

알람브라 궁전

알바
(산 니콜라스 전

다로

그라나다 파이브 센시즈

생 제르멩

파스텔레리아
안달루시 누하일라

플레이 그라나다

보데가스
카스타네다

누에바 광장

오스탈 AMC 그라나다

왕실 예배당

바르 로스 디아만테스

그라나다 대성당

아랍 시장

이사벨 라 카틀리카 광장

추레리아 알람브라 카페

바르 포에

그라나다 시청 여행안내소

푸에르타 레알

타베르나 라 타나

플라멩코 댄서 동상

밀회를 목격한 나무

헤네랄리페

나스르 궁전

의 탑
알람브라
카를로스 5세 궁전

그라나다 파라도르

워싱턴 어빙 동상

알람브라 궁전 매표소

그라나다 대성당
Catedral de Granada

원래 모스크가 있던 자리에 세운 성당으로 16세기부터 180여 년간 공사를 했지만, 탑 부분은 아직도 미완성이다. 성당 외벽에는 석상이 들어가야 할 빈 공간이 곳곳에 보인다.

성당은 800년에 걸친 이슬람교의 통치를 끝낸 그라나다 레콩키스타 직후 이사벨라 여왕의 명으로 건립되었다. 그라나다의 중앙 모스크 부지 위에서 16세기 초에 시작된 공사는 181년 후 준공됐다.

황금 예배당과 돔 형식의 천정, 신약 성서의 이야기가 그려진 스테인드글라스, 멀리서도 악보를 보고 오르간을 연주할 수 있도록 한 1m 이상의 악보, 진귀한 그림과 조각 작품 등 볼거리가 풍부하다.

내부 둘러보기

이사벨라 여왕의 묘

아름다운 예배당과 미술 컬렉션으로 유명한 스페인 르네상스 건축의 걸작인 그라나다 성당에는 스페인의 존경받는 여왕이 잠들어 있다. '성모 마리아 현현 성당'이라고도 불리는 그라나다 성당은 스페인 르네상스 건축의 걸작이다. 돔 천장 아래를 거닐며 조각과 회화와 예배당을 둘러본 뒤 스페인에서 가장 많은 사랑을 받은 군주들이 잠들어 있는 지하 묘를 보면 된다.

성당으로 들어가면 환하게 밝은 내부가 방문객을 맞이한다. 내벽이 새하얗게 만들어진 돌로 이루어져 있어 유난히 밝기가 환하다. 돔 천장을 덮고 있는 프레스코화와 스테인드글라스 창을 눈 여겨 봐야 하며, 제단과 예배당을 장식하는 회화 작품도 관광객의 시선을 사로잡는다.

로열 예배당

성당과 연결된 로열 예배당에는 이사벨라 여왕과 페르난도 왕 부부가 잠들어 있다. 교황 알렉산데르 6세는 가톨릭을 수호하고자 한 이들의 노력을 치하하여 '가톨릭 군주'라는 칭호를 내렸다. 고딕 양식으로 조각된 예배당의 입구를 먼저 구경해야 한다.

예배당에는 이사벨라 여왕이 수집한 스페인, 이탈리아, 플랑드르 예술가들의 작품이 전시되어 있다. 이사벨라 여왕의 홀과 왕관, 그리고 페르디난도 왕의 검이 유리 진열장 안에 보관되어 있다. 부부의 묘가 모셔져 있는 지하실에 들러보자.

돌로 조각된 아치문을 통해 박물관에 입장하면 조각과 태피스트리, 보석과 제의가 전시된 전시실이 펼쳐진다. 16~18세기까지의 종교 회화도 볼 수 있다.

🌐 www.catedraldegranada.com 🏠 Calle Gran Vía de Colon, 5, 누에바 광장에서 도보 5분
🕐 10:45~13:15, 16:00~19:45 (겨울철시에스타 이후~18:45) / 일요일·공휴일 휴무

⊕ www.capillarealgranada.com

🕐 가을, 겨울 : 월요일~토요일 10:15~13:30, 15:30~18:30 / 일요일 11:00~13:30, 14:30~17:30
　　　　공휴일 11:00~13:30, 15:30~16:30
　　봄, 여름 : 월요일~토요일 10:15~13:30, 14:00~19:30 / 일요일 11:00~13:30, 14:30~18:30
　　　　공휴일 11:00~13:30, 16:00~19:30, 1/1, 12/25, 성 금요일 휴무 €4€

왕실 예배당
Royal Chapel of Granada

스페인의 황금시대에 이사벨 여왕Queen Isabella과 그의 남편 페르난도King Ferdinand가
1505~1517년에 걸쳐 고딕양식으로 완성하였다. 내부는 화려한 조각들로 장식되어 있다.
기존의 다른 가톨릭 성당과는 문양이 조금씩 다른데 이슬람양식이 영향을 미쳤다고 한다.
여왕과 남편, 딸들의 묘가 안치되어 있다.

알카이세리아 거리
Alcaicería Distancia

그라나다는 도자기와 조각을 이어 붙여 만든 목 공예품인 타라세아taracea 등의 기념품이 유명하다. 기념품점은 누에바 광장과 비브 람블라 광장 주변에 있는데 과거 직물거래소였던 곳이 좁은 골목에 형성되었기 때문이다. 주로 아랍 상품을 파는 상점들이다.

🏠 대성당 옆

칼데레리아 누에바 거리 (아랍 거리)
Calderería Nueva Distancia

누에바 광장에서 알바이신을 오르는 입구에 형성된 아랍 거리로 아랍 기념품을 파는 상점과 카페, 레스토랑 등이 여행자들을 유혹하고 있다.

🏠 누에바 광장에서 도보 3분

알람브라 궁전
Alhambra

그라나다를 방문하는 이유는 대부분 알람브라 궁전을 보기 위해서라고 해도 과언이 아니다. 이곳의 이슬람 건축물은 현존하는 이슬람 건축물 중 최고로 유명하다. 스페인은 8세기부터 약 800년 동안 이슬람의 지배를 받았는데 알람브라는 스페인의 마지막 이슬람 왕국인 나스르 왕조^{Nasrid dynasty} 의 궁전이었다.

아랍어로 '붉은 성'이라는 뜻이다. 13세기 나스르 왕조 시대에 세워졌으며, 14세기 후반에 완성되었지만 몇 차례의 전쟁을 겪으면서 파괴되고 방치되었다가 지금에 이르렀다. 현재 유네스코 세계문화유산으로 지정되어 관리 및 복구되고 있다.

인터넷으로 미리 예매를 해야 기다리지 않고 입장이 가능하다. 무작정 기다리다 가는 못 볼 가능성이 높다. 누에바 광장에서 15~20분 정도 걸어서 이동하거나 알람브라 미니버스 30, 32번을 타고 헤네랄리페역에서 내리면 된다. 알람브라 궁전은 크게 헤네랄리페Generalife, 카를로스 5세 궁전Palacio de Carlos V, 나스르 궁전, 알카사바 성채Alcazaba 순으로 둘러볼 수 있다. 박물관, 미술관, 정원, 성당 등도 있어 관람하는 데 많은 시간이 걸리기 때문에 간단한 먹거리나 음료 등을 미리 준비해 가는 것이 좋다.

🌐 www.alhambra-patronato.es, www.alhambra.org
📄 티켓예매_ www.alhambra-tickets.es
🕐 11월~3월 15일 : 월요일~일요일 8:00~18:00,
📞 야간개장 : 금요일~토요일 8:00~21:30
　　3월 16일~10월 : 월요일~일요일 8:30~20:00,
　　야간개장 : 화요일~토요일 22:00~23:30
　　1/1, 12/25 휴무
　　통합티켓 €17

스페인의 알함브라 궁전

모로코의 쉐프샤우엔의 파란 도시를 보면서 무어인들이 아프리카 대륙의 쉐프샤우엔에 정착할 수 밖에 없었던 역사를 함께 생각하며 파란도시의 전경을 즐겨보는 건 어떨까?
스페인에 있는 그라나다의 대표적인 이슬람 문화유산으로 1984년에 세계문화 유산으로 등록되었다. 알함브라 궁전의 추억이라는 아름다운 선율의 기타 곡을 들어 본 적이 있는가? 이 노래에 나오는 알함브라 궁전은 에스파냐 남부의 그라나다에 있는 이슬람 유적이다. 어떻게 크리스트교가 지배하는 유럽에 이슬람 예술의 걸작으로 알려진 궁전이 있을 수 있을까?

7세기 초에 아라비아 반도에서 일어난 이슬람은 빠르게 세력을 넓혔다. 아프리카 북부를 모두 점령하고 711년에는 마침내 지중해를 건너 이베리아 반도에 있던 서고트 왕국을 정복하고 유럽 땅으로 들어갔다. 이슬람 세력은 오랫동안 이베리아 반도 거의 전부를 지배하였다. 이때 이베리아 반도에 정착해 살던 아라비아 인들을 무어인이라고 한다.

국토 회복 운동

크리스트 교도들이 이슬람 세력을 몰아내고 영토를 되찾기 위해 국토 회복 운동을 줄기차게 벌이면서 이슬람 세력은 점차 영토를 잃었다. 결국 13세기에 이슬람 세력은 이베리아 반도의 남쪽 끝에 있는 그라나다까지 쫓겨났다. 이때의 이슬람 왕조가 나스르 왕조이다. 옛날의 넓은 영토를 생각하면 굉장히 자존심이 상하는 일이었다.
나스르 왕조의 왕들은 비록 영토는 빼앗겼지만 이슬람 문화가 유럽보다 아름답고 뛰어나다는 것을 마음껏 과시하기 위해 커다란 궁전을 지었다. 그리하여 이슬람 문화의 걸작이라고 일컫는 알함브라 궁전이 탄생하였다. '알함브라'는 '붉은 색'이라는 뜻이다. 처음 요새를 지을 때 벽돌과 흙이 붉었기 때문이라고도 하고, 밤중에 성에 밝혀 놓은 횃불로 성이 불타는 것처럼 보여서 그런 이름이 붙었다.

알함브라 궁전은?

알함브라 궁전은 왕국과 카롤루스 1세의 궁전을 중심으로 양 날개에 성채와 여름 궁전인 헤네랄리페 정원을 거느리고 있다. 궁전은 조각상이나 그림이 없는 대신 안밖은 아라베스크라는 정교하고 추상적인 무늬와 '쿠란'의 구절, 시 등으로 장식했다. 이슬람교는 우상 숭배를 엄격히 금지해서, 사람이나 동물 등의 조각과 그림을 쓸 수 없었다.

스페인 알함브라 궁전

카롤루스 1세의 궁전은 16세기에 카롤루스 1세가 알함브라 중전의 아름다움을 누르기 위해 세운 웅장한 궁전인데, 지어 놓고도 사용하지 않았다. 나스르 왕조의 여름 별장인 헤네랄리페 정원은 분수의 물소리와 정원이 어울려 천국과 같은 느낌을 주는데, 유명한 기타 곡 '알함브라 궁전의 추억'도 이곳에서 탄생하였다.

알함브라 궁전의 슬픈 역사

1492년은 콜럼버스가 아메리카 대륙에 도착한 해이지만, 크리스트 교도가 이베리아 반도에서 이슬람 세력을 완전히 몰아낸 해이기도 하다. 이때 크리스트 교도에게 도시를 넘겨주고 도망가던 나스르 왕조의 마지막 왕 보아브딜은 멀리 떨어진 산의 망루에서 궁전을 바라보며 눈물을 흘렸다고 한다.

한눈에 보는 알함브라 궁전

13~15세기_　　　 이슬람 왕조인 나스르 왕조의 왕들이 알함브라 궁전을 세움
1492년_　　　　　 크리스트 교도가 그라나다를 점령
1516~1556년_　　 카롤루스 1세가 궁의 일부를 르네상스 양식으로 고쳐 지음
1812년_　　　　　 나폴레옹 군대의 침략 때 탑 몇 개가 파괴됨
1821년_　　　　　 지진으로 궁전 여러 곳이 부서짐
1840년_　　　　　 알현실을 늘려 지음
19세기_　　　　　 낭만주의 예술가들의 채고가 음악에 등장하면서 유명해짐

알함브라 궁전 전경

스페인이 자랑하는 세계 문화유산인 알함브라 궁전은 높다란 언덕에 있는 성채이자 궁전이다. 튼튼한 성채로만 보이는 바깥쪽 모습과 달리 내부는 매우 화려하고 아름답다.

누에바 광장Plaza Nueva에서 택시를 타고 알함브라 궁전으로 가는 길, 수백 년 전 전쟁에 패해 쫓겨나던 이슬람 왕조의 마지막 왕이 남겼다는 말이 문득 떠올랐다. "그라나다를 빼앗긴 것은 아깝지 않으나 알함브라를 떠나는 것이 너무 슬프다"고 했던가. 언덕위에 지어진 탓에 오르막길이 계속해서 이어진다.

많은 여행자가 그라나다를 방문하는 목적의 제 1순위는 바로 알함브라 궁전을 보기 위해서라 해도 과언이 아니다. 이슬람 건축양식의 정수를 보기 위해 찾는 유럽이라니. 그 아이러니함이 그라나다라는 도시의 매력을 돋보이게 한다. 알함브라 궁전을 둘러보기 위해서는 생각보다 발품을 많이 팔아야 한다. 성곽인 알카사바Alcazaba, 나스르Nazaries 궁전, 카를로스Carlos 5세 궁전, 아랍 왕들의 여름 궁전인 헤네랄리페Generalife 네 부분으로 나뉘는데 티켓 예매 때 정해지는 나스르 궁전 입장 시간에 맞춰 동선을 잘 짜야 한다.

알함브라 궁전을 거니는 내내 붉은빛의 아라베스크 문양으로 장식된 벽, 화려하지만 조화로운 패턴의 타일 바닥, 나무 혹은 대리석에 섬세한 조각을 새긴 천장 등 눈길을 어디에 두어야 할지 모를 정도로 아름다움의 향연은 계속된다.

나스르 궁전의 백미는 사자의 중정

이 중정과 중정을 에워싸는 공간은 왕 이외의 남자들은 출입이 금지된 할렘 이었다고 한다. 이곳을 통틀어 사자의 궁전이라고 한다. 12마리의 사자가 받치고 있는 커다란 원형 분수는 알람브라 궁전의 또 다른 심벌이기도 하다.

궁전 내부의 정원

이슬람교는 사막에서 탄생한 종교이기 때문에 물을 중요하게 여겨 궁전의 곳곳에 분수와 연못을 만들어 놓았다.

정교한 장식

궁전 내부는 아라베스크 무늬와 쿠란 의 글귀 등으로 정교하게 장식하여 감탄이 절로 나온다.

나스르 궁전

산 니콜라스 전망대

알바이신 지구를 오르다 보면 결국 닿게 되는 목적지이기도 하다. 좁은 길을 따라 걷다가 탁 트인 전망대에 오르면 갑자기 눈앞에 펼쳐지는 풍경에 아찔해질지도 모른다. 그 시간이 해 질 무렵이라면 더더욱 그렇다. 건너편 언덕, 같은 눈높이에 자리한 알함브라 궁전의 전경을 한눈에 볼 수 있는 명당이기 때문이다.

헤네랄리페 여름 별궁

🌐 www.alhambra-patronato.es
🏠 C/ Real de la Alhambra s/n 18009, Granada
🕐 10월 15일~3월 14일 08:30~18:00(주간) / 20:00~21:30(야간),
　 3월 15일~10월 14일 08:30~20:00(주간) / 22:00~23:30(야간)
€ 종합티켓(Alhambra General)_ 15.4유로
　 정원 · 알카사바 · 헤네랄리페_ 8.4유로
　 야간 나스르 궁전 · 헤네랄리페_ 9.4유로

알람브라 궁전 제대로 관람하기

인터넷으로 예매하지 않았을 경우 오전 8시 전에는 도착해야 당일표를 구입할 수 있다. 특히 여름 성수기에는 관광객이 많이 몰리기 때문에 현장에서 구입을 못 할 수도 있다. 따라서 인터넷으로 미리 예매후 방문하는 게 좋다.

인터넷 티켓 구입 방법

1. 하루 관람객 수는 약 7천 명 정도로 제한한다. 성수기에는 티켓 예매 사이트에서 미리 예매하자(시내에 있는 BBVA 은행에서도 구입 가능).

2. 티켓은 3개월 전부터 예약이 가능하지만 관람 당일은 예약이 불가능하다. 인터넷 예약을 하려면 관람일과 인원을 선택하고 08:00~14:00 / 14:00~ 중에 방문시간을 선택하면 자동적으로 나스르 궁전의 관람 시간이 정해진다. 예매 내용을 한국에서 미리 출력하여 가져가는 것이 좋다. 현장 매표소에서 티켓으로 교환해도 되지만 예매티켓기에서 발권하는 것이 기다리지 않아 편리하다. 결제 시 반드시 신용카드를 준비하자.

3. 입장은 오후 2시를 기준으로 오전과 오후에 입장이 가능하다. 오전에 입장하면 오후 2시 이전에 나가야 한다. 나스르 궁전 입장은 30분 단위로 이뤄지며 티켓에 정해진 시간대에만 입장이 가능하다.

구경 순서

헤네랄리페 → 카를로스 5세 궁전 → 나스르 궁전 → 알카사바 → 석류의 문

헤네랄리페

카를로스 5세 궁전

나스르 궁전

석류의 문

알카사바

헤네랄리페(Generalife)

왕궁의 동쪽, 10분 거리에 있는 헤네랄리페는 14세기에 세워진 왕의 여름 별궁이다. 수로와 분수가 아름다워 대부분의 관광객이 이곳에서 사진을 많이 찍는다. 정원 안쪽에 있는 이슬람양식과 스페인양식을 대표하는 아세키아 중정Patio de la Acequia은 반드시 봐야 하는 포인트다.

카를로스 5세 궁전(Palacio de Carlos V)

16세기에 카를로스 5세가 르네상스양식으로 지은 궁전으로 현재는 1층에 알람브라 박물관Alhambra Museum, 2층 순수 예술 미술관Fine Art Museum으로 사용되고 있다.

나스르 궁전(Palacios Nasrid)

메수아르 궁, 코마레스 궁, 사자의 중정 등이 유명하다. 대사의 방, 두 자매의 방, 사자(使者)의 홀은 반드시 봐야 하는 곳이므로 놓치지 말자.

① 메수아르(Mexuar) 궁

메수아르 방의 벽면과 천장이 아라비아 문양의 정교한 장식들로 둘러싸여 있는데, 카톨릭이 더 문화적으로 앞서 있다고 생각한 유럽사람들이 이슬람 문화에 대해 다시 생각하는 계기가 되었다고 한다. 안뜰의 작은 분수 정원, 알바이신의 전망을 내려다볼 수 있는 황금의 방은 꼭 보자.

② 코마레스(Comares) 궁

아라야네스 중정Patio de los Arrayanes과 옛 성채인 코마레스의 탑Torre de Comares 코마레스 궁의 볼거리이다. 탑 안쪽에는 각국 사절들의 알현 행사 등에 쓰였던 대사의 방Salon de Embajadores이 있다. 이곳의 천장과 벽면은 모두 아라베스크 문양의 장식으로 꾸며져 있다. 코마레스의 탑에 있는 발코니에서 아름다운 사크로몬테 언덕과 알바이신 지구의 풍경을 조망할 수 있다.

③ 사자의 중정(Patio de los Leones)

중정의 내부는 왕을 제외한 남자들의 출입이 금지된 하렘이 있다. 나스르 왕궁 관람의 핵심으로 정원 중앙에는 12마리의 사자가 받치고 있는 사자의 분수가 있다. 중정 남쪽에 아벤세라헤스의 방Sala de las Abencerrajes이, 중정 동쪽에는 왕의 방Sala de los Reyes이, 중정 북쪽에는 종유석 장식으로 꾸며진 두 자매의 방이 있다.

④ 두 자매의 방(Sala de las Dos Hermanas)

사자의 중정 북쪽에 있는 두 자매의 방은 천장과 벽면 가득 화려한 종유석 장식으로 되어 있다.

알함브라 궁전의 추억

알카사바 성에서 가장 높은 곳에 도착하면 그라나다 전체가 한눈에 들어온다. 높이와 시야를 확보하고 있어서 그라나다 왕국이 스페인에서 마지막까지 깃발을 지키고 있지 않았을까하는 생각이 든다. 여행지에서 여행지의 역사를 상상할 수 있는 것은 여행자의 특권이다.

오후 2시 30분 정도인 시각에 알카사바 성 꼭대기에서 한 청년을 만났는데 무엇인가를 그리며 앉아있었다. 그는 5시 정도까지 있다가 갈 거라고 했다. 한나절 한 곳에 오래 머문 여행지는 오랜 시간이 지나도 또렷하게 추억으로 남아있을 것이다.

워싱턴 어빙의 방
3개월 이곳에 머물던 워싱턴 어빙은 '알함브라 이야기'를 썼고 덕분에 페허로 버려졌던 알함브라 궁전은 명소가 되었다. 이곳에서 시원하게 보이는 도시의 모습을 보니 워싱턴 어빙의 마음이 보일 것도 같다. 도시 어딘가에 아랍인이 숨겨놓았을 보물들이 있을 것만 같다.

나스리 궁에서 나오는 순간 긴 시간을 거슬러 시간여행을 다녀온 기분이었다. 궁 건물은 모두 인간을 중심으로 지어졌고 수많은 경구들은 그것을 보면서 스스로를 가다듬었을 왕들의 인간적인 자취를 느끼게 했다. 나스리 궁에서 나오니 물이 새롭게 보인다. 물소리가

들리기 시작하고 물에 비친 사람들의 모습도
함께 보인다. 이곳에 들어오는 물의 근원은 어
디일까 궁금해지면서 알함브라 궁전의 추억
으로 빠져들었다.

한때는 적을 막아내는 요새였지만 지금은 방
어의 기능은 버린 지 오래전이다. 이곳은 나무
와 분수가 어우러진 아름다운 정원이 되었다.
마치 새를 닮은 소리를 내는 분수가 발길을 멈
추게 한다. 조그만 물 나오는 분수 시작점을 바
라보게 하면서 발길을 떠나지 못하게 한다.
해자에서 가운데를 바라보면 보이는 조그만 건물이 바로 '나스리 궁'이다. 궁이라지만 왕
의 권위를 나타내는 웅장한 문이 없어서인지 들어가는 마음이 편안하다.

재판의 방

이것은 가장 엄격했을 재판의 방이다. 입구에는 '유일한 정복자는 신이다'라는 문구가 씌
여 있다. 책에서 본 경유를 찾으려 자세히 들여다보니 많은 것들이 보인다. 눈에 가장 많이
보이는 것은 계속 반복되는 기하학적인 무늬이다. 퍼즐을 맞춰보는 기분으로 오랫동안 들
여다보게 한다. 재판은 4개의 기둥 안에서 이루어졌다고 한다. 이슬람 교리는 사람이나 동
물의 형상을 나타내면 안 된다. 그래서 기하학적인 문양이 발전할 수밖에 없었을 것이다.
가운데의 반복된 경구들이 종교적인 신념을 고취했을 것 같다. 재판이 이루어졌던 방의 위
에는 '들어와 요청해라. 정의를 찾는 데에 두려워하지 말라. 네가 여기서 정의를 발견할 것
이다'라는 문구가 적혀 있다.

재판의 방 옆에는 맥쉬아르 기도실이 있다. 다른 방에 비해서 장식도 구조도 간결하다. 방에 들어섰을 때 그들이 맞이했을 경건함을 느낄 수 있다. 다른 방은 모두 남향인데 기도실의 창문은 이슬람의 성지인 메카를 향해 있다.

재판의 방을 지나 황금의 방으로 향한다. 정원에는 소리 없는 분수가 흐르고 있는데 마음을 차분하게 만들어 준다. 왕의 접견을 위해 대기하던 대기실인데 천장에 보이는 황금장식 때문에 황금의 방이라고 불렀다. 왕을 만나기 위해서 적지 않은 시간을 대기해야했다면 무슨 생각을 했을까? 그때마다 어디에도 다 보이는 것은 "유일한 정복자는 신이다"라는 경구였을 것이고 벽을 가득채운 문양이었을 것이다. 자세히 들여다보면 이 모든 공간에는 쉽게 지나칠 수 없는 정성이 담겨 있다. 황금의 방 처마에는 모두 나무로 만든 장식들로 붙여져 꾸며 있다. 목공들은 더 세심하게 만들기 위해 깎으면서 다듬었고 그것이 곧 깊은 신앙심을 드러내는 것이었다고 생각했다고 한다.

왼쪽 문을 지나면 새로운 세계가 펼쳐진다. 도금양의 정원이라고 하는 곳으로 정원 가득 심어진 도금양 나무는 손으로 비비면 독특한 향을 낸다. 시원하게 뻗는 물소리와 아름다운 정원이 기분을 상쾌하게 만들어준다. 정원의 기운데 물에 비친 육중한 꼬마레스 탑이 물 위에 떠 있는 것처럼 보인다. 물과 건축물이 빚어낸 아름다운 조화는 3세기 뒤 인도의 타지마할로 다시 탄생했다.

2층으로 올라가면 10개의 방이 있다. 2층의 벽 창문은 창살로 닫혀 있다. 방안의 모습이 벽으로 가려진 것을 보면 여인들이 거주하는 공간으로 짐작하게 된다. 벽 한 면 한 면을 따로 떼어보면 그림 같아 눈을 뗄 수 없다.

왕의 정치 외교가 이루어졌던 대사의 방은 유난히 큰 규모와 화려한 장식에 눈길이 머문다. 또 한 번 시선이 멈추는 곳은 방이 비친 빛이다. 이 빛은 물에 반사되어 들어오는 데 방을 은은하고 아늑하게 한다. 사방에는 빛이 잘 들어오는 문이 있는데 시시각각으로 변하는 빛은 아마도 왕의 모습을 신비하게 만들지 않았을까 한다.

우주의 모습을 표현한 이 천장은 8천개 나무 조각을 칠하고 짜 맞췄는데 나스리 목공의 절정으로 평가받고 있다. 이곳에서 들을 수 있는 조용한 물소리, 화려한 장식은 은은한 빛은 모두 신과 왕에 대한 헌시이자 찬양이었다.

많은 방 입구에는 벽감들이 있다. 오는 손님에 대한 우호의 표시로 꽃병과 물병, 향수들을 놓아두었고 "적게 말하라, 평화로운 것이다"라는 경구를 새겨 놓았다고 전해진다. 이 문구를 잘 이해한다면 이들을 더 잘 이해할 것 같다. 시시각각 달라지는 빛도 나스리 궁을 신비롭게 한다. 문양과 경구를 주의 깊게 찾다보면 누구나 이곳에 빠지지 않을 수 없다.

도금양 정원을 지나 왕의 개인 공간인 '사자의 정원'으로 간다. 사자의 정원에서 가장 처음에 들어오는 것은 많은 기둥들이다. 좁은 공간에 많은 기둥을 세워서 만든 공간은 124개나 된다. 이렇게 많은 기둥을 세운 것은 이유가 있다. 이곳에 앉아서 물소리 흐르는 숲속에 온 듯한 기분을 갖기 위해서이다. 정원 한 가운데에는 커다란 분수가 있다. 12마리의 사자가 받치고 있다. 사장의 정원에도 다양한 문양과 경구들이 있다. 이런 경구들 속에서 왕은 백성들을 위한 선정을 다 잡았을 수 있다.

다시 한쪽으로 걸어서 아벤세라헤스 방으로 간다. 방의 가운데 분수와 높은 기둥으로 이어진다. 분수는 정원에 있어야 하는데 방에 있다. 지하에 있는 찬 물과 높은 창문에서 들어온

더운 공기가 환기되어 에어컨 역할을 해서 한여름을 시원하게 만들었다. 이런 이곳에 비정하고 잔인한 이야기도 전해진다. 아벤세라헤스는 나스리 왕궁의 귀족가문 중 하나였다. 당시에 귀족간의 정쟁이 심했는데 아벤세라헤스의 한 귀족과 왕비가 사랑에 빠졌다고 밀고를 받은 왕은 아벤세라헤스의 귀족 32명을 이곳에 불러 모두 살해했고 그 피가 사자의 분수까지 흘렀다고 전해진다.

저 경구를 알고 본다면 감동도 배가 될 것이다. 그래서 알함브라 궁전에서는 경구를 분석하는 작업도 계속 이뤄지고 있다.

마지막으로 찾아간 방은 알함브라 궁에서 가장 화려하다는 '두 자매의 방'이다. 바닥에 깔린 2개의 커다란 대리석 때문에 이 방을 '두 자매의 방'이라고 부른다. 여자들이 사용할 방이라서일까 방 안의 문양도 곱고 우아하다. 레이스처럼 쳐진 장식 창문을 통해 들어온 은은한 빛. 경구들은 이 방의 주인들에게 어떤 의미가 되었을까?

이끼가 가득 낀 둥근 돔 형태의 이곳도 궁금했다. 지하 목욕탕이라고 한다. 천장에는 별모양을 뚫린 채광창이 있었는데 둥글고 두터운 지붕은 들어온 빛을 모두 간접 광으로 만들고 있었다. 습기를 이겨내야 하는 탓일까 내부에는 문양보다는 타일이 눈에 많이 띄었다. 벽 아래에만 타일을 붙이는 '다도타일링'이 여기서 유래되었다. 목욕탕 안에는 여러 공간이 있다. 이곳은 비밀의 공간이라고 할까? 작은 목소리로 벽에 말을 해서 반대편에서 잘 들리는 것을 보고 즐거워하는 연인들이 부럽다.

정원 쪽에 놓인 분수는 저마다 독특한 모양이다. 이 분수는 마치 숲속에 피어오른 큰 꽃을 닮았다. 격자모양의 나무 천장, 단순한 벽, 벽난로가 갑자기 달라진 분위기를 나타낸다. 나스리 궁을 접수한 후 스페인 왕들이 거주한 곳이다. 이슬람교리에 어긋나는 사람 형상 장식물도 눈에 띄인다.

알함브라 궁전 제대로 보기

알함브라는 자연이 만든 기념비라고 이야기한다. 알함브라를 이해하면 자연을 이해할 수 있다는 이야기이다. 하루의 시간이 바뀌고 순간이 바뀌고 계절이 바뀌듯 알함브라도 바뀐다. 빛을 따라 자연이 만드는 건축물과 정원이 보인다는 것이다. 이 알함브라 궁전을 이해하려면 구분이 되는 4개를 이해해야 한다.

1. 알카사바 성

방어목적으로 만들어졌다. 포도주의 문을 지나면 알카사바 성으로 간다. 이 문을 지나는 군사와 민간인이 포도주를 사고팔았기 때문에 포도주의 문이라고 불렀다고 한다. 알카사바 성은 군인들의 공간이다. 성을 보면 옛날 성을 공격하려는 사람들에게는 힘들고 방어를 하려는 사람에게는 쉬운 방법을 찾아 만든 사람들의 지혜가 엿보인다. 방어에 효과적인 것은 높이다. 성은 계속 오르막이다. 성에 오르면 보이는 전망은 관광객에게는 탁 트인 시원함을 주지만 그 옛날 병사들은 긴장 속에 성 밑을 바라보았을 것이다. 곳곳에는 병사들의 주거지 흔적도 고스란히 남아있다. 가운데를 중심으로 장교와 사병의 숙소가 나누어져 있다. 가운데 정원의 흔적이 돋보인다. 아직까지 튼튼한 성벽은 이곳의 적은 강수량이 준 선물이다.

알카사바 성에서 가장 높은 곳에 도착하면 그라나다 전체가 한눈에 들어온다. 높이와 시야를 확보하고 있어서 그라나다 왕국이 스페인에서 마지막까지 깃발을 지키고 있지 않았을까 하는 생각이 든다. 여행지에서 여행지의 역사를 상상할 수 있는 것은 여행자의 특권이다.

2. 나스리 궁

왕의 업무와 거처 공전이었던 나스리 궁이다.

3. 카를로스 5세 궁

그라나다를 점령한 이후에 카를로스 5세가 지은 궁이다. 로마제국 황제가 된 카를로스 5세가 기념으로 이곳을 빙문하면서 지은 궁이다. 카를로스는 그라나다를 함락한 상징적인 의미로 궁을 지었다. 이 궁이 없었다면 알함브라 궁은 지금은 없었을지 모른다. 이 궁 덕분에 알함브라 궁전 전체가 왕실 유적으로 지정될 수 있었다. 승리의 역사가 패배의 역사를 빛내준 것 같다.

원형과 사각으로 만들어진 겉모습이 먼저 눈에 들어온다. 그 답은 궁으로 들어와 찾을 수 있다. 밖은 사각형인데 안은 원형이었던 것이다. 더 놀라운 것은 원형의 가운데에서 말하면 음향효과가 좋아서 마이크없이도 공연을 할 수 있다고 한다. 건축학적으로 원형을 둘러싼 기둥 위 돌은 쐐기돌을 끼워 만든 평보형의 건축물이다.

4. 헤네랄리페

왕의 여름 별궁이었던 곳이다.

알바이신
Albaicin

그라나다에서 가장 아름다운 전망을 자랑하는 언덕 위에 올라 시에라네바다 산맥을 배경으로 알함브라와 그라나다를 볼 수 있는 장소이다. 그라나다의 유서 깊은 무어인 지구인 알바이신에서 가장 높은 언덕에 오르면 성 니콜라스 전망대가 나온다. 전망대에 오르면 웅장한 알함브라 궁전과 그라나다 초원, 도시의 전경과 눈 덮인 시에라네바다 산맥이 한눈에 들어온다. 시간을 넉넉히 비우고 알바이신에 들러 아름다운 전망을 감상해야 한다.

성니콜라스 전망대는 그라나다를 방문하는 관광객이라면 모두 한 번씩은 거쳐 가는 곳으로, 전망 좋은 자리를 차지하려면 조금 기다렸다가 관광객이 나온 자리에 들어가야 할 수도 있다. 작은 석벽 옆, 알함브라와 산맥이 정면으로 보이는 지점에서 가장 아름다운 풍경을 볼 수 있다.

거리의 악사들과 플라멩코를 연주하는 기타 연주가들로 인해 언덕 위에는 항상 음악이 흐른다. 도시락을 준비해 오거나 인근 바에서 타파스tapas를 맛보며 레스토랑에 앉아 아름다운 경치를 감상하며 식사를 하는 것도 좋다. 수공예 상점에서는 다양한 공예품과 기념품을 볼 수 있다. 광장 뒤쪽으로는 16세기에 지어진 성 니콜라스 교회가 서 있다. 그라나다의 수호성인인 산 세실리오의 예배당에 가보자. 1세기에 기독교를 전파하러 온 그라나다의 1대 주교 산 세실리오의 예배당은 산 세실리오 골목이라 불리는 좁은 자갈길 위에 서 있다.

성 니콜라스 전망대는 사계절 내내 아침부터 저녁까지 사람들로 붐빈다. 해질 무렵, 시에라네바다 산맥 아래로 해가 떨어지며 알사비카 언덕 위의 알함브라 궁전이 황금빛으로 빛나는 모습을 카메라에 담을 수 있다. 소매치기가 많기로 유명한 장소인 만큼 소지품에 유의해야 한다.

알바이신에서 출발하여 구불거리는 자갈길을 걸어 올라가다 보면 성 니콜라스 전망대가 나오는 데 보통 걸어서 약 15~20분 정도 걸린다. 누에바 광장에서 버스를 타고 울퉁불퉁한 길을 달려 도착하는 방법도 있다.

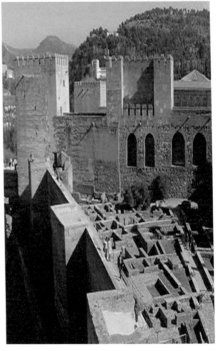

알카사바
Alcazaba

알카사바는 9세기경에 세워진 알람브라
궁전에서 가장 오래된 곳이다. 서쪽 끝에
알람브라 궁전에서 제일 오래된 벨라의
탑Torre de la Vela에 오르면 알람브라 궁전 내
부는 물론 알바이신 지구, 사크로몬테 언
덕 등 그라나다 전체를 한눈에 감상할 수
있다.

사크로몬테
Sacromonte

알바이신 언덕에 정착한 집시들은 언덕에 구멍을 파 동굴집 쿠에바^{Cueva}을 만들어 살았다. 현재는 사크로몬테 쿠에바 박물관^{Museo Cuevas del Sacromonte}으로 사용되고 있으며 쿠에바 정착민들의 역사, 관습 등을 볼 수 있다. 알람브라 미니버스 31, 35번을 이용하여 누에바 광장으로 돌아갈 수 있다.

🌐 www.sacromontegranada.com
🕐 겨울(10월 15일~3월 14일 10:00~18:00/매일), 여름(3월 15일~10월 14일 10:00~20:00/매일)
　　12월 25일과 1월 1일 에는 휴관합니다
€ 박물관 €5

올랄라 레스토랑
OHLALA Restaurant

누에바 광장 내에 위치한 스페인 브랜드 체인으로 스페인 어디서나 볼 수 있다. 피자, 파스타, 빠에야 등 다양한 스페인 음식을 13유로 정도로 맛볼 수 있다.

위치 누에바 광장 지점 : Plaza Nueva 2, 비브 람블라 광장 지점 : Bib Rambla 18
시간 11~23시

라 쿠에바 1900
LA CUEVA de 1900

누에바 광장에서 이사벨 광장 방향의 왼쪽으로 돌아가면 스페인 체인인 레스토랑이 나온다. 하몽과 스페인의 전통 소시지를 비롯한 다양한 요리를 10유로 정도의 가격으로 맛볼 수 있다.
하몽은 우리나라 사람들에게는 매우 짜게 느껴질 수 있다. 저염식의 하몽 이베리꼬가 그나마 먹기에 좋다.

홈페이지 www.lacuevade1900.es **위치** Reyes Catiolicos, 42
전화 958-22-93-27

바르 로스 디아멘테스
Bar los Diamantes

1942년에 영업을 시작한 타파스 전문점으로, 그라나다에만 4개 지점이 있을 정도로 현지에서 유명한 타파스 바다. 여기서는 누에바광장 맞은편에 위치한 본점을 안내한다. 모든 타파스를 반접시와 한접시 사이즈로 주문할 수 있기 때문에 다양한 타파스를 맛볼 수 있다는 장점이 있다. 특히 바르 로스 디아멘테스는 음료를 주문하면 랜덤한 종류의 타파스 한 접시를 무료로 준다. 가볍게 술 한잔에 안주 몇 개로만 입가심하고 싶을 때, 딱히 뭐가 먹고 싶지는 않아서 누군가가 정해주는 무언가가 먹고 싶은 기분일 때 방문해볼 곳으로 추천한다.

홈페이지 www.barlosdiamantes.com **위치** Plaza Nueva, 13, 18009 Granada(누에바 광장 맞은편)
시간 12시30분~24시 **요금** 타파스류 반접시 10€ **전화** 0958-07-53-13

카르멜라
Carmela

그라나다의 유명 맛집으로 현지인들에게 인기 있는 곳이다. 대부분의 메뉴가 한국인 입맛에도 잘 맞아 한국인 관광객 또한 많이 방문하는 곳이며, 직원들도 간단한 한국어를 구사할 수 있고 한국어 메뉴판도 있어 주문이 쉬운 편이다. 고기 요리가 맛있는 곳으로 닭, 돼지, 소고기 요리 중 하나만 시켜도 성공하는 맛집이다. 인종차별 후기가 거의 없을 정도로 직원들이 친절한 편이므로 걱정을 덜어두고 방문해도 되는 곳 중 하나다. 구글맵으로 음식점의 이름이 'La Auténtica Carmela'로 표시되므로 헷갈리지 말자.

홈페이지 www.restaurantescarmela.com **위치** Calle Colcha, 13, 18009 Granada(이사벨 라 카톨리카 광장에서 약 100m)
시간 8~24시(월~금 / 토, 일 9시부터 시작) **요금** 메인요리 7.5€~
전화 0958-22-57-94

바 라 리비에라

bar la riviera

음료를 시키면 타파스를 무료로 주는 현지인 인기 타파스 바다. 무조건 가야할 정도로 맛이 매우 뛰어난 편은 아닌데 고를 수 있는 무료 타파스의 종류가 무려 25가지나 되기 때문에 인기가 좋은 곳이다. 다양한 음료와 타파스를 저렴한 가격에 여러 개 맛볼 수 있으며, 시끌벅적한 현지 분위기를 제대로 느낄 수 있는 곳이다. 현지 타파스 바를 체험해보고 싶은 여행자에게 추천한다. 주의해야할 점은 음료 주문 시 타파스를 랜덤으로 주는 것이 아니다. 원하는 타파스를 정확히 정해서 주문해야 가져다주므로 하염없이 기다리지 말자.

홈페이지 www.es-la.facebook.com　**위치** Calle Cetti Meriem, 7, 18010 Granada(누에바 광장에서 약 200m)
시간 12~24시　**요금** 음료 2€　**전화** 0933-19-39-75

엘라데리아 로스 이탈리아노스

Heladeria los italianos

이사벨 라 카톨리카광장 인근에서 아이스크림 케이크가 들어간 콘을 들고 다니는 사람들이 보이기 시작했다면 엘라데리아 로스 이탈리아노스가 주변에 있다는 신호다. 그라나다에서 가장 유명하고 인기 있는 아이스크림 맛집으로 공인된 엘라데리아 로스 이탈리아노스는 1936년부터 영업을 시작해 80여년동안 아이스크림을 만들고 있다. 이곳의 인기 메뉴는 바로 아이스크림케이크콘인 카사타와 타르타다. 카사타는 견과류와 과일, 타르타는 커피와 초콜릿 맛이 있다. 겨울철인 11월 중순부터 3월 중순까지는 영업을 쉬기 때문에 방문 예정이라면 시기를 잘 체크하자.

홈페이지 es-la.facebook.com　**위치** Calle Gran Vía de Colón, 4, 18001 Granada(이사벨 라 카톨리카 광장에서 약 100m)
시간 10~24시　**요금** 카사타, 타르타 2.7€~　**전화** 0954-22-40-34

카페테리아 알람브라
Cafeteria-Alhambra

기본적으로는 피자나 파스타 등 유럽식 요리를 파는 식당이지만 츄러스가 가장 인기 있는 곳이다. 길고 통통한 츄러스는 5개가 나와 배가 부를 정도이며, 겉은 부서진다는 느낌이 들 정도로 바삭한데 안은 쫄깃하다. 초코라떼가 매우 단 편은 아니기 때문에, 단맛을 많이 좋아하지 않지만 초코라떼에 츄러스를 찍어먹는 경험을 해보고 싶은 여행자들에게 추천하는 곳이다. 식사시간대에는 직원들이 바빠서 불친절할 때가 많으므로, 기분좋게 먹고 나오고 싶다면 식사시간을 전후해 방문해보는 것을 권한다.

홈페이지 www.cafeteria-alhambra.com **위치** Plaza de Bib-Rambla, 27, 18001 Granada(비브람블라 광장 맞은편)
시간 8~21시 **요금** 츄러스 5개 2€, 초코라떼 2.4€ **전화** 0958-52-39-29

그라나다의
대표적인 광장 Best 2

1 누에바 광장(Plaza Nueva)

알함브라 궁전 바로 옆에 위치하고 있는 그라나다의 널찍한 중앙 광장은 도시의 유구한 역사를 보여주는 각종 기념물, 다양한 카페와 바로 유명하다. 유서 깊은 건물들과 야외 카페가 늘어서 있는 그라나다 중심지의 중앙 광장은 주민들과 관광객들이 모두 즐겨 찾는 곳이다. '신 광장'이라는 뜻의 이름과 달리 이곳은 그라나다에서 가장 오래된 지역이다. 광장은 16세기에 지상 공간을 확보하기 위해 다로Daro 강을 복개하며 탄생했다.

광장에 늘어선 멋스러운 건물들은 광장의 탄생과 동시에 건립된 북쪽의 레알 찬시예리아는 법원과 교도소로 사용됐다. 바로크와 르네상스 양식의 파사드가 아름다운 건물에는 오늘날 안달루시아 고등법원이 들어서 있다. 광장을 가로질러 산길이 난 산타 아나 교회로 향해 보자. 16세기에 모스크 부지 위에 건립된 교회에서는 종교 회화, 조각 작품, 여러 예배당을 볼 수 있다. 종탑과 모스크의 뾰족탑을 개조하여 만들어졌다.

누에바 광장 즐기기

그라나다에서는 스페인에서 가장 다양하고 질 좋은 타파스(Tapas)를 맛볼 수 있다. 타파스(Tapas)는 맥주와 와인에 곁들여 먹는 것이 정석이다. 광장의 여러 바와 카페에서도 그라나다 특유의 타파스를 즐길 수 있다. 야외 테라스에 앉아 타파스(Tapas)를 즐기며 그라나다의 스카이라인을 장식하고 있는 무어인들의 궁전 요새인 알함브라를 볼 수 있다. 알함브라 맞은편에는 유서 깊은 무어인 지구인 알바이신이 자리 잡고 있다.

그라나다를 찍은 수많은 사진에서 흔히 볼 수 있는 카레라 델 다로 거리도 누에바 광장에서 시작한다. 광장에서 시작하는 자갈길은 다로 강을 따라 길게 뻗어 있다. 돌다리로 된 거리를 걸으며 수백 년 된 궁전, 아름다운 교회와 오래된 주택을 보자. 누에바 광장에서 시작하는 또 다른 거리인 고메레즈 언덕길은 알함브라 궁전까지 이어진다.

2 비브 람블라 광장(Plaza Bib-rambla)

그라나다 성당에서 걸어서 5분이면 도착하는 거리에 위치하고 있다. 카페와 레스토랑, 꽃을 파는 행상들로 둘러싸인 그라나다 도심 속 광장에서는 과거 종교 재판과 투우 경기가 열렸다. 비브 람블라 광장Plaza Bib-rambla은 그라나다에서 가장 아름다운 광장 중 하나이다. 19세기 연립주택, 바와 카페, 상점들로 둘러싸인 비브 람블라 광장Plaza Bib-rambla은 지금과 같이 고요하고 즐거운 분위기를 지녔던 것은 아니다. 과거 마상 시합과 투우 경기가 열렸을 뿐 아니라, 스페인 종교 재판과 화형식이 거행되기도 했다.

구석 카페에 앉아 핫 초콜릿과 츄러스를 즐기며 아름다운 광장을 감상한다. 설탕을 입혀 튀긴 츄러스를 뜨거운 초콜릿에 찍어 먹는 것은 스페인 사람들의 전통적인 아침 식사이다. 중앙에는 4개의 동상이 물을 뿜어내고 있고 꼭대기에 넵튠 상이 서 있는 17세기 분수대가

자리하고 있다. 멋진 가로등도 흥미로워서 신화적 존재들이 정교하게 장식된 가로등은 하단이 말의 다리 모양으로 만들어졌다.

비브 람블라 광장 즐기기
해질 무렵 비브 람블라 광장(Plaza Bib-rambla)에서 식사를 즐기는 것도 좋다. 여름밤에는 야외 테라스 자리를 잡기가 특히 어려우니, 미리 예약을 하고 가는 것이 좋다. 거리의 악사들의 공연을 즐기며 맛있는 음식을 먹다 보면 시간 가는 줄을 모른다. 광장 안팎의 상점들도 늦은 시간까지 문을 연다.

꽃의 광장
꽃 행상인들이 많은 비브 람블라 광장(Plaza Bib-rambla)은 '꽃의 광장'이라고도 불린다. 향기로운 꽃과 화분, 허브와 관상목을 구경한다. 기념품을 구입할 예정이라면 광장 주변의 상점과 인근의 아랍 시장인 알카이세리아를 둘러본다. 과거 비단이 거래되는 장이었던 이곳에서는 거리 구석구석에서 아랍 식 수공예품, 민속 의상, 기념품과 음식을 볼 수 있다.

그라나다의
대표적인 수도원 Best 2

1 그라나다 수도원(Monasterio de la Cartuja)

소박한 파사드가 인상적인 오래된 건물에 들어서면 스페인에서 가장 화려하고 웅장한 카르투지오 수도원이 펼쳐진다. 그라나다 수도원의 꾸밈없는 파사드를 보고 고딕과 바로크, 르네상스 양식이 어우러진 화려한 내부를 상상하기는 쉽지 않다. 카르투지오회 수도사들이 머물 공간을 마련하기 위해 건립된 수도원은 기초가 세워진 1506년으로부터 300여 년 후 완공되었다. 오늘날 그라나다 최고의 명소가 된 그라나다 수도원은 전 세계에서 가장 잘 보존된 스페인 바로크 양식 건축물이다.

입구에 들어서서 방문객들을 따라 커다란 안뜰을 지나 계단을 오르면 수도원의 회당이 나온다. 회당은 수도원 단지에서 가장 정교하게 꾸며진 곳이다. 카르투지오 수도회의 창시자

🏠 Paseo de Cartuja S/N, 18011 🕐 10~18시 📞 958-161-932

성 브루노를 비롯한 4개의 동상이 회당의 정면을 장식하고 있다. 벽면을 뒤덮고 있는 회화와 조각, 나무와 거울로 꾸며진 중앙 제단을 볼 수 있다.

제단 뒤의 상타 상토룸으로 들어가면 대리석과 벽옥으로 만들어진 호화로운 성소가 중앙에 자리하고 있다. 4개의 황금 조각상이 측면을 장식하고 있으며, 안쪽에는 성체 성사에 사용될 성체가 보관되어 있다. 벽면을 장식하는 천사들의 조각상이 눈길을 끈다. 고개를 들면 스페인의 화가 안토니오 팔로미노가 제작한 프레스코 천장화가 보인다.

수도원 식당에서는 화가이자 수도사이던 후안 산체스 코탄이 그린 회화 작품들이 카르투지오 수도회의 역사에 대해 알 수 있다. 신앙을 지키다 처형당한 수도사들의 이야기에는 헨리 8세의 잉글랜드에서 처형된 순교자들을 그린 그림도 흥미진진하다. 일부 작품은 끔찍한 장면을 담고 있다. 회랑으로 둘러싸인 안뜰로 나가 분수대와 오렌지 덩굴을 바라보며 휴식을 취하는 것도 좋다.

2 산 헤로니모 수도원(Monasterio de la San Jerome)

스페인 최고의 예배당에서 호화로운 황금빛을 즐기고, 레몬과 오렌지 향으로 가득한 회랑을 거닐어 보면 16세기에 지어진 제로니무스 수도회의 수도원을 방문하여 회랑과 예배당, 아름다운 정원을 감상할 수 있다. 엄숙한 석조 건물 사이의 아름다운 안뜰과 중앙 예배당의 금빛 찬란한 제단 장식은 방문객들의 탄성을 자아낸다.

이사벨라 여왕과 페르난도 왕의 명에 의해 1492년 건립된 산 헤로니모 수도원은 그라나다 레콩키스타 이후 제일 처음으로 지어진 수도원이다. 나폴레옹 정복 시기, 수도사들은 추방을 당하고 수도원의 석재 중 일부는 다리 건축에 사용됐다. 20세기에 이르러 수도원 복원 작업이 시작되었으며, 추방된 수도사들도 다시 제자리로 돌아왔다.

레몬 나무와 오렌지 나무가 무성한 작은 정원을 36개의 아치 기둥이 둘러싸고 있는 회랑을 거닐 수 있다. 수많은 석재 추모비가 회랑을 장식한다. 추모비에는 이곳에서 한평생을 보낸 수도사들의 이름이 새겨져 있다. 회랑을 벗어나 여러 예배당과 방들을 방문하여 벽면을 뒤덮고 있는 종교 회화를 감상해 보자.

중앙 예배당을 꾸미고 있는 5층 높이의 제단 장식은 수도원 제일의 자랑거리이다. 예수 그
리스도의 생애를 묘사하는 화려한 조각과 부조가 황금빛으로 빛난다. 벽과 천장을 장식하
고 있는 프레스코화와 조각품도 감상하고 그라나다 레콩키스타를 위해 싸운 스페인의 전
쟁 영웅 그란 캡틴의 모습도 찾아보자.
극단적인 화려함은 수도원의 나머지 부분과 극적인 대비를 이룬다. 그란 캡틴의 부인이었
던 세사 공작부인은 중앙 예배당을 일가의 묘지로 사용하는 대가로 막대한 건립 기금을 지
원했다고 한다.

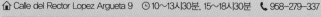
🏠 Calle del Rector Lopez Argueta 9 ⏱ 10~13시30분, 15~18시30분 📞 958-279-337

Sevilla

세비아

세비야

SEViLLA

플라멩코와 투우, 유럽 최고 건물들의 본고장인 안달루시아 지방의 수도는 풍부한 역사, 종교, 삶에 대한 열정으로 가득한 곳이다. 과달키비르 강 유역을 감싸는 안달루시아의 도시 세비야는 역사적, 건축적, 문화적 보물들이 넘쳐난다. 이곳을 구경하다 보면 어느 새 과달키비르 동쪽 유역에 있는 도시의 구 시가지에서 3개의 주요 문화재를 만날 수 있다.

세비야 사람들은 부활절과 함께 이곳에서 펼쳐지는 2개의 주요 축제에 표현하는 그들만의 열정으로 유명하다. 세마나 산타 데 세비야는 세계에서 가장 큰 종교 퍼레이드이다. 페리아 데 아브릴은 일주일 내내 플라멩코와 축제로 현지인들에게 큰 즐거움을 선사한다.

세비야 IN

안달루시아 지방에서 이동할 경우 버스를, 마드리드나 바르셀로나 등의 도시에서 이동할 경우에는 열차를 이용하는 것이 편리하다. 유럽 주변국가에서 이동할 경우 저가항공을 이용하기도 한다.

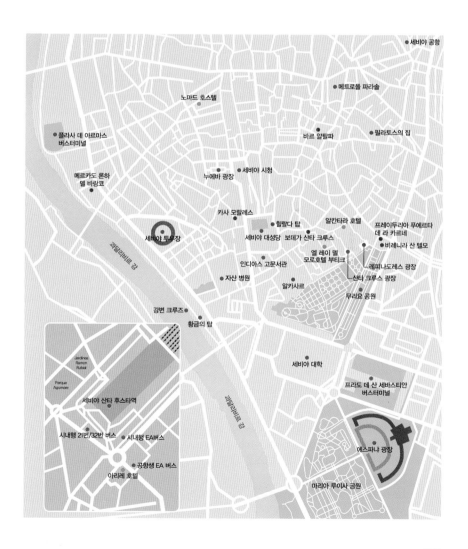

비행기

우리나라에서는 마드리드와 바르셀로나에서 내려 저가항공인 부엘링을 타고 세비야로 가야 한다. 다른 유럽 도시에서는 주로 라이언 에어나 이지젯을 이용해 세비야를 들어가는 항공편이 하루에도 여러 편 운항한다. 세비야 산 파블로 국제공항^{Sevilla Airport San Pablo/SVQ}은 세비야 도심에서 북쪽으로 약 10㎞ 정도 떨어져 있다.

▶ 공항 홈페이지 : www.arena.es

공항버스

공항에서 산타후스타 기차역 등을 거쳐 버스터미널이 있는 아르마스 광장^{Plaza de Armas}까지 운행한다.

▶ 운행시간 : 공항 출발 05:20〜01:15,
　　　　　　　시내 출발 04:30〜00:30
▶ 소요시간 : 약 40분
▶ 요금 : 편도 €6

택시

일행이 많다면 공항과 시내간 거리가 멀지 않아 이용할 만하다.
▶ 소요시간 : 약 20분
▶ 요금 : 편도 €25〜

철도

마드리드(AVE로 2시간 30분 소요), 바로셀로나(AVE로 5시간 20분 소요), 코르도바, 말라가, 그라나다 등에서 세비야행 열차가 운행한다. 바르셀로나에서는 세비야까지 야간열차를 이용하여 숙박과 이동시간을 절약하는 경우가 많다.
고속열차만 운행하므로 스페인 철도패스를 가지고 있어도 반드시 좌석을 예약해야 한다.

▶산타후스타역
(Estación de Santa Justa)

세비야의 중심으로 산타후스타역에서 시내까지는 도보로 30분 정도 소요된다. 버스 C1, C2번을 타고 프라도 산 세바스티안Prado San Sebastian역에서 하차, 트램을 이용할 경우 콘스티투시온 거리에서 하차하면 된다.

버스

세비야까지는 마드리드에서 직접 오는 경우는 거의 없고, 안달루시아 지방에서 이동하는 버스 노선이 많다. 세비야에는 2개의 버스터미널이 있으므로 자신의 버스표를 잘 보고 버스 터미널로 이동해야 한다. 안달루시아 지방의 단거리 노선은 산 세바스티안 터미널을, 마드리드나 바르셀로나처럼 장거리는 아르마스 터미널을 이용한다.

▶산 세바스티안 터미널(Estación de Autobuses Prado de San sebastian)
그라나다, 말라가, 코르도바 등 안달루시아 지방을 오가는 단거리 버스 노선을 운행한다. 터미널에서 시내까지는 걸어서 약 15분 정도 소요된다.

▶아르마스 터미널
(Estación de Autobuses Plaza de Armas)
마드리드, 바르셀로나, 발렌시아 등 뿐만 아니라 포르투갈의 리스본을 오가는 장거리 버스 노선이 있다. 시내까지는 도보로 약 20분 정도 소요된다.
대성당을 갈 경우, 버스 C4번을 타고 3번째 정거장인 푸에르타 데 예레즈Puerta de Jerez역이나 4번째 정거장인 프라도 데 산 세바스티안 버스터미널 앞에서 하차 후 걸어가면 된다.

세비야 둘러보기

구 시가지에 대부분의 주요 관광지가 몰려 있어 걸어서 둘러볼 수 있다. 세비야를 구경하는 것은 대중교통이 잘 마련되어 있어 편리하다. 특히 저렴하고 자주 운행되는 버스가 모든 주요 지역으로 이동해 준다. '세비시'라고 불리는 대중 자전거 프로그램을 통해 자전거를 대여한다면 더욱 여유롭고 낭만적으로 도시를 경험할 수도 있다.

다른 유럽 도시보다 인구 당 바^{Bar}의 수가 많은 세비야는 진정한 파티 도시라 할 수 있다. 수많은 타파스 바 중 한 곳에 들러 즙이 많은 올리브와 맛있는 햄, 매운 소스와 함께 서비스되는 감자튀김, 파타타스 브라바스도 추천한다. 스페인에서 가장 큰 경기장 중 하나인 에스타디오 올림피코 데 라 카르투하에서 콘서트나 축구 경기도 감상해보자.

과달키비르 강(Rio Guadalquivir)
과달키비르라는 다소 어려운 이름의 강은 아랍어의 'Wadi al Kebir(큰 강)'에서 유래되었다고 한다. 안달루시아에서는 가장 큰 강으로 강가에 위치한 황금의 탑에 오르면 풍경이 한 눈에 내려다보인다.
안달루시아를 관통하는 큰 줄기로 걷다 보면 발걸음이 자연스럽게 강가로 향해 있을 것이다. 낮게 뜬 해는 강을 황금빛으로 물들이고 있고, 평화롭고 느릿한 강가 풍경은 평화롭다. 노을빛에 젖어 천천히 카약을 즐기거나, 열정적으로 키스를 나누는 연인들, 자전거로 강변을 달리기도 한다.

스페인에서 4번째로 큰 도시로 우리에게는 플라멩코와 투우의 본고장으로 알려져 있다. 스페인의 대표화가 벨라스케스의 고향이기도 하다. 스페인을 대표하는 문화인 투우와 플라멩코를 보기 위해 해마다 많은 관광객이 이곳을 찾고 있다. 안달루시아 지방을 대표하는 도시로 오페라 〈카르멘〉, 〈세비야의 이발사〉, 〈피가로의 결혼〉의 무대이기도 하다.

세비아 베스트 코스

세비야의 구시가와 플라멩코를 직접 느껴보면 세비야의 매력에 푹 빠지게 된다. 지금부터 세비야의 매력을 느껴보자. 세비야는 시에스타(낮잠)로 중간 휴식을 갖는 곳이 많으니 관광 안내소에서 관광명소 입장 시간을 확인하자.

대성당

히랄다 탑

인디아스 고문서관

마리아 루이사 공원

세비야 대학

자선병원

스페인 광장

고고학 박물관

황금의 탑

마카레나 성당

필라토스의 저택

왕립 마에스트란사 투우장

고고학 박물관
Museo Arqueológico de Sevilla

스페인 광장에서 15분 정도 걸으면 아메리카 광장에 위치한 플라테레스코양식의 건물로 된 고고학 박물관을 볼 수 있다. 1929년 라틴 아메리카 박람회의 대회장으로 사용되었던 곳으로 구석기 시대부터 중세 시대까지 안달루시아 지방에 살았던 민족들의 문화와 역사를 보여주는 고고학 유물을 전시하고 있다.

기원전 5~3세기경 타르테소스족의 것으로 추정되는 황금 장신구 카람볼로 보물Tesoro del Carambolo과 스페인에서 가장 잘 보존된 헤르메스 상la Estatua de Harmes은 꼭 봐야 할 유물이다.

🕐 화~토요일 09:00~20:30
　　(6~9월 초 09:00~15:30)
　　일, 공휴일 09:00~17:00
　　월요일, 1/1, 1/6, 12/24~25 휴무
€ 일반 €2.5, 학생 무료

황금의 탑
Torre del Oro

과달키비르^{Guadalquivir} 강변에 세워진
정12각형의 탑으로 금색 도기 타일이
입혀져 황금의 탑으로 불린다. 강 건너
편에 있던 은의 탑과 쇠사슬을 연결해
적의 침입을 막고 배의 통행을 제한하
기 위해 세워졌다.
현재는 해양 박물관^{Museo Maritimo}으로
사용되고 있다. 탑 꼭대기에 있는 전망
대로 올라가면 아름다운 과달키비르
강의 풍경을 감상할 수 있다.

🕐 10:00~14:00(토, 일 11:00~14:00), 월요일, 공휴일 휴무   € 일반 €3, 학생 €2

마카레나 성당
Basílica de la Macarena

필라토스의 저택에서 걸어서 5분 정도 가
면 '눈물을 흘리는 성모'로 유명한 마카레
나 성당이 나온다.
희망의 성모^{la Virgen de la Esperanza}에게 봉헌
된 성당으로 1941년 신바로크양식으로 지
어졌다. 성당 안에는 박물관, 보물실, 기
념품 가게 등이 있다.

🌐 www.hermandaddelamacarena.es
🏠 대성당에서 도보 30분, 필라토스의 저택에서 도보 5분
🕐 09:00~14:00, 17:00~21:00
€ 무료

왕립 마에스트란사 투우장
Real Maestranza de Caballería de Sevilla

스페인에서 가장 오래된 투우장으로 1761년부터 100여
년에 걸쳐 바로크양식으로 완성되었다. 세마나 산타
Semana Santa가 열리는 3월 말이나 4월 초를 기점으로
투우 경기가 시작되어 10월 중순까지 열린다. 투우 경
기가 없는 날에는 가이드 투어가 있어 경기장과 박물
관을 둘러볼 수 있다.

세마나 산타

스페인에서 가장 오래된 투우장으로 1761년부터 100여 년에 걸쳐
바로크양식으로 완성되었다. 세마나 산타(Semana Santa)가 열리
는 3월 말이나 4월 초를 기점으로 투우 경기가 시작되어 10월 중
순까지 열린다. 투우 경기가 없는 날에는 가이드 투어가 있어 경
기장과 박물관을 둘러볼 수 있다.

🌐 www.realmaestranza.com 🏠 대성당에서 도보 15분, 황금의 탑에서 도보 5분
🕐 11~4월 09:30~19:00, 5월, 10월 09:30~20:00, 6~9월 09:30~23:00, 투우 경기 있는 날 09:30~15:00
　 12/25, 성 금요일 휴무
€ 일반 €9, 학생 €5

필라토스의 저택
Casa de Pilatos

15세기부터 짓기 시작해 약 50년 후에 완성된
세비야 명문 귀족의 저택이다. 스페인의 유명
한 건물들에서 이슬람 문화와 기독교 문화가
혼재된 모습을 볼 수 있다. 필라토스의 저택
역시 19세기 중반 무데하르-고딕, 르네상스,
로맨틱 등 다양한 양식이 혼합된 건물로 개조
되었다. 저택 안으로 들어가면 분수와 조각상,
안뜰, 화려한 문양으로 장식된 회랑과 천장 등
을 감상할 수 있다.

🌐 www.tundacionmedinaceli.org
🏠 대성당에서 도보 20분
🕐 11~3월 09:00~18:00, 4~10월 09:00~19:00
€ €9(1층만 €7)

세비야 미술관
Museo de Bellas Artes de Sevilla

아르미스 광장에서 걸어서 5분 정도면 수도원을 개축해 19세기 중반에 문을 연 세비야 미술관을 볼 수 있다. 큰 규모는 아니지만 세비야의 대표 화가인 무리요^{Murillo}, 수르바란^{Zurbara´n} 등의 작품을 전시하고 있다.

🌐 www.museosdeandalucia.es
🕐 화~토요일 10:00~20:30 (6~9월 초 09:00~15:30), 일, 공휴일 10:00~17:00, 월요일, 1/1, 5/1, 12/31 휴무
€ €2.5

세비야 대성당
Seville Cathedral

유럽여행에서 흔한 것이 성당
이지만 세비야 대성당은 이탈
리아 로마의 바티칸 대성당과
영국의 세인트폴 대성당 다음
으로 3번째로 규모가 크기 때
문에 관심이 생겨난다. 또한
유럽에서 가장 큰 고딕 양식의
성당에서 콜럼버스 무덤, 고야
와 무리요의 예술 작품, 수많
은 아름다운 건축물을 볼 수
있어서 매년 관광객의 발길이
끊어지지 않는다.

엄청난 규모의 세비야 대성당은 여러분에게 경이로운 시간을 선사할 것이다. 1400년 대
초, 부유한 의원회가 웅장한 성당을 지을 것을 의뢰했는데, 그 어마어마한 규모는 향후 방
문객들이 성당 설립자들의 정신 상태에 의문을 가질 정도였다고 전해진다.

세비야 대성당 설명

1. 규모가 대단히 큰 성당답게 볼거리는 풍부하다. 남쪽 외관에 있는 산 크리스토발 문을 통해 입장해 리셉션을 통과해 오른쪽을 보면 황금빛으로 번쩍거리는 제단과 화려한 스테인드글라스도 관심을 끌지만, 탐험가 크리스토퍼 콜럼버스의 무덤이 인상적이다.
콜럼버스의 유언 때문에 미처 땅에 묻히지 못하고 공중에 들려 있는 콜럼버스의 무덤을 구경할 수 있다. 당시에 스페인을 정복했던 각각 다른 왕국을 대표하는 4명의 무덤지기 동상이 무덤을 짊어지고 있다.

2. 여기에서 중앙 본당으로 이동하면서 성당의 엄청난 규모에 또 한 번 놀라게 된다. 42m 높이의 왼쪽 지역은 대부분 비어있어 이곳의 규모를 더욱 더 실감할 수 있게 해준다. 복도로 눈을 돌리면 금으로 화려하게 장식된 섬세한 조각과 동상을 발견하게 된다. 계속해서 본당으로 이동하면 중앙 예배당이 나오며, 여기에서 세계에서 가장 크다고 여겨지는 거대한 고딕 양식의 제단을 만날 수 있다. 나무에 조각되고 금으로 장식된 천 여 명이 넘는 인물들로 묘사된 그리스도 삶의 45개 장면도 담겨 있다.

3. '사크리스타 마요르'와 '사크리스티아 데 로스 칼리세스'의 2개의 주요 성구 보관실도 중요하다. 이곳에는 은기 및 오래된 해골 등이 있으며, 페르난도가 도시를 정복했을 때, 유대인, 무어인 공동체가 선사한 열쇠 등이 보관되어 있으며, 고야의 걸작 후스타와 루피나 성녀도 감상할 수 있다.

4. 고풍스러운 건축물이 즐비한 세비야 시내 풍경은 유럽에서도 손꼽힐 정도로 아름답다. 물론 34층을 오르는 동안 숨이 턱 끝까지 차겠지만, 확실히 올라가볼 가치가 있다. 과달키비르 강의 동쪽 둑에 위치한 성당에서 내려다보는 세비야의 전경도 아름답다.

히랄다 탑
Giralda

비싼 입장료를 내고 세비야 성당을 찾는 관광객들의 목적은 따로 있다. 34층 높이의 히랄다^{Giralda} 탑 꼭대기에 올라가서 세비야의 전경을 보기 위해서다. 히랄다 탑의 내부 입장은 세비야 대성당을 통해 이어진다. 탑 상단까지 부드럽게 경사진 램프를 올라가게 된다.

10세기에 세계에서 가장 높은 종교 기념물이었던 이 미나레트는 세비야 대성당에서 가장 눈길을 끄는 종탑이다.

안달루시아 지방의 다른 성당들이 그렇듯 세비야 대성당 또한 8세기에 건설된 모스크 위에 지어졌다. 모스크의 흔적이 가장 뚜렷하게 남아 있는 곳이 세비야 대성당의 랜드 마크인 히랄다^{Giralda} 탑이다. 무슬림들의 기도 시간을 알리는 미나레트에 28개의 종을 달고 고딕식 지붕을 얹은 것이다.

간단한 히랄다 역사

히랄다(Giralda) 탑은 원래 현재 세비야 대성당이 있는 지역에 있던 모스크의 미나레트였다. 1184~1196년 사이에 지어진 히랄다 탑은 12세기 스페인을 정복했던 모로코 베르베르 왕조인 알모하드조에 의해 건설된 3개의 주요 미나레트 중 하나였다. 다른 2개의 미나레트는 모로코의 라바트와 마라케시에 있다. 1248년 재정복 이후 기독교인들이 히랄다 탑을 자신들의 것으로 주장하고 이후 세비야 대성당의 종탑이 되었다.

About 히랄다

탑은 대성당 위, 인근 옥상에 위치한다. 탑의 꼭대기에서 신앙을 대표하는 여인의 대형 청동 동상을 볼 수 있다. 실제로 16세기에 히랄다 탑에 첨가된 것으로 이로 인해 최근의 높이인 104m가 되었다. 탑의 아래쪽으로 향하면 로마 황제 아우구스투스에 관한 비문이 새겨진 돌을 찾을 수도 있다. 원래 미나레트는 로마 유적의 유물을 사용하여 건설되었다.

전망

히랄다 탑의 정상에서 볼 수 있는 세비야의 탁 트인 전망이 압권이다. 알카사르 성과 스페인 광장과 같은 유명 관광지와 세비야를 감상할 수 있을 뿐만 아니라 세비야 대성당의 상층에 있는 괴물 석상과 부벽을 특별하게 감상할 수 있다. 히랄다 탑의 꼭대기에 오른 것이 처음 느끼는 보람이다. 탑 자체도 구경할 가치가 크다. 섬세한 격자 세공과 조각은 간단하지만 매우 매력적인 아름다움을 선사한다.

알카사르
Royal Alcázar of Seville

스페인 왕족들에 의해 지금도 사용되고 있는 알카사르Alcazar는 유럽에서 가장 눈에 띄는 건축 업적 중 하나이다.
세비야 대성당과 인접해 있는 성. 콜럼버스와 마젤란을 비롯한 유럽의 탐험가들이 자금을 원조받기 위해 스페인 국왕을 알현하던 곳으로 과달키비르 강의 동쪽 둑에 위치해 있다. 스페인이 세계를 쥐락펴락하던 대항해시대의 첫 포문을 연 역사적인 장소이다.
11세기의 무어 시대에서부터 오늘날 현대 시대까지 아우르는 스타일이 혼합된 건물과 정원으로 구성된 성이라고 할 수 있다. 기본적인 이슬람 양식에 고딕이나 르네상스 양식 등 다양한 요소와 결합해 고유한 아름다움을 만들어냈다.

미로같이 얽힌 수많은 방, 한눈에 들어오지 않을 정도의 거대한 규모를 뽐내는 이슬람식 정원, 은밀한 왕궁의 뒷얘기를 상상하게 만드는 지하 목욕탕까지, 지금도 알카사르Alcazar의 일부는 스페인 왕실 가족들의 거처로 사용되고 있다.

화려한 장식용 벽토 작업을 구경하고, 디자이너들이 완성한 기하학적 조화와 균형을 확인할 수 있다. 알카사르(Alcazar)의 평화로운 정원에 위치한 수영장과 분수 사이도 거닐면서 당시의 놀라운 건축 기술을 감상해 보자.

이곳에서 가장 아름다운 곳은 페드로 1세에 의해 14세기에 지어진 중앙 마당으로 들어가자마자 볼 수 있는 왕궁 중심부이다. 궁의 화려한 외관은 지브롤터 해협의 양쪽에서 온 최고의 장인들에 의해 완성되었다. 대리석 기둥 창문, 복잡한 장식 작업, 돌출 지붕은 모두 '무데하르'양식의 최고의 예를 보여주는 요소이다. 무데하르 양식은 기독교와 이슬람교 스타일을 융합하고 있다.

좁은 복도를 따라 성의 중앙 뜰에 들어서면 '처녀들의 정원'이라 알려진 곳에 도착하게 된다. 기독교 지도자에 의해 무어인 왕들에게 매년 100명의 처녀들이 제공되었다는 곳이다. 중앙에 있는 하경 정원은 더욱 멋진 회반죽 장식과 타일로 둘러싸여 있다.

그라나다의 알람브라에서 가져 온 회반죽 장식이 특징인 인형의 정원의 아치 내부에 있는 작은 두 개의 얼굴을 볼 수 있다. 대사의 방에서는 타일과 섬세한 회반죽 장식으로 꾸며진 말발굽 모양의 아치가 보인다. 정원에는 페드로의 정부였던 마리아 데 파디야의 욕조를 비롯해 다른 인공 연못이 더욱 고요한 분위기를 완성해 주는 곳이 있다.

인디아스 고문서관
Archivo de Indias

1572년 르네상스양식으로 지어졌다. 원래 스페인 식민지였던 인디아스와의 교역이 이루어지던 상품거래소로 사용되어 오다가, 1784년 카를로스 3세 때부터 신대륙 발견과 식민지 정책에 관한 모든 역사자료를 보관하는 고문서관으로 바뀌었다. 1987년 세계문화유산으로 지정되었다.

⏱ 09:00~17:00(일요일, 공휴일 10:00~14:00) € 무료

세비야 대학
University of Seville

대성당 가까이에는 1757년, 바로크양식으로 지어진 왕립 담배공장Farica de Tabacos이 있다. 담배공장으로 지어졌으나 지금은 세비야 대학의 법학부 건물로 사용되고 있다.
비제의 오페라 〈카르멘Carman〉(1875)의 배경이 되기도 했던 곳으로 주인공 카르멘과 돈 호세 하사의 첫 만남이 이루어진 곳이 바로 담배공장 앞이다.

🏠 대성당에서 도보 7분
€ 무료

시간_ 대성당에서 도보 7분
요금_ 무료

마리아 루이사 공원
Parque de María Luisa

세비야 최대 규모의 공원으로 운하와 산책로, 박물관과 분수대, 유서 깊은 건물들로 이루어져 있다. 드넓은 마리아 루이사 공원에서 여유를 갖고 정원과 연못, 기념물과 유서 깊은 건물들을 감상하는 사람들을 볼 수 있다. 과거 왕궁에 속한 정원이었던 34Ha 넓이의 공원은 19세기 말, 인판타 마리아 루이사 페르난다Inpanta Maria Luisa Pernanda가 세비야에 유증한 것이다.

야자수와 소나무와 오렌지 나무가 늘어선 산책로를 따라 산책과 조깅을 즐기며 분수대와 정자를 보면서 쉴 수 있다. 마차를 타고 공원을 한 바퀴 도는 관광객과 연못가에 앉아 유유히 떠가는 백조와 오리를 구경하는 어린이들이 해맑은 웃음을 짓고 있다. 공원의 여러 기념물 중에는 사자 분수대가 특히 유명하다.

공원시설

에스파냐 플라자

공원 중앙의 벽돌 건물인 에스파냐 플라자는 1929년 스페인-아메리카 박람회를 위해 지어졌다. 곡면의 파사드는 르네상스 양식과 무어 양식을 혼합하여 제작되었다. 이 건물은 영화 〈아라비아의 로렌스〉, 〈스타워즈 에피소드 2 - 클론의 습격〉에도 등장하였다.
에스파냐 플라자의 열주 사이를 거닐면 타일로 장식된 벽감에 자기로 된 벤치가 놓여져 있는 데, 벽감은 각각 스페인의 여러 지방들을 상징한다. 배를 대여하여 에스파냐 플라자 앞을 흐르는 500m 길이의 운하를 둘러보는 것을 추천한다.

고고학 박물관

대중미술과 풍습 박물관에서 플라멩코 의상과 전통 의복을 구경할 수 있다. 박물관은 모두 공원 남쪽 끝, 아메리카 광장에 자리해 있다. 광장에는 비둘기들이 많이 살고 있어, '비둘기 광장'이라고도 불린다.

스페인 광장
Piazza di Spagna

마리아 루이사 공원 내에 위치한 스페인 광장은 세비야의 가장 인상적인 광장에서 분수대, 다리, 그림이 새겨진 세라믹 타일을 볼 수 있다. 역사적으로 지리적인 거점에 자연스럽게 생긴 광장이 아니라 1929년 라틴아메리카 박람회장으로 사용하기 위해 지은 건축물이 들어서고 광장이 만들어졌다. 아라비아의 로렌스와 스타워즈 I과 III와 같은 영화들이 모두 이곳에서 촬영되었지만, 우리에게는 배우 김태희가 CF에서 플라멩코를 춘 장소로 유명해졌다.

매력 포인트
스페인 광장은 1928년에 지어졌으며, 바로 다음 해에 이베로 아메리칸 전시회가 개최되었다. 다른 전시 건물과는 달리 주변을 둘러싼 곡선형 연못과 건물 외관을 전망할 수 있는 높은 탑과 아치로 구성되어 있다. 이러한 요소들이 스페인에 있는 이 광장을 더욱 매력적으로 완성해 준다.

90년 가까운 세월이 흘렀음에도 웅장하고 섬세해서 광장의 분수대를 바라보며 테라스를 걷는 동안 들뜨는 마음을 가라앉히기 어려울 것이다. 해가 완전히 지고, 조명이 켜지기 시작하면 스페인 광장의 진가가 제대로 드러나기 시작한다. 지금까지 당신이 본 광장에서 이렇게 야경이 아름다운 곳은 없었을 것이다.

반원 형태로 광장을 둘러싼 고풍스러운 건축물에 시선이 다가간다. 광장 주변의 카페에서 커피와 타파스를 즐기면서 연못과 분수 주변으로 불이 밝혀지는 저녁에 들러 아름다운 광장을 감상하는 것을 추천한다.

둘러보기

중앙의 비센테 트라베르 분수를 지나 스페인 광장의 화려한 다리 사이에 있는 곡선형의 운하를 거닐어 보자. 건물 외부의 반원형 길을 따라 가며 아르데코와 르네상스가 혼합된 화려한 색체의 세라믹 타일로 꾸며져 있다.

광장을 디자인한 아니발 곤살레스가 선보인 대칭의 아름다움은 곳곳에 보인다. 광장 중앙에는 비센테 트라베르 분수대가 있는데, 여기에는 곡선형의 외관 양쪽에 있는 2개의 높은 탑이 배경을 이루고 있다. 아름다운 연못의 반짝이는 물과 매력적인 곡선형의 다리가 아름답다.

광장의 아치 내에 있는 48개의 벤치는 서로 다른 타일로 이루어져 있으며, 스페인의 여러 지역을 묘사한 세라믹 타일로 만들어진 그림으로 꾸며져 있다. 건물 내부로 들어서면 코퍼 천장을 완성한 장인의 솜씨를 볼 수 있다.

Spain 투우

스페인은 유럽의 서쪽 이베리아 반도에 위치하고 있다. 고대 페니키아어에서 토끼를 뜻하는 '사판'으로부터 유래된 스페인은 스페인어로는 '에스파냐'라고 말한다. 페니키아인들이 이베리아 반도로 들어왔을 때에 토끼가 들끓고 있어 에스파냐라는 이름을 붙였다고 한다.

스페인을 '정열의 나라'라고도 부르는데, 스페인들의 기질이 열정적인데서 붙은 별명이다. 투우란 큰 경기장 한가운데에서 투우사가 '물레타'라고 하는 붉은 색 천으로 소를 유인해 칼로 찌르는 경기이다. 특히 사나운 소와 대결하는 투우는 스페인의 문화적 상징처럼 여겨지기도 한다. 그러나 투우 경기가 스페인에만 있는 건 아니다.
포르투갈, 남부 프랑스, 멕시코에서도 투우 경기가 열렸다. 하지만 최근에는 거의 열리지 않고 있다.
스페인의 투우는 소를 죽여야 경기가 끝난다는 긴장감 때문에 더 유명하다. 투우사는 무조건 소를 죽이지 않고 아슬아슬하게 피하면서 소를 놀린 뒤에 대결해야 영웅으로 대접받는다.
이렇게 스페인 사람들은 투우를 보면서 열정적인 기질을 아낌없이 드러낼 수 있기 때문에 투우를 좋아했지만 지금은 소를 잔인하게 죽이는 것이 논란이 되어 스페인에서도 투우는 없어지고 있고, 스페인 남부의 안달루시아정도만 가끔 투우경기가 열린다.

스페인 사람들의 인식

스페인 사람들은 이 투우를 투우사와 소가 삶과 죽음을 놓고 대결을 펼치는 아름다운 삶과 죽음의 아름다운 몸짓으로 생각한다. 그래서 신문에서도 투어에 대한 기사를 스포츠 면이 아닌 문화면에서 다루기도 했다. 투우에서 마지막으로 주인공인 마타도르가 물레타를 들고 등장해 화가 난 소와 대결을 한다. 이때 소에 맞서는 '마타도르'는 화려한 기술과 자신만만한 몸동작으로 소를 다루는데, 이 모습이 마치 춤을 추는 것 같다고 생각한다.

투우용어

마따도르(Matador)
투우 경기의 주인공은 소와 투우사. 이중 남녀노소 할 것 없이 모두에게 사랑을 받는 투우사를 마따도르 혹은 엘 에스빠다 티 espada라고 한다. 이들은 어릴 때부터 투우사의 꿈을 안고 전문적으로 교육을 받은 사람들로 스페인에서 가장 인기 있는 직업. 특히 젊은 여자의 사랑을 제일 많이 받는다. 멋진 경기를 펼치는 날에는 죽인 소의 귀나 꼬리를 잘라 갖게 된다. 투우사 1명에 3명의 반데리예로와 2명의 삐까도르가 등장한다.

또르스(Toros)
수소를 또로toro 라고 하며, 투우용 소를 또로스(Toros)라고 한다. 안달루시아나 살라망카 평원에서 특별히 사육된 야생소로, 이중에서도 성질이 더러운 암소에서 태어난 성깔 있는 수소만이 투우로 자라게 된다. 훌륭한 소를 배출한 목장주는 투우학교 교장 못지않고 대단한 자부심을 갖고 있다고 한다.

반데리예로(Banderillero)
반데리야banderilla 는 깃발이 달린 짧은 창. 이 창을 소의 등에 꽂는 일을 하는 미래의 마따도르를 반데리예로하고 한다. 단창 두 개를 소등에 꽂을 때 정말 기가 막히다.

삐까도르(Picador)
긴 창잡이. 눈을 가리고 갑옷을 입힌 말을 타고 나타난다. 주임무는 힘이 넘치는 수소의 목과 등근육을 찢어서 소의 움직임을 둔화시키는 것. 소가 뿔을 높이 쳐들면 마따도르가 위험하기 때문에 이일을 하지만 관중들에게는 욕을 먹는다. 왜냐하면 박진감이 떨어지기 때문이다.

까뽀떼(Capote)
한쪽은 노랑 반대편은 분홍색으로 된 큰 망토. 이 큰 망토로 소를 유인하면서 여러 가지 소 모는 기술을 보여준다.

물레따(Muleta)
마따도르가 최후의 순간에 이 물레따 뒤에 칼을 숨기고 소를 유인한다. 붉은 색의 이 물레따를 보면 소가 흥분한다고 하지만 사실은 사람이 흥분한다. 왜냐하면 소는 색맹이라서 색을 구분하지 못하고 다만 움직임을 쫓아갈 뿐이다.

flamenco 플라멩코

화려한 옷과 결정적인 몸동작이 인상적인 플라멩코는 전통 춤이 있다. 15세기 초, 나라 없이 떠돌던 집시들이 안달루시아 지역에 들어와 살기 시작하면서 이들의 춤과 노래가 안달루시아 지역의 전통 춤, 음악과 섞여 플라멩코가 만들어졌다.

플라멩코는 무용수가 손뼉을 치고 발을 구르면서 추는 춤 '바일레', 가수가 슬픔이 담긴 목소리로 부르는 노래 '칸테', 여기에 분위기를 돋구어 주는 기타 연주인 '토케'가 어우러져 하나의 무대를 만들어 낸다. 플라멩코에는 유럽 곳곳을 떠돌며 박해를 받았던 집시들의 한이 담겨 가슴을 울리는 애절함이 있다.

집시

흔히 우리가 부르는 집시는 이집트인을 의미하는 영어식 표현으로, 스페인에서는 히따노라고 한다. 하지만 이런 명칭은 이슬람 세력과 함께 들어온 미지의 종족에 대한 무지에서 비롯된 것. 집시들은 스스로를 롬Lom 또는 돔Dom이라고 하는데, 이는 '인간'이라는 뜻이다.

집시가 스페인에 온 이유

언어는 있으되 나라가 없고, 나라는 없되 민족은 있는 집시. 그들은 어디에서 왔을까? 이 질문에 정확히 대답할 수 있는 사람은 없다. 다만 그들이 인도 북서부의 한 부족으로 종족 분쟁이나 전란(특히 칭기스칸의 침입)을 피해 서쪽으로 이동하면서 유랑이 시작되었다고 보는 것이 공통된 견해이다. 9~10세기경에 유랑을 시작한 집시가 이슬람 지역인 중동과 아프리카를 거쳐 이집트, 모로코를 지나 스페인 남부 안달루시아로 들어온 것은 15세기의 일이다.

생활 습관

한 곳에 정착하지 못하는 집시를 보다 못해 터키의 왕이 넓은 땅을 주며 그 곳에서 정착하라고 하자 그 땅을 팔고 유랑을 떠났다는 일화가 말해주듯, 유랑은 집시의 가장 큰 특징이며, 역마살을 떨칠 수 없는 것이 집시이다. 이런 집시에게 가장 중요한 것은 이동수단. 오늘날에는 말을 대신한 자동차에 일가족과 생활필수품을 싣고 다니다보니 소유에 대한 집착은 별로 없다.

구속과 정착을 싫어하는 기질에 노는 것을 좋아하는 천성이 더하여 이들은 먹을 것이나 있으면 언제나 춤추고 노래하며 즐겁게 지낸다. 그러다 보니 생계를 위해 그들이 갖은 직업은 그날 일용할 양식만 구하면 되는 날품팔이나 악사, 광대가 대부분이다.

이렇듯 유랑을 하지만 그들의 내부 결속력은 상당히 강해서 타 종족과 결혼하는 일은 거의 없으며, 아버지를 중심으로 한 철저한 부계사회를 이루고 있다. 이런 결속력은 유혈분쟁이 있을 경우 피의 복수를 부르기도 한다.

박해

집시는 현재 종교를 수용해 현지인과의 마찰을 가급적 피하지만 범신론적 주술을 믿는 편이다. 그래서 영화에 기분 나쁜, 그러나 적중률 높은 점쟁이로 등장하기도 한다. 사실 서구 사회에서는 집시에 대해 별로 좋지 않게 생각하는 견해가 일반적인데, 이런 감정이 극에 달한 것은 2차 대전 나치는 유대인뿐만 아니라 집시 말살 정책을 펴 40만에 달하는 집시를 수용소로 보냈다. 하지만 유대인과는 달리 이렇다 할 사죄 한번 제대로 받지 못했다.

플라멩코

노래와 춤을 좋아하고 놀기 좋아하는 집시가 스페인으로 들어온 것은 15세기. 유랑민으로 온갖 박해를 받으며 스페인 남부 안달루시아 지방에 이들이 도착했을 때, 그들에게는 아라비아의 열정과 아프리카의 원시와 대자연의 향기가 절절히 배여 있었다. 이 집시가 안달루시아의 뜨거운 태양과 격렬한 스페인 음악과 만난 것이다.

유랑민의 슬픔, 이슬람 문화와 집시적인 열정, 아프리카의 원시, 스페인의 음악이 만나 만들어진 것이 플라멩코인 것이다.

타블라오(Tablao)

안달루시아의 토굴에서 지내던 집시의 집에서 행해지던 플라멩코를 전문적으로 공연하는 곳이 타블라오이다. 오늘날과 같은 타블라오가 제일 처음 등장한 것은 1842년 세비야에서 이다. 타블라오Tablao는 극장식 식당으로 식사를 하면서 공연도 함께 즐기는 곳. 그러므로 본업은 식당이라 할 수 있고 그 등급도 포크 수로 구별한다. 하지만 식사보다는 플라멩코 공연이 주가 되어, 음료 한 잔만 시켜도 된다. 공연장이니 만큼 너무 난잡한 복장은 피하는 것이 좋다.

공연은 저녁식사 시간인 저녁 9시에 시작된다. 이때부터 달아오르기 시작한 타블라오Tablao 는 자정 무렵을 정점으로 하여 그 열기가 극에 달한다. 이즈음이면 최고의 무희가 등장하는데, 만약 낮에 시에스타를 충분히 즐기지 않았다면, 여행의 피로로 꾸벅꾸벅 졸게 될 것이다. 공연은 보통 새벽 2~3시에 끝난다.

빠져드는 공연

정, 동이 분명한 동작 속에 힘이 깃들여진 플라멩코를 보다보면 죽음을 응시하는 투우사의 몸짓과 매우 흡사함을 발견하게 된다. 플라멩코에는 기타리스트, 가수, 무희가 함께 등장하는데, 처음엔 한손을 치켜든 무희가 손뼉을 치며 발을 구르면서 무대 전면에 나선다.

이때 그들이 박자를 맞추는 손뼉과 발소리는 잦아든 야성을 일깨우는 듯 관객을 흥분시키는데, 이게 장난이 아니다. 6명의 무희가 교대로 춤을 추고 나면 맨 나중엔 군무가 이어지면서 이윽고 조명이 사라지고 플라멩코의 정수라 할 수 있는 '칸테'가 시작된다. 폐부를 쥐어짜는 듯한 가수의 허스키 보이스에는 왠지 모를 슬픔이 가득하다. 이 노래가 끝나면 일급 무용수의 독무가 이어진다. 칸테의 끊어질 듯 흐느끼는 애수, 기타리스트의 격렬한 리듬, 이에 몸을 맡겨 활활 타오르는 무희의 열정이 한데 어우러진 것이 플라멩코로 단순한 춤이 아니다.

플라멩코 용어

■ 칸테
플라멩코의 핵심이다. 슬픈 리듬속에 집시의 애환을 담은 가사는 정해진 것이 없다고 한다. 스페인 가수 '집시 킹'을 안다면 쉽게 이해할 수 있을 것이다.

■ 사빠떼따(발구름)
구두 앞과 뒤의 굽으로 나무 마루바닥을 치면서 기타, 손뼉, 추임새와 함께 플라멩코에 격렬한 리듬을 부여한다.

■ 빨마스 (손뼉)
기타 리듬에 맞춰서 손뼉으로 박자를 맞추는데, 가슴을 파고드는 이 불규칙 손뼉치기를 할 수 있다면 플라멩코는 어느 정도 이해한 수준. 한 무용수가 춤을 추면 나머지 무용수들이 손뼉으로 박자를 맞춰주며 '올레' '발레' '빠사' 등의 추임새를 넣는다.

플라멩코를 볼 수 있는 곳

플라멩코의 본고장인 스페인의 안달루시아 지방 세비야와 그라나다를 비롯한 바르셀로나, 마드리드 등에서 볼 수 있다. 집시의 애환이 담긴 정열의 춤 플라멩코는 '타블라오(Tablao)'라는 극장식 술집에서 공연되는데 보통 밤 11시부터 새벽녘까지 열린다. 저녁을 먹으면서 보는 플라멩코 쇼는 비싸지만 입장료를 내고 들어가 와인이나 상그리아 한잔 정도를 주문하고 본다면 그런대로 저렴하게 볼 수 있다.

■ 마드리드
마요르 광장 주변에 플라멩코를 공연하는 타블라오가 여러 군데 있지만 상업적인 냄새가 짙고 다른 지방에 비해 좀 비싼 편이다.

■ 그라나다
알람브라 궁전 부근의 사크로몬테(Sacromonte) 언덕은 집시 촌락이다. 예전에 동굴에서 생활하던 집시들은 없어지고 술집이나 플라멩코를 보여 주는 타블라오들이 모여 있다. 이 중에는 예전 집시들의 생활공간인 동굴 안에 그대로 타블라오를 만들어 놓아 더욱 생생하게 전통적인 플라멩코를 즐길 수 있는 곳도 있다. 아직도 사회 최 하류층인 집시들이 거주하고 있어 밤에 여자 혼자 플라멩코를 보러 가는 것은 위험하다는 편견이 있었지만 현재는 나아졌다. 타블라오는 밤 10시 경에 가면 관람할 수 있는데, 식사를 하지 않고 음료권만 사면 저렴하다.

■ 세비야
플라멩코의 본고장이다. 알카사르 성을 보고 나와 뒤편으로 가면 구 유대인 거리였던 산타 크루즈 거리로 접어든다. 이 거리에 자리잡은 로스 가로스(Los Gallos)가 유명하다. 밤 9시와 11시 30분에 각각 플라멩코 쇼가 벌어지며 새벽 2시가 돼야 모두 끝이 난다.

플라멩코 박물관(Museo del Baile Flamenco)

좁은 골목길을 걷어서 10여분 정도 지나면 박물관을 찾을 수 있다. 1층에는 스페인 사진가 콜리타Colita의 사진 전시와 플라멩코의 역사, 종류, 영상, 의상과 각종 소품, 포스터 등이 전시돼 있다. 암막 커튼과 어두운 실내, 피를 토하는 듯한 플라멩코 노래 덕분에 귀신의 집에 들어온 것처럼 으스스하다. 2층은 1층과 분위기가 180도 다르다. 환한 실내에는 플라멩코에 관한 각국 작가들의 상설 전시관. 지하 1층과 G층은 플라멩코 레슨 스튜디오와 상설전시장으로 구성되어 있다.

공연
세비야의 카사 델 라 메모리아Casa de la Memoria와 엘 아레날El Arenal 모두 타블라오 형태다. 식사와 공연 혹은 음료와 공연이 패키지로 묶여 있어 원하는 가격대와 원하는 공연 시간을 선택할 수 있다. 예약은 각 타블라오 홈페이지나 관광안내소에서 하면 된다.

플라멩코 박물관(Museo del Baile Flamenco)
- 주소 : C/ Manuel Rojas Marcos 3, 41,004 Sevilla
- 전화 : 954 340 311
- 시간 : 9시30분~19시
- 요금 : 12€
- 홈페이지 : www.museoflamenco.com

카사 델 라 메모리아(Casa de la Memoria)
- 주소 : Calle Cuna 6, Sevilla
- 전화 : 954 560 670
- 시간 : 19시30분, 21시
- 요금 : 18€
- 홈페이지 : www.casadelamemoria.es

엘 아레날(El Arenal)
- 주소 : Calle Rodo 7-Barrio del Arenal 41004, Sevilla
- 전화 : 954 216 492
- 시간 : 20시(디너는 19시부터), 22시
- 요금 : 38€(쇼+무료 음료 / 쇼+타파스 60€ 쇼+디너 72€)
- 홈페이지 : www.tablaoelarenal.com

쿠에바 로스 타란토스(Cueva Los Tarantos)
- 주소 : Camino del Sacromonte, 9-18010 Granada
- 전화 : 958 224 525
- 시간 : 21시30분, 23시
- 요금 : 쇼+무료 음료+픽업 +알바이신 전망대 투어 : 30€ 쇼+픽업+알바이신 전망대 투어 +디너 : 60€
- 홈페이지 : www.cuevaslostarantos.com/en/

라 브루닐다
La brunilda

세비야에서 한국인 입맛에 가장 맞는 음식점으로 공인된 타파스 바다. 오픈 시간에 맞추어 가도 웨이팅이 있을 정도로 유명하고 인기 있는 곳이기 때문에, 오랜 시간 기다리지 않고 싶다면 오픈 시간 전에 넉넉하게 도착해서 대기하는 것을 추천한다. 한국인 여행자들에게 가장 인기 있으며, 추천하는 메뉴로는 치즈 버섯 리조또와 송아지 스테이크다. 직원들은 친절한 편이며, 메뉴판에 있는 QR코드를 찍으면 한국어로 써 있는 메뉴판을 볼 수 있기 때문에 어렵지 않게 주문할 수 있다.

홈페이지 www.labrunildatapas.com **위치** Calle Galera, 5, 41002 Sevilla(세비야 시청에서 약 600m)
시간 13시 30분~16시, 21~24시(일요일 13시 30분~16분 / 월요일 휴무) **요금** 치즈 버섯 리조또 5.8€
전화 0954-22-04-81

보데가 산타 크루즈
bodega santa cruz

저렴한 가격에 맛있는 타파스를 먹을 수 있는 맛집으로 현지인과 관광객 모두에게 인기 있는 곳이다. 입구나 바에 서서 타파스를 먹는 타파스 바의 분위기를 제대로 느낄 수 있는데, 특히 저녁 시간에 현지 타파스 바 분위기를 물씬 즐길 수 있다. 또한 오전이나 낮에 방문하는 것에 비해 더 다양한 메인 메뉴를 시킬 수 있으므로 저녁에 방문하는 것을 추천한다. 한국인 여행자들이 많이 방문하는 곳으로 약간의 한국어를 할 수 있는 직원이 있다. 베스트 메뉴를 추천받거나 가지 튀김 또는 명란 튀김을 시키면 매우 만족 할수 있을 것이다.

홈페이지 www.facebook.com/BodegaSantaCruzSevilla
위치 Calle Rodrigo Caro, 1, 41004 Sevilla(세비야 대성당에서 약 100m)
시간 8~24시(일~목) / 금, 토 8~24시 30분 **요금** 타파스류 1€~ **전화** 0954-21-86-18

라 아조티
La Azotea

라 아조티는 현지인들도 추천하는 타파스 바로, 미슐랭 가이드에도 꾸준히 소개되고 있는 곳이다. 대부분의 요리가 맛이 좋은데 특히 새우 요리나 연어 타르타르, 소고기 스테이크가 인기 있다. 많은 한국인 여행자들에게는 과일이 잔뜩 들어가 맛있게 먹을 수 있는 샹그리아 맛집으로 인정받은 곳이며, 틴토 데 베라노도 인기 있다. 세비야에만 3개 지점이 있으며 여기서는 세비야 대성당 인근에 있는 지점을 안내한다. 직원들이 친절한 편이며, 한국어 메뉴판이 있어 주문이 어렵지 않다.

| 홈페이지 | www.laazoteasevilla.com | 위치 | Calle Mateos Gago, 8, 41004 Sevilla(세비야 대성당에서 약 100m) |

시간 13시 30분~16시 30분, 20시 30분~24시   **요금** 메인요리 7€

전화 0954-21-58-78

카사 라 비루다
casa la viuda

미슐랭 가이드에 꾸준히 소개되는 타파스 레스토랑으로 현지에서도 유명하다. 대부분의 메뉴가 한국인 입맛에 잘 맞아 많은 한국인 여행자들이 방문한 덕에 한국어 메뉴판이 준비돼있다. 가게 이름의 한국어 뜻이 '미망인의 집'이라는 뜻이라, 한국인 여행자들에게는 한국어 뜻으로 불리기도 한다. 생선 요리가 특히 맛있는 곳으로 대구 요리를 가장 추천하며, 이베리코도 호평이다. 외부 테라스에서 식사를 하면 걸인들이 구걸을 하거나 담배 냄새가 많이 나기 때문에 되도록 안에서 식사하는 것을 추천한다.

| 홈페이지 | www.casalaviuda.es | 위치 | Calle Albareda, 2, 41001 Sevilla(세비야 시청에서 약 400m) |

시간 12~16시 30분, 20시 30분~23시 50분   **요금** 메인요리 11€~

전화 0954-21-54-20

보데가 도스 데 마요
bodega dos de mayo

세비야 구시가에서 현지인들에게 인기 있는 타파스 레스토랑이다. 현지에서 유명한 타파스 음식점은 대부분 바인 경우가 많아 서서 먹는 문화가 없는 한국인의 정서상 테이블을 기다려야할 때도 있는데, 보데가 도스 데 마요는 규모가 큰 편이라 기다리지 않고도 앉아서 먹을 수 있을 때가 많다. 분위기 좋은 테라스에 앉고 싶거나 혹시 모를 웨이팅이 싫다면 식사 시간 전에 방문하는 것을 추천한다. 다양한 타파스 또한 한국인 입맛에도 잘 맞는 편인데, 튀김이나 생선이 들어간 타파스를 추천한다. 한국어 메뉴판이 있기 때문에 주문이 어렵지 않으며, 직원들도 친절한 편이다.

홈페이지 www.bodegadosdemayo.es　**위치** Pl. de la Gavidia, 6, 41002 Sevilla, 메트로폴 파라솔에서 약 600m
시간 12~16시 30분, 20~23시 50분　**요금** 타파스 3€　**전화** 0954-90-86-47

에스라바
eslava

세비야 타파스 경연 대회에서 우승을 차지한 곳인데다 미슐랭 가이드에도 꾸준히 소개되는 타파스 전문점이다. 현지인들에게 매우 유명한 곳으로 오픈 후에는 금방 자리가 차는 편이다. 앉아서 편하게 먹고 싶다면 낮이든 저녁이든 오픈 시간 조금 전에 맞추어 방문하는 것이 좋다. 관광지와는 꽤 떨어져있지만 찾아가도 후회하지 않을 만큼 맛이 좋으며, 명성에 비해 가격 또한 저렴하여 더 인기가 좋다.

홈페이지 www.espacioeslava.com　**위치** Calle Eslava, 3, 41002 Sevilla(세비야 미술관에서 약 700m)
시간 12시 30분~17시, 19시 30분~24시(화~토 / 일요일 12시 30분~17시 / 월요일 휴무)
요금 타파스 2.9€~　**전화** 0954-91-54-82

카사 모랄레스
casa morales

무려 1850년에 영업을 시작해 170년의 역사를 갖고 있는 타파스 바다. 간판에는 카사 모랄레스라는 글자보다 HIJOS DE E. MORALES가 더 크게 써 있으므로 헷갈리지 말고 들어가자. 세비야 대성당 근처에서 나이가 있는 현지인들이 매우 사랑하는 타파스 바로, 가게의 전체적인 분위기나 현지인들의 모습이 과거 속으로 들어온 듯한 착각이 든다. 다만 규모가 작은 편이기 때문에 자리가 금방 차므로 오픈 시간에 맞추어 방문하는 것을 추천한다. 미트볼과 대구 요리가 한국인 입맛에 잘 맞는다.

홈페이지 www.facebook.com/bodegacasamorales
위치 Calle García de Vinuesa, 11, 41001 Sevilla(세비야 대성당 북문에서 약 50m)
시간 12~16시, 20~24시 / 일요일 12~16시)   **요금** 타파스 2€   **전화** 0954-22-12-42

엘 코메르시오
El comercio

무려 100년동안 영업을 이어오고 있는 츄러스 전문점으로, 세비야에서 유명한 츄러스 맛집이다. tvN 〈더 짠내투어〉 스페인 세비야편의 헤진투어에도 소개됐다. 츄러스는 겉은 바삭하고 안은 쫀득하며, 무조건 달달한 초코라떼를 시켜 찍어먹는 것을 추천한다. 느끼함을 대비해 상큼한 오렌지 쥬스를 시키는 것도 매우 좋은 선택이다. 앞에서 주문을 한 후 음식을 가져와 자리에서 먹으면 된다.

홈페이지 www.barelcomercio.com   **위치** Calle Lineros, 9, 41004 Sevilla(살바도르성당에서 약 100m)
시간 7시 30분~21시(월~금 / 토 8~21시 / 일요일 휴무)   **요금** 츄러스 2€ , 초코라떼 2.5€, 오렌지쥬스 2€~
전화 0670-82-90-53

Aimeria

알메리아

알메리아

AiMERiA

안달루시아의 말라가에서 발렌시아로 이동하는 중간 지점의 해변에 있는 태양의 해변이라고 부르는 코스타 델 솔Costa del Sol에 있는 인구 20만 명의 작은 도시이다. 스페인 동남부에 위치한 항구 도시로 그라나다에서 동쪽으로 100㎞, 시에라 네바다 산맥을 넘어 해안에 위치해 있다.

시에라 네바다 산맥

유럽의 알프스 산맥인 북아프리카의 아틀라스 산맥과 같은 시기에 만들어진 페니베티카 산맥(Cordillera Penibetica)이 놓여있고 3,478m인 물하센 산(El Mulhacen)이 있어서 스키장도 있을 정도로 높다.
안달루시아에서 해변으로 갈수록 사막성 기후로 변하는 데, 이 모습은 시에라 네바다 산맥이 놓여있는 것과 연관성이 있다. 지중해 연안을 끼고 병풍처럼 들어서는 페니베티카 산맥(Cordillera Penibetica)이 도시까지 이어져 있다.

도시의 특징

우랄 강 하구와 더불어 유럽 대륙의 단 둘뿐인 사막지대로 항구 도시면서 사막이다. 도시 주변에는 온통 황량한 민둥산과 깎아지른 절벽, 깡마른 와디와 지중해가 자리를 잡고 있고 도시 근처에 소규모의 관개 농업이 행해지기는 하지만 뜨겁고 건조한 날씨 때문에 비닐하우스로 시설 재배를 한다.

간략한 알메리아(Aimeria) 역사

은광이 지리적으로 가까워 페니키아, 그리스, 북아프리카에서 모여든 사람들이 기원전 3세기부터 정착하여 천 년이 지난 7세기에 도시의 형태가 갖추어져 있었다. 8세기부터 알메리아 지방에 정착하여, 955년에 후우마이야 왕조의 칼리파 아브드 알 라흐만 3세에 의해 현재 시가지가 조성되었다. 11세기에는 코르도바 중앙 권력이 무너진 후 개시된 타이파 시대에 에미르의 후원 하에 예술과 비단 산업이 발달하면서 번영했다. 당대 세워진 성벽은 그

라나다의 알함브라 다음으로 길고 높은 위엄을 자랑했다. 코르도바 군주의 중요한 무역 항구로 비단을 비롯해 직물을 수출하는 주요 항구로 성장하였다.

국토회복운동에서 회복된 이후 도시는 쇠퇴하기 시작했다. 1147년에 레온-카스티야 왕국의 알폰소 7세가 이끈 2차 십자군에게 함락되었지만, 1150년대에 모로코의 무와히드 왕조에게 점령되며 이슬람 통치가 회복되었다. 알메리아는 레콘키스타의 마지막을 장식할 그라나다 정복 전쟁의 일환으로 1489년 12월 26일에 통합 스페인 왕국군에게 함락되었다.

1522년에 지진으로 피해를 입어서 역사 속으로 사라진 도시였다가, 19세기가 되어서 복구 작업이 시작되어 20년이 지나면서 관광도시로 탈바꿈했다.

도시 이름의 유래

8세기에는 무어인들이 거울이라는 뜻을 가진 아랍어 '알메리아(Al-Mariyya)'에서 아름다운 바다가 마치 바다의 거울이라는 뜻을 가진 도시가 탄생했다.

알사사바
Al-Saba

알메리아Almeria는 중요한 항구였고 1524년에는 성대한 고딕 양식의 성당이 세워졌다. 다만 16세기부터 스페인에서 쫓겨난 무어인들의 바르바리 해적에 시달렸다. 이슬람 시대에 세워진 알카사바가 관광지로 유명하다.

타베르나스 사막
Tabernas Desert

사막은 무르시아부터 그라나다까지 해안가에 걸쳐서 존재하는 타베르나스 사막Tabernas Desert 한복판에 알메리아라는 도시가 있다. 근처에는 비닐하우스가 많아서 비닐하우스들이 햇빛을 반사해서 알메리아의 기온이 유의미하게 낮아졌을 정도다.

할리우드 서부극의 촬영지

이곳의 지형과 식생이 미국 서부와 유사하여 1960년대 많은 스파게티 웨스턴 영화들이 이곳에서 촬영됐다. 당시 건설된 세트장들 중 일부는 오늘날까지 남아서 테마파크나 TV 촬영에 사용된다. 오아시스 미니 할리우드는 석양의 무법자와 닥터 후가 촬영된 곳이다.

스페인,
알메리아 한 달 살기

스페인에서 안달루시아의 무르시아Murcia나 북부의 부르고스Burgos는 현재 대한민국 여행자에게 생소한 도시이다. 또한 스페인에서 정감 있는 옛 분위기가 가장 살아있는 도시가 알메리아Almeira이다. 스페인 한 달 살기에서 저자가 가장 추천하는 도시는 알메리아Almeira이다. 한 달 살기를 위한 도시를 선택함에 있어 저자는 대도시인 마드리드나 바르셀로나보다 도시는 작지만 다양한 즐길 거리가 존재하고 옛 분위기를 간직하고 있는 도시를 선호한다. 오래 있어도 현대적인 도시에 비해 덜 질리는 장점이 있다. 알메리아Almeira와 함께 한 달 살기로 추천하는 도시는 말라가Malaga이다.

한 달 살기 도시 선택기준

저자는 스페인의 알메리아Almeira에서 3달 동안 머물면서 그들과 웃고 울고 느낌을 공유하면서 스페인 생활에 쉽게 적응할 수 있었고 스페인 사람들과 같이 지내면서 한 달 살기로 적응하기 쉽게 만들어준 도시이다. 대한민국의 여행자들이 스페인에서 오래 동안 그들과 함께 즐기면서 스페인을 조금이라도 더 알고 싶다면 여행하다가 잠시 머무는 도시가 아닌 장기 여행자가 오랜 시간 머물고 있는 도시를 선택하는 것이 중요하다.

마드리드나 바르셀로나가 스페인 최고의 무역도시이자 관광도시라면 알메리아Almeira는 옛 도시이자 해안의 작은 도시라고 생각하면 된다. 그래서 사람들은 이웃과 매우 친하고 안부를 물어보면서 살아가는 한적하고 정이 살아 있는 도시이다.

장점

1. 친숙한 사람들

알메리아Almeira는 옛 분위기를 간직한 도시이다. 도시는 작지만 겨울에도 춥지 않고 활기찬 시민들과 여행자가 머물기 때문에 사람들은 여행자에게 친절하게 다가가고 오랜 시간 머무는 여행자와 쉽게 친해진다.

바르셀로나나 마드리드 같은 대도시는 볼거리가 많지만 사람들은 대도시에서 살아가야

하는 바쁜 사람들이라 이웃들과 제대로 교감을 나누기가 힘들다. 그만큼 다양한 분위기를 가지고 여행자에게 친숙한 사람들이 스페인에서의 한 달 살기를 쉽게 만들어준다.

2. 색다른 관광 인프라

알메리아Almeira는 스페인의 다른 도시에서 느끼는 다양한 박물관이나 볼거리가 많은 관광 인프라가 있는 것은 아니다. 해변의 즐거움이 있고 안정적인 풍경에 대성당을 중심으로 오랜 기간 성장한 도시이기 때문에

도시는 중세와 현대의 해변 분위기를 그대로 가지고 있다. 또한 바다가 같이 있어 해변에서 즐기는 여유도 느낄 수 있고 밤에 거리를 거닐면서 즐기는 옛 분위기는 알메리아Almeira만의 매력으로 다른 도시에서는 느낄 수 없는 것이다.

3. 안달루시아 관광도시와의 접근성
수도인 마드리드Madrid에서 자동차로 약 5시간 10분, 기차로는 6~7시간이 소요되기 때문에 접근성은 떨어진다. 그런데 스페인 자체의 국토가 크기 때문에 마드리드Madrid에서 북부의 팜플로나나 남부의 안달루시아 지방으로 이동하려면 이동시간이 오래 걸린다. 멀다고 느껴지지만 마드리드Madrid에서 버스나 택시로 쉽게 접근 할 수 있다. 그러나 관광도시가 몰려 있는 안달루시아 지방의 세비야Sevilla, 그라나다Granada, 코르도바Cordoba, 론다Ronda 같은 대표적인 관광도시에서 약 3시간이면 도착할 수 있기 때문에 이동에 용이하다.

4. 장기 여행 문화
스페인은 다른 서유럽보다 물가가 저렴하고 남부의 안달루시아 지방은 날씨가 따뜻하여 현재, 단기여행자 뿐만 아니라 장기여행자들이 모이는 나라로 변화하고 있다. 여행의 편리성도 높아지면서 한 달 살기로 이름을 날리고 있다. 여유를 가지고 생각하는 한 달 살기의 여행방식은 많은 여행자가 경험하고 있는 새로운 여행방식인데 그 중심으로 안

달루시아 지방의 각 도시들이 변화하고 있다. 알메리아Almeira도 그 중의 하나이다.

5. 슬로우 라이프(Slow Life)

옛 분위기 그대로 지내면 천천히 즐기는 '슬로우 라이프$^{Slow\ Life}$'를 실천할 수 있는 도시라고 말할 수 있다. 장기 여행자들이 알메리아^{Almeira}에 오래 머물면서 겨울에도 따뜻한 날씨와 해변과 오래된 옛 도시 분위기에 매력을 느낄 수 있어서 안정된 분위기에 머문다는 생각이 여행자를 기분 좋게 만들어 준다.

6. 다양한 음식

다양한 음식을 저렴하게 먹을 수 있다는 점은 알메리아^{Almeira}만의 장점은 아니다. 그러나 안달루시아 해안은 지중해와 붙어 있어서 언제나 신선한 해산물을 먹을 수 있어서 해산물 식당들이 많다. 한국 음식을 먹고 싶을 때 먹을 수 있는 한국 음식점은 없다. 하지만 다양한 음식을 접할 수 있는 레스토랑이 즐비하다.

단점

마드리드와의 접근성

알메리아는 마드리드에서 자동차로 5시간 이상, 바르셀로나에서는 7시간 이상이 소요되기 때문에 대한민국에서 비행기로 마드리드나 바르셀로나에 도착해 이동하기는 쉽지 않다. 스페인을 처음 방문하거나 여행을 하지 않았던 여행자들은 접근성이 떨어진다고 생각한다. 그러므로 한 달 살기를 어느 도시에서 할 것인지 자신의 상황에서 먼저 결정하고 시작해야 후회를 하지 않는다. 저자는 스페인에서 오랜 시간 동안 여행하고 머물러봤기 때문에 결정하는 기준이 명확하였다.

최근에 상승하는 물가

스페인 여행의 장점 중에 하나가 저렴한 물가이다. 하지만 코로나 바이러스가 전 세계를 강타하고 중국발 원자재가 부족하면서 인플레이션이 발생하고 있어서인지, 스페인도 물가가 상승하여 저렴한 장점이 점차 사

라지고 있는 듯하다. 알메리아^{Ameira}는 도시가 작은 규모로 유지가 되므로 더 이상 새로운 레스토랑이 들어서기보다 기존의 레스토랑이 유지가 되고 있다. 레스토랑에서 즐기는 비용은 대한민국과 차이가 없을 수 있다. 다만 마트에서 구입하여 직접 해 먹는다면 저렴한 장점을 살릴 수 있다.

정적인 분위기

알메리아^{Almeira}가 오래된 옛 분위기를 보여주지만 상대적으로 활기찬 분위기의 도시는 아니다. 그래서 정적인 분위기를 싫어하는 여행자는 알메리아^{Almeira}를 지루하다고 하기 때문에 자신의 성격과 맞는 도시인지 확인을 해야 한다. 근처에 안달루시아의 관광도시도 있지만 마드리드나 바르셀로나처럼 비치의 활기찬 분위기는 아니다.

Londa

론다

론다

LONDA

안달루시아의 산악 마을인 론다Londa에서 장대한 협곡 절벽에 지어진 역사적 건물들을 구경하는 재미는 쏠쏠하다. 투우, 역사적 건물, 아름다운 풍경 등으로 유명한 론다Londa는 안달루시아를 여행할 때 많은 사람들이 찾는 인기 관광지이다.

신석기 시대에 처음 사람이 살기 시작한 이곳은 역사적으로 켈트족, 로마족, 무어인들이 거쳐간 곳이기도 하다. 이곳의 매력적인 도시 풍경을 보면 각 문화의 영향이 그대로 남아 있다는 것을 알 수 있다. 가파른 경사, 하천이 흐르는 골짜기, 완만한 언덕에 둘러싸인 세라니아 데 론다 지역에서 론다의 전체적인 모습을 살펴볼 수 있다.

론다 둘러보기

이슬람 양식의 구시가 라 시우다드와 신시가 엘 메르카디요를 연결하는 18세기 다리, 푸엔테 누에보에서 론다 여행을 시작한다. 다리에 서서 마을의 건물 옥상부터 120m 깊이의 바위투성이 타호 협곡까지 마을의 위, 아래를 전체적으로 살펴보자. 다리에서 협곡 중앙을 거쳐 강가 산책로까지 이어진 길도 볼 수 있다.

푸엔테 누에보에서 남쪽으로 이동해 라 시우다드의 분위기 있는 거리는 관광객의 마음을 여유롭게 만든다. 산타 마리아 라 마요르 등 건물이 즐비한 두케사 데 파르센트 광장과 같이 아름다운 광장도 볼 수 있다.

라라 박물관에는 특이한 전시물로 가득한 알라딘 창고와 성의 관문이었던 푸에르타 데 알모카바르와 비교적 보존이 잘 되어 있는 아랍 목욕탕도 유명하다. 푸엔테 누에보의 북쪽에는 엘 메르카디요의 주 광장인 스페인 광장이 있다.

어니스트 헤밍웨이가 자신의 소설 누구를 위하여 종은 울리나에서 모습을 묘사한 이후로 스페인 광장은 국제적 유명세를 타게 되었다. 스페인의 훌륭한 투우장 중 하나인 플라사 데 토로스와 론다 불링 박물관에서는 투우 관련 기념품도 볼 수 있다. 알데우엘라 전망대와 쿠엔카 정원에서 기억에 남을 만한 멋진 장관을 즐겨보자.

볼라 거리를 대표하는 집이라는 뜻의 '라 볼라'라고 부르는 카레테라 에스피넬에서 골동품 상점과 부티크, 서점, 의류점 등을 볼 수 있다. 카르멘 아벨라 광장 주변의 바^{Bar}, 레스토랑에서 맛있는 타파스와 안달루시아 와인을 맛볼 수 있고 플라멩코 쇼도 볼 수 있다.

론다 IN

바위산에 자리한 론다는 헤밍웨이가 '세상에서 가장 로맨틱한 도시'라고 극찬한 작은 도시로 하루 정도 쉬어가기에 좋다. 론다로 갈 때는 기차와 버스를 이용하면 된다.

기차

론다로 들어가는 방법으로 기차를 가장 많이 이용한다. 마드리드에서는 하루 3회 운행되며, 세비야에서는 하루 5회 론다로 향하는 기차가 운행된다. 왕의 오솔길을 거쳐 론다로 올 경우에는 말라가에서 론다행 기차를 타고 엘 초로역에서 내려 왕의 오솔길을 걷고, 이어 론다로 이동하면 된다.

버스

마드리드에서 론다까지 직접 운행하는 버스는 없다. 같은 안달루시아 지방에 있는 말라가와 세비야 정도만 운행하고 있다.

택시

론다에서는 버스보다 택시를 이용하는 것이 편리하다. 세 명이 시내로 이동하는 데 5유로밖에 들지 않는다. 택시 요금이 저렴한 만큼 사람들이 많이 이용한다.

베스트 코스

론다의 버스터미널은 구시가 인근에 있어 걸어서 이동이 가능하지만 기차역은 구시가
까지 도보로 30분 정도 소요된다. 기차역에서 내렸다면 버스나 택시를 타고 이동하는
게 편리하다.
알라메다 델 타호 공원에서 누에보 다리까지는 10분 정도면 갈 수 있기 때문에 웬만한
관광지는 걸어다니면서 보면 된다.

알라메다 델 타호 공원

투우장, 투우 박물관

스페인 광장

누에보 다리

누에보 다리
Puente Nuevo Ronda

인상적인 위용의 푸엔테 누에보에서 타호 협곡의 장관은 바라보면 론다의 도시 풍경과 잘 정리된 들판, 완만한 산이 빚어내는 조화로운 풍경이 장관이다. 푸엔테 누에보에 서면 다리를 중심으로 모든 방향에 펼쳐진 멋진 장관을 볼 수 있다.

18세기 인간에 의해 만들어진 뛰어난 건축 양식을 반드시 둘러봐야 할 장소이다. 푸엔테 누에보는 론다의 구시가와 신시가를 이으며 타호 협곡을 감상하기에 좋은 관광 포인트이다. 주변 안달루시아 전원 풍경과 함께 협곡 위로 펼쳐진 세상도 볼 수 있다.
42년 정도의 공사 기간을 거쳐 1793년에 완공된 푸엔테 누에보는 무어 양식이 남아 있는 라 시우다드와 현대적인 분위기의 엘 메르카디요 사이를 자유롭게 이동할 수 있도록 차량 통행이 허용되어 있다. 3개의 아치형 장식이 있는 다리는 높이가 98m, 길이는 66m 정도이다.

다리의 한 쪽에 서서 타호 협곡 벼랑 아래를 내려다보면 가장 깊은 곳은 다리 아래로 협곡의 깊이가 120m나 된다. 동쪽으로는 시에라 데 라스 니에베스 산의 봉우리가, 서쪽으로는 시에라 데 그라잘레마 지역이 보이는데 잘 정리된 들판 주변으로 아름다운 산의 모습이 인상적이다. 다리를 자세히 살펴보면 절벽 쪽으로 만들어져 있는 아치형 장식을 살펴보아야 한다. 협곡으로 내려가면 다리 정면의 모습도 볼 수 있다. 라 시우다드의 서쪽 끝에서부터 강둑을 따라 이어진 길을 걸어보면 까마귀나 휘파람새가 과달레빈 강 주변의 협곡 위로 날고 있는 모습을 종종 볼 수 있다.

타호협곡
El Tajo de Ronda

론다의 중심에는 인상적인 모습을 자랑하는 타호 협곡이 있다. 협곡은 무어 시대의 분위기가 그대로 남아 있는 구시가 라 시우다드와 신시가 엘 메르카디요 사이에 있다. 협곡의 장엄한 모습을 감상한 후 계곡 중심으로 걸으면 환상적인 풍경이 눈에 들어온다.

타호 협곡은 깊이가 약 120m이고 폭이 약 68m로, 시에라 데 라스 니에베스의 산에서 흘러나온 과달레빈 강의 지속적인 침식에 따라 형성되었다. 협곡의 어마어마한 크기는 적의 침공이 있을 때마다 큰 방어적 효력을 발휘하기도 했다.

풍경 포인트

타호 협곡의 가파른 절벽 아래로 펼쳐진 광경을 감상하고 과달레빈 강의 둑을 따라 거닐어 보면 역사적 다리에서 주변 풍경을 감상할 수 있다. 론다에 들어가거나 나가는 기차에서 창밖으로 보이는 아름다운 풍경을 볼 수도 있다.

론다의 두 시가지를 연결하는 푸엔테 누에보 다리에 서서 끝없이 펼쳐진 멋진 자연을 보고 강의 급경사면으로 눈을 돌리면 아찔함을 느낄 수 있다. 18세기에 만들어진 이 다리에서 절벽에 굳게 고정되어 있는 로마네스크 아치형 장식이 인상적이다.

쿠엔카 정원, 론다 전망대 등 경치 감상에 좋은 몇몇 포인트와 함께, 마을의 다른 역사적 다리인 푸엔테 아라베와 푸엔테 비에호에서도 멋진 풍경을 감상해보자. 맑은 날에 구역별로 풀이 가지런히 심어진 넓은 들판의 모습과 시에라 데 그라잘레마 산의 봉우리도 살펴보자.

기차타고 즐기기

알헤시라스에서 기차를 타고 협곡을 둘러보는 것도 좋다. 론다로 향하는 기차에서 창밖으로 보이는 안달루시아 마을과 아름다운 산을 감상할 수 있다. 기차는 연중 운행되며 90분 정도가 소요된다. 말라가에서 출발하는 기차도 비슷한 노선으로 운행된다.

플라자 데 토로스
Plaza de Toros

플라자 데 토로스의 정식 명칭은 플라사 데 토로스 데 라 레알 마에스트란사 데 카베렐리아 데 론다로 매우 긴 이름을 가지고 있다. 시선을 사로잡는 경기장의 멋진 건축물과 칭송받는 투우사의 동작에 눈이 간다. 전시관에서 역사적인 투우 물품을 구경하는 것도 놓치지 말자.

선구적인 투우사 페드로 로메로가 영광을 누리던 1700년대 후반에 건축된 플라사 데 토로스는 스페인 초기 투우장 중 하나이다. 원형 경기장 안에는 2층으로 된 좌석이 있고 각 좌석 앞에는 토스카나 양식 기둥에 의해 지지되는 아케이드가 있다. 이곳은 칭송받는 스페인 승마회인 레알 마에스트란사 데 카베렐리아 데 론다의 홈 경기장이기도 하다.

스페인에서 가장 오래되고 이름 높은 투우장, 플라자 데 토로스를 방문하면 내부에 있는 박물관에서 여러 투우 기념품도 볼 수 있다. 매년 9월에 열리는 일주일간 진행되는 축제 때에 직접 투우 경기를 관람할 수 있다.

세계에서 가장 큰 투우장의 중심에 서서 투우사에게 쏟아지는 수천 팬의 박수와 갈채를 받으며 투우를 펼치는 모습을 입구의 사진을 보면 상상할 수 있다. 경기장 안에는 유명한 투우사인 로메로 및 오르도녜스 투우 가문을 기념하는 곳도 있으며, 마구간, 패독, 투우가 드나드는 통로인 불펜도 살펴볼 수 있다. 경기장으로 나가기 전에 투우사들이 기도를 하는 예배실도 있다.

론다 불링 박물관

론다 불링 박물관에는 론다와 안달루시아의 투우 역사를 확인할 수 있다. 투우사 옷과 매우 오래된 화기, 세계적으로 유명한 예술가들의 그림, 투우를 즐기는 귀족의 인물화 등이 전시되어 있다. 론다 불링 박물관은 플라사 데 토로스 투우장 내에 마련된 여러 전시관으로 구성되어 있다.

박물관의 관련 의상과 기록, 황소 머리 장식, 여러 그림, 조각품 등을 통해 안달루시아 문화에서 투우가 차지하는 비중을 가늠해 볼 수 있다. 안토니오 오르도녜스와 페드로 로메로 등 유명한 투우사들이 입었던 의상도 전시되어 있다. 프란시스코 데 고야의 33개 판화 시리즈인 라 타우로마키아(투우 기술) 복제품도 확인하도록 전시되어 있다.

로열 하니스 컬렉션으로 이동하면 호화로운 마차 마구와 안장을 보고 놀라게 된다. 그 중 하나는 스페인의 여왕 이사벨라 2세가 사용했던 안장이다. 17~19세기에 사용되었던 290여 개의 화기 전시품도 인상적이다. 영국 왕족, 프랑스의 루이 14세, 나폴레옹 보나파르트, 스페인의 펠리페 4세 군에서 사용하던 총도 전시되어 있다.

이퀘스트리언 갤러리에는 스페인 순종 말의 사육과 승마술, 마술과 관련된 예술 작품을 볼 수 있다. 승마 학교의 학생들이 갤러리 옆 경기장에서 연습하는 광경도 즐겁다. 투우가 드나드는 통로인 불펜과 예배실, 마구간도 있으니 같이 둘러보면 좋다. 9월에 개최되는 페리아 고예스카에서 실제 투우 경기가 펼쳐진다.

동부 피요르

The East fjords

투우 기념품에서 시계, 마법 용품까지 신기하고 놀라운 것이 가득한 개인 박물관인 라라 박물관에는 세계 곳곳에서 수집된 골동품과 다양한 물건이 전시되어 있다. 특히 영화, 사진, 과학 기기, 무기와 관련된 다양한 전시물을 볼 수 있다. 라라 박물관은 우아한 카사 팔라시오 데 로스 콘데스 데 라스 콘퀴스타스의 여러 전시실로 구성되어 있다.

전시품은 후안 안토니오 라라 후라도가 개인적으로 수집한 것들이다. 수집가로서 그의 열정은 동전에 큰 관심을 보이던 10세 때부터 시작되었다고 한다. 그때부터 그는 다양한 관심사에 특이한 물건들을 수집하기 시작했다.

🌐 museolara.org   🏠 Calle Arminan 29   📞 952-871-263

18~19세기의 시계들 중 하나는 스위스 시계로, 음력 표시가 장식으로 들어가 있다. 흔하지 않은 7연발 권총 등 다양한 권총과 음악 기기, 재봉틀, 전화, 타자기도 있다. 카메라, 촬영 장치, 펜과 파이프 등도 있다. 중세 시대 갑옷, 낭만적인 작은 조각상, 전통적인 산적 칼은 신기하다. 론다의 초기 정착민들이 만든 그릇과 고대 안달루시아 동전도 있어 상당한 수집 양인 것을 알 수 있다.

스페인 종교 재판실에는 범죄자의 의지를 꺾을 뿐만 아니라 이들을 죽이고 심문하는 데 사용된 여러 고문 도구가 가득하여 섬뜩하기도 하다. 잔인한 도구 중에는 교수형틀과 단두대, 고문대, 못이 꽂힌 의자 등도 있다. 독특한 외모의 요정, 늑대 인간, 인어, 마녀의 모형과 함께 박쥐 날개, 뱀, 두꺼비로 만들었다는 마법 묘약까지 신기한 마법에 대한 물품도 있다. 라라 박물관은 론다의 구시가인 라 시우다드에 있어 산타 마리아 라 마요르 교회에도 걸어서 이동이 가능하다.

산타 마리아 라 마요르 교회
Iglesia de Santa Maria la Mayor

산타 마리아 라 마요르 교회는 론다의 라 시우다드 지구에 아름다움을 더하는 빼어난 건축물이다. 교회는 한때 구시가지의 시청 광장이었던 두케사 데 파르센트 광장의 북쪽에 있었다. 완공에 200년 가까이 걸린 매력적인 산타 마리아 라 마요르 교회에서 다양한 건축 양식과 종교적 예술 작품이 관광객을 끌어 모으고 있다.

외관은 교회보다 일반적인 시청 건물의 모습과 더 비슷한 편이다. 아케이드 현관 위에는 각각 여러 기둥과 주두로 지탱되는 2개의 발코니가 있다. 펠리페 2세가 통치한 16세기 중반, 고위 관리는 발코니에서 투우와 축제를 관람했다. 왼쪽에는 돌로 된 시계탑이 있는데 맨 위에 8각형 종탑이 있다.

고딕 양식의 기둥과 아치형 구조물이 특징적인 신도석이 눈에 띈다. 시더우드와 호두로 제작된 르네상스 성가대석과 바로크 양식의 제단화도 눈길을 사로잡는다. 호세 데 라모스의 작품인 크리스토퍼 콜럼버스 벽화도 보인다. 몬타네스, 라 롤다나의 작품이라고 여겨지는 비르헨 델 마요르 돌로의 상징도 확인이 가능하다.

간략한 교회 역사

산타 마리아 라 마요르 교회는 1485년에 기반이 마련되었지만 1600년대 후반까지도 완전히 완성된 상태는 아니었다. 교회는 론다에서 과거 무어인 거주지 내 모스크가 있던 곳에 세워져 있는데, 이전에는 서고트 시대 교회와 로마 신전이 있었던 곳이다.

🏠 Plaza Duquesa de Parcent S/N, 29400

🕙 10~20시 📞 952-874-048

푸에르타 데 알모카바르
Puerta de Almocabar

13세기 요새의 입구였던 엄청난 규모의 푸에르타 데 알모카바르는 론다의 이전 방어 체계 유적이다. 푸에르타 데 알모카바르에서 인상 깊은 건축 양식의 옛 돌문은 무어 양식 흉벽 중 가장 대표적인 곳이다.

푸에르타 데 알모카바르는 1200년대에 마을 성채의 문으로 건설되었다. 반대쪽 광장에 있던 묘지를 참조해 아랍어로 '묘지'라는 뜻의 '알 마카비르^Al Macavir'에서 이름을 따왔다. 문의 한 곳으로 들어가 조용한 뜰을 둘러보면서 바^Bar에 앉아 타파스를 먹으며 쉬어가자. 푸에르타 데 알모카바르를 마주보고 있는 루에도 알라메다 광장 또한 탁 트인 전경을 자랑한다.

문은 옆에 2개의 반원형 탑이 있는 말 모양의 입구가 특징이다. 탑의 꼭대기에 올라 성곽을 따라 걸으며 도시의 전경과 함께 안달루시아 전원 풍경까지 볼 수 있다. 요새와 타호 협곡으로 론다가 난공불락의 도시였을 때를 상상해본다.

입구 옆에는 푸에르타 데 카를로스 V라는 또 다른 아치형 입구가 있다. 16세기 카를로스 5세에 의해 만들어졌다. 아치 위에는 이 스페인 왕의 문장이 있다. 문 옆에는 말을 위한 여물통도 있다.

🏠 Plazuela Arquitecto Francisco Pons Sorolla 📞 952-875-977

푸에트라 그란데
puerta grande

론다를 방문한 한국인 여행자라면 꼭 방문할 정도로 한국인에게 인기가 많은 곳이다. 많은 한국인이 방문한 덕에 한국어 메뉴판까지 생겨 주문이 쉬우며, 직원들은 간단한 한국어까지 구사할 정도다. 추천메뉴는 역시 소꼬리찜인 라보 데 토로다. 소스맛이 적당히 짜고 달달해 한국인 입맛에 최적화돼있어 절대 후회할 수 없는 메뉴다. 직원들이 매우 친절해 인종차별 걱정할 일이 없고, 입맛을 돋우는 에피타이저와 식후주까지 서비스로 제공하여 한국인 여행자들에게 인기가 더 좋다.

홈페이지 www.restaurantepuertagrande.com　**위치** Calle Nueva, 10, 29400 Ronda(에스파냐광장에서 약 50m)
시간 12~15시30분, 19~22시(월~금 / 토요일 12~15시 / 일요일 휴무)　**요금** 소꼬리찜 17.9€
전화 0952-87-92-00

트라가타
Tragata

미슐랭 가이드에 꾸준히 소개되는 론다의 타파스 맛집으로, 현지인들과 관광객 모두에게 인기 있는 곳이다. 전통적인 스페인의 타파스를 내놓기 보다는 퓨전된 음식이 많은 편이라 한국인 입맛에도 잘 맞는다. 전반적으로 모든 요리가 맛있는 편인데 양이 좀 적은 편이다. 다양한 종류의 맛있는 타파스를 심플하고 고급스러운 플레이팅으로 경험해보고 싶은 여행자에게 방문을 추천한다.

홈페이지 www.tragata.com　**위치** Calle Nueva, 4, 29400 Ronda(토로스 레 론다 광장 맞은편)
시간 13시15분~15시45분, 20~23시(월요일 휴무)　**요금** 타파스류 3€　**전화** 0952-87-72-09

파라도레스
Paradores

옛 시청 건물을 리모델링해 호텔로 사용하고 있는 론다 파라도르 호텔의 1층에 위치한 레스토랑이다. 파라도레스는 tvN 〈꽃보다 할배〉에 방영되기도 했으며, 누에보 다리의 전경을 보면서 식사할 수 있는 곳으로 인기가 좋다. 파라도레스는 4성급 호텔의 레스토랑이지만 생각보다 매우 비싼 편은 아니다. 카페를 겸하는 곳으로 식사를 하지 않고 커피나 케이크 같은 후식만 즐겨도 된다. 직원들의 친절도가 높지는 않은 편이기 때문에 친절도에 대한 기대는 없이 방문하는 것이 좋다.

홈페이지 www.parador.es **위치** Plaza España, s/n, 29400 Ronda(론다 파라도르 호텔 1층)
시간 13시 30분~16시, 20시 30분~23시 **요금** 메인요리 19.5€ **전화** 0952-87-75-00

알바카라 레스토랑
Albacara Restaurant

파라도레스와 똑같이 누에보 다리 전경을 감상하면서 식사할 수 있는 곳이다. 호텔 몬텔리리오 1층에 위치한 레스토랑으로 미슐랭 가이드에 꾸준히 소개되고 있다. 대부분의 요리가 맛이 괜찮은 편으로, 호텔 내에 위치한 레스토랑이지만 현지인들이 식사를 위해서 즐겨 찾는 음식점이기도 하며 관광객들도 많이 찾는다. 창가 자리에서 식사하고 싶다면 예약하는 것은 필수다. 직원들이 친절한 편이기 때문에 기분 좋게 식사할 수 있다. 식당은 겨울철인 1월~3월에 문을 닫기 때문에 방문 예정이라면 계절을 꼭 체크하자.

홈페이지 www.hotelmontelirio.com **위치** Plaza España, s/n, 29400 Ronda(론다 파라도르 호텔 1층)
시간 12~15시, 20~23시 **요금** 메인요리 17.95€ **전화** 0952-16-11-84

Cordoba

코르도바

코르도바

CORDOBA

따뜻한 지중해가 지닌 매력에 흥미로운 문화유산까지 가득한 코르도바에서 다채로운 역사와 마주하게 된다. 코르도바는 볼거리와 즐길 거리로 가득하지만 그저 길거리를 걷는 것만으로도 설렘 가득한 경험이 된다.

타파스 바가 줄지어 늘어선 광장과 꽃 장식이 한 폭의 그림 같은 좁은 골목을 돌아다녀보자. 스페인을 여행하는 관광객들이 안달루시아의 고대 수도인 코르도바를 간과하는 경우가 많은데 이슬람 문화의 화려함이 도시 전체에 녹아들어 매력이 흘러넘친다.

한눈에 코르도바 파악하기

역사를 통틀어 수많은 외부 세력이 흥하고 망하며 코르도바를 형성했다. 고고학 박물관에서 기원전 1세기 로마의 전초 기지에서 10~11세기에 무어 제국이 자리하기까지 도시의 발자취를 따라가 볼 수 있다. 칼라오라 탑 박물관에서는 안달루시아의 황금기를 들여다볼 수 있다.

천혜의 요새이자 정원인 코르도바 알카사르를 보면 다양한 역사적 영향을 확실히 알 수 있다. 13세기 궁전의 그늘 아래에서 아랍과 로마 시대의 폐허가 된 흔적을 찾을 수 있다.

코르도바 역사 지구를 거닐다 잠시 멈춰 서서 인상적인 로마교에서 사진을 남기고 다리 아래에서 중요한 건축물로 여겨지는 코르도바 이슬람 사원을 둘러보자. 붉은색과 흰색의 아치로 뒤덮여 장관을 이루는 이슬람 예배당을 둘러본 후 중앙에 위치한 기독교 성당을 방문하면 이슬람 문화와 기독교 문화를 동시에 느껴볼 수 있다.

코르도바의 외곽에 있는 비아나 궁전은 미로처럼 얽혀 있는 안뜰이 매력적인 곳이다. 좋지 않은 끝을 맞이한 메디나 아자하라의 폐허를 둘러보며 100년 동안 자리를 지킨 10세기 이슬람 도시의 모습을 감상할 수 있다.

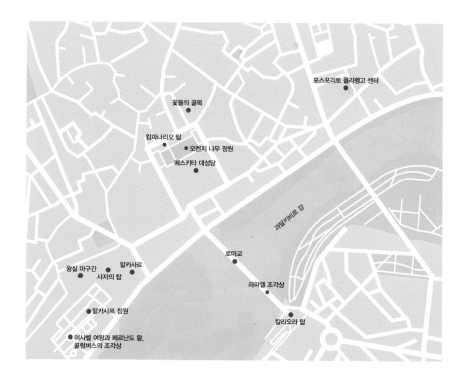

칼라오라 탑
Torre de la Calahorra

무어인이 코르도바를 점령한 시절 흰 사암으로 지어진 칼라오라 탑^{Torre de la Calahorra}에서 아름다운 풍경을 볼 수 있다. 칼라오라 탑은 코르도바에서 가장 오래된 방어 건축물로, 인상적인 기념물이자 박물관이다. 고대 로마교를 건너 무어인들이 남긴 랜드마크를 구경한 뒤 코르도바의 다면적인 역사를 직접 느껴보자.

칼라오라 탑^{Torre de la Calahorra}은 박물관으로 이용되기 전에 용도가 다양했는데, 무어인들이 12세기 말에 건물을 지었으나 거의 대부분은 1369년에 방어력을 높이기 위해 재건축되었다. 탑으로 들어가 1700년대에는 감옥으로, 19세기에는 여학교로 활용되기도 했다.

칼라오라 탑^{Torre de la Calahorra} 꼭대기에 오르면 로마교 건너편에 위치한 메스키타 대성당의 모습을 볼 수 있다. 이슬람 예배당 한가운데에 기독교 성당이 서 있는 등 다양한 종교적 건축 양식이 서로 충돌하는 현장을 직접 보는 재미도 쏠쏠하다.

🌐 www.torredelacalahorra.es 🏠 Puente Romano S/N
🕐 10~14시, 16시 30분~20시 30분 (10~4월 10~18시)
€ 5€(학생 3€) 📞 +34-957-293-929

알 안달루스 생활 박물관

9~13세기 사이에 안달루시아에 살던 사람들의 생활상을 재현하고 있다. 옛 사람들의 창의적이고 예술적인 생활상을 볼 수 있다. 박물관에는 코르도바 이슬람 사원-대성당이 처음 지어진 당시의 모습을 재현한 축소 모형도 전시되어 있다.

코르도바에서 이루어진 종교적 화합을 집중 조명하고 있는데, 코르도바 황금기에 기독교인, 이슬람교인, 유대교인들이 함께 평화롭게 살던 모습을 그린 멀티미디어 자료가 유익하다. 코르도바는 과학과 공학 기술도 앞서 나가서, 후에는 이 덕분에 안달루시아가 중세 유럽에서 매우 중요한 혁신 도시의 반열에 오르게 되었다.

포토 포인트
카메라를 들고 로만 브리지와 과달키비르 강을 배경으로 칼라오라 탑을 담아보는 것을 추천한다. 단순한 형태, 옅은 색상, 총안이 있는 지붕 등을 보면 어릴 적 해변에서 만들던 모래성이 떠오를 수도 있다.

로마교
Puente Romano

코르도바 역사 지구 한가운데를 흐르는 과달키비르 강을 가로지르는 로마교^{Puente Romano}는 로마 시대에 지어져 현재까지도 건재함을 자랑한다. 다리 중간에 멈추어 서서 한 폭의 그림 같은 코르도바 경치를 감상하게 된다.
다리 중간으로 가면 만나게 되는 구시가지의 전경과 오랜 시간 변함없이 이곳을 지키고 있는 고대 건축물은 많은 이들의 시선을 사로잡는다. 코르도바에서 유명한 많은 관광지를 이어주므로 한번쯤은 다리를 건너게 된다.

로마교^{Puente Romano} 위에서 한발 한발 내딛으며 발 아래로 숨 쉬는 역사를 느낄 수 있다. 1세기 아우구스투스 황제 통치 하에 로마인들이 건설한 다리는 무어인들이 918년에 더 넓게 만들어 지금에 이르게 되었다.

다리의 모습
로마교 북쪽 끝에 서 있는 16세기 기념물인 푸에르타 델 푸엔테 (Puerta del Puente)도 꼭 봐야한다. 고전적인 개선문의 양쪽은 도리아 양식 기둥 4개로 장식되어 있다. 길이가 250m에 이르는 로마교는 밝은 사암 구조물로 프랑스식 쌓기 방식으로 지어졌다. 일정하지 않은 크기의 아치 16개가 강을 가로지르고 있다. 다리 한 가운데에는 17세기에 만들어진 성 라파엘 조각상이 초에 둘러싸인 채 지나가는 이들을 굽어보고 있다.

중간의 풍경
중간 지점에 이르렀을 때 양 방향을 모두 살펴보면 남쪽 끝으로는 현재 박물관으로 사용 중인 칼라오라 탑의 중세 요새가 보이고, 북쪽으로는 코르도바 이슬람 사원이 위용을 뽐내며 서 있다. 사원은 다양한 건축 양식이 혼재되어 있는 종교 건축물로, 현재 중심에 성당이 있다.

야경
어둠이 내려앉을 무렵 이슬람 사원-대성당과 다리 모두에 불이 들어와 마치 마법과도 같은 로맨틱한 분위기가 조성된다.

알카사르
Alcázar de los Reyes Cristianos

여러 건축 양식이 한 성에 혼재되어 다양한 스페인 역사를 품고 있는 코르도바 알카사르에서 옛 건물과 현대식 정원, 분수대가 대조를 이루는 풍경을 감상해 보자. 기독교 왕들의 궁전이라고도 하는 코르도바 알카사르^{Alcázar}는 과거 안달루시아를 거쳐 간 다른 시대의 특징이 고스란히 담겨 있는 성이다. 아름다운 정원으로 둘러싸인 13세기 요새의 땅에서 로마, 아랍, 서고트 시대 유적을 볼 수 있다.

13세기에 재단장된 코르도바 알카사르^{Alcázar}의 궁전과 요새를 속속들이 살펴볼 필요가 있다. 칼리팔 궁전이 황폐해졌을 무렵, 1236년, 페르난도 3세가 코르도바를 점령했다. 이후 왕들이 알카사르^{Alcázar}를 복원하며 현재, 볼 수 있는 것과 같은 요새화된 형태로 탈바꿈했다. 스페인 종교 재판의 중심지이자 20세기 감옥으로도 사용되기도 했다.
드넓은 코르도바 알카사르^{Alcázar}의 부지를 산책하며 건물마다 특징이 모두 다른 점을 눈여겨봐야 한다. 4,100m²가 넘는 면적을 차지하고 있는 궁전은 모서리마다 탑이 인상적인 거대한 정사각형 형태를 취하고 있다.
코르도바 역사 지구에 위치한 기독교 왕들의 궁전은 칼라오라 탑과 코르도바 이슬람 사원–대성당에서 도보로 10분 정도 떨어져 있다. 근처까지 오는 많은 버스 중 하나를 타고 로마교 밑에서 하차한 후 구시가지의 정취를 느끼면서 성까지 걷는 것을 추천한다.

🌐 www.alcazarsevilla.org
🕐 9월 16일~6월 15일 : 8시 30분~20시 45분 / 6월 16일~9월 15일 : 15시까지(토 16시 30분까지
　　일 14시 30분까지 / 월요일 휴무) 　€ 5€(학생 2.5€ / 13세 이하 무료), 목요일 : 18시 이후~ 무료입장

메스키타 대성당
Mezquita-Cathedral de Córdoba

예전에는 이슬람 사원이었지만 이슬람에 승리한 이사벨 여왕이 대성당으로 탈바꿈한 메스키타 대성당Mezquita-Cathedral de Córdoba은 다양한 종교적 건축 양식이 혼합되어 아름다운 랜드마크로 재탄생했다. 메스키타 대성당Mezquita-Cathedral de Córdoba은 스페인에서 손꼽히는 인상적인 종교 기념물로, 기독교와 이슬람교 건축 양식이 화려하게 만나고 있다. 가톨릭 성당으로 들어가 다채로운 색상을 자랑하는 수많은 아치로 장식된 복도, 오렌지 나무가 늘어서 있는 넓은 안뜰, 고딕 양식을 뽐내는 예배당을 볼 수 있다.

메스키타 대성당Mezquita-Cathedral de Córdoba에서는 가만히 서 있는 것만으로도 코르도바 황금기를 체험하게 된다. 사원은 압드 알 라흐만이 통치하던 8세기 중 안달루시아가 유럽의 선구적이었던 시기에 지어졌다. 중심부로 향하면 르네상스 시대에 기독교 통치자가 세운 성당을 볼 수 있다. 코르도바 이슬람 사원 중심부에 자리한 성당은 건축하는 데 거의 250년이라는 세월이 걸렸는데, 사자와 독수리를 화려하게 조각하여 장식한 마호가니 설교단 등이 인상적이다.

안뜰에 있는 오렌지 정원부터 코르도바 이슬람 사원을 둘러보면 나무가 많이 심어진 매력 넘치는 광장은 54m 높이의 종탑 그늘 아래에 자리하고 있다. 14세기에 지어진 아치형 입구를 지나면 매표소를 찾을 수 있다. 탑에 올라 가장 먼저 보는 풍경은 이슬람교와 기독교 건축 양식이 섞여 있는 이슬람 사원의 모습이다.

'메스키타'는 이슬람사원이라는 뜻으로 코르도바 이슬람 사원에서 경건하게 예배당을 걷다 보면 많은 사람들이 모여서 예배를 드리는 장소답게 넓은 공간이 나타난다. 미나렛의 자리에 세운 캄파니리오 탑이 우뚝 솟아 있다. 수많은 신도들을 수용할 수 있는 수직이 아닌 수평 공간을 창조하기 위해 설계된 넓은 복도를 붉은색과 흰색의 아치가 덮고 있다.

🌐 www.mezquita-cathedraldecórdoba.es   🏠 Calle del Cardenal Herrero 1
🕐 10〜19시(3〜10월 / 11〜2월 18시까지 / 일, 공휴일 8시 30분〜11시 30분, 15〜19시)
€ 10€(10〜14세 5€ / 종탑 2€)   📞 +34-957-470-512

우마이야 왕조

8세기 초에 바그다드에서 왕권 경쟁에서 쫓겨난 우마이야 왕조는 더 아름답고 세련된 도시를 건설하고 싶었다. 당시의 건축과 과학기술은 이슬람 왕조가 가장 앞서 나갔기 때문에 도시 건설에 사용되면서 600여개의 이슬람 사원과 약 1000여개의 목욕탕이 지어졌고 가로등도 도로를 밝히게 되었다. 1236년 카스티야의 페르난도 3세가 레콩키스타 운동으로 회복하면서 코르도바는 기독교 도시로 변화하였다.

타베르나 루케
taberna luque

스페인 여행을 하며 식당의 불친절한 직원들 때문에 마음이 상하는 일이 많았다면 코르도바의 타베르나 루케는 꼭 방문해보자. 나이가 지긋한 주인 할아버지의 세심하고 친절한 서비스는 그동안 받았던 마음의 상처가 치유 받는 느낌이 들 정도로 기분이 좋아질 것이다. 다른 스페인 식당들에 비해 짠맛이 덜해 편안하게 먹을 수 있으며, 요리는 소고기 요리나 오징어 요리를 추천한다. 테이블이 적어서 웨이팅을 할 수 있는 확률이 높으므로 이전에 방문해 예약을 하거나, 영업 시작 전에 방문하는 것을 추천한다.

위치 Calle Blanco Belmonte, 4, 14003 C□rdoba(메스키다 대성당 북서쪽문에서 약 400m)

시간 화~토 13~16시, 20~23시(일, 월 휴무)　　**요금** 메인요리 12€　　**전화** 0699-80-65-60

카사 페페 데 라 후데리아
Casa Pepe de La Judería

코르도바의 하늘이 파랗게 물든 날이라면 카사 페페 데 라 후데리아로 향하자. 카사 페페 데 라 후데리아는 현지인들이 사랑하는 맛집이자 코르도바 전통 음식점이다. 소소하면서도 싱그러운 유럽 분위기가 물씬 나는 옥상에서 코르도바 전통 음식을 먹어본다면 스페인 여행에서 잊지 못할 시간이 될 것이다. 맛과 분위기, 그리고 직원의 친절도도 좋아 현지 가이드도 추천하는 곳이다. 음식이 덜 짜기 때문에 한국인 입맛에도 좋으며, 소꼬리찜은 필수로 시키는 것을 추천한다.

홈페이지 www.restaurantecasapepedelajuderia.com　　**시간** 월~목 13~16시, 21~23시, 금~일 13~16, 21~23시 30분

위치 Calle Romero, 1, 14003 Córdoba(메스키타 대성당 북서쪽문에서 약 200m)

요금 커피류 1.5€　　**전화** 0933-19-39-75

라 포사다 델 카발로 안다루즈
La Posada Del Caballo Andaluz

안달루시아 전통 음식점으로, 라이브로 연주되는 기타 소리와 함께 코르도바 가정식 요리를 맛볼 수 있는 곳이다. 현지인들이 가족 식사를 하기 위해 자주 찾는 골목 맛집으로 현지인들이 추천하는 음식점이다. 대부분의 요리가 맛있는 편인데, 친절한 직원들과 아늑한 분위기를 자랑한다. 많은 요리 중 특히 소고기 요리가 맛있는 곳이므로, 소고기 감자 스튜나 소꼬리찜은 꼭 주문하는 것을 추천한다. 메뉴판에 영어 표기가 잘 돼있기 때문에 주문이 어렵지 않다. 10€부터 시작하는 오늘의 추천메뉴 세트도 있어 고민 없는 식사를 원할 때 방문해도 좋은 곳이다.

`홈페이지` www.laposadadelcaballoandaluz.com `위치` Calle D San Basilio, 16, 14004 Córdoba(메스키타 대성당 남쪽에서 약 500m)
`시간` 12시 30분~16시 30분, 20~23시 30분 `요금` 메인요리 6€ `전화` 0957-29-03-74

보데가스 캄포스
Bodegas campos

1908년부터 영업을 시작해 100여년이 넘게 한 자리를 지키면서 안달루시아 전통 음식을 내어오는 곳이다. 세계 각국의 유명인들이 방문하며, 현지인들과 현지 가이드, 그리고 외국의 스페인 가이드북에서도 빠짐없이 추천하는 곳이다. 코르도바에 방문했을 때 한번쯤 방문해 볼 만한 곳이다. 전체적으로 음식이 담백한 맛이기 때문에 그동안 스페인 음식의 짠맛에 고통 받았던 혀에게 휴식을 선물해주는 시간이 될 것이다.

`홈페이지` www.bodegascampos.com `위치` Calle Lineros, 32, 14002 Córdoba(메스키타 대성당 남쪽에서 약 700m)
`시간` 13~16시, 20시 30분~23시 `요금` 메인요리 12€ `전화` 0957-49-75-00

Malaga
말라가

말라가

MALAGA

스페인의 남부, 말라가의 해안기후는 온난하며 연평균 기
온은 19도에서 일조는 연간 300일 이상이기 때문에 1년 내
내 휴양이 가능하다. 궁전 요새와 울창한 산책로, 미술의
거장인 파블로 피카소의 생가가 관광객이 가장 많이 찾는
관광지이다. 스페인 스타일의 셰리주나 향긋한 상그리아를
마시며 말라가를 수놓고 있는 테라코타 지붕은 관광객의
눈길을 사로잡는다. 스페인 미술의 거장으로 현대미술을
찬란하게 꽃피운 피카소가 태어난 도시로 급격하게 관광객
이 늘어나는 스페인 여행지이다.

간략한 말라가의 역사

페니키아 인들이 처음으로 세운 항구도시는 로마, 무어인들의 지배를 받았고, 15세기 그라나다 왕국이 국토 회복운동으로 지배권을 되찾으면서 오랜 시간동안 상업지역으로 성장하였다. 현재 현대적인 도시로 세련된 상점, 문화적인 공간이 어우러져 개발되었다.

코스타 델 솔(Costa del Sol)
'태양의 해안'이라는 뜻의 코스타 델 솔Costa del Sol의 중심도시로 관광객이 항상 많은 도시이다. 코스타 델 솔Costa del Sol은 스페인 안달루시아 지방의 말라가 주 해안 지역으로 스페인 관광 산업에서 가장 중요한 지역 중 하나이며, 안달루시아는 관광 산업이 전체의 35%를 차지하며 연간 약 1,730만 관광객이 온다.

말라가의 매력

안달루시아 주에서 세비야에 이어 2번째로 인구가 많고 스페인 전체에서는 마드리드, 바르셀로나, 발렌시아, 세비야, 사라고사에 이어 6번째로 인구가 많은 도시다. 여름에는 구름한 점 없는 맑은 날씨가 지속되고 상당히 더운 온도는 겨울에도 이어져 1월 정도를 빼면 낮에는 가벼운 긴팔 옷만 입고 다녀도 될 만큼 온화하다.
북유럽과 영국, 프랑스 등에서 저가항공을 타고 휴양을 오는 유럽 관광객이 특히 많다. 마드리드나 바르셀로나에서는 멀리 떨어져 있지만 국제공항인 코스타 델 솔 공항이 있어 최근에 방문객이 늘었다.

한눈에
말라가 파악하기

구불구불 이어지는 골목길을 따라 유서 깊은 명소들이 자리 잡고 있는 말라가 역사 센터를 한가로이 거닐어 보자. 이 아담한 공간에는 말라가의 풍부한 역사와 전통이 손에 잡힐 듯 되살아난다. 노점상에서 에스프레소 한 잔과 달콤한 튀김 빵인 스페인 추로스를 구매하여 역사 센터로 탐방에 나서도 좋다. 이 작은 구역에는 고대 로마 유적과 무어, 안달루시아의 기독교 유적들이 가득 들어차 있다.

이국적인 나무들과 식물들이 우거진 말라가 시내의 파세오 델 파르케에서 굽이치는 해변 산책로를 조성하면서 지금은 공원이 되어 버린 구시가지 교통의 요충지로 많은 버스가 길을 따라 지나간다. 공원 동쪽 끝에는 지금도 투우 시합이 열리는 말라가의 유서 깊은 투우장이 자리 잡고 있다. 공원 북쪽 끝을 지나 위풍당당한 요새, 알카사바로 향하면 멀리 '히브랄파로 성'이 보인다. 깎아지른 듯한 계단을 오르면 말라가시와 알보란 해의 그림 같은 전경이 펼쳐진다.

언덕을 내려와 알카사바 입구 근처의 말라가 원형극장을 찾아가자. 기원전 1세기에 지어진 이 고대 원형극장은 말라가에서 가장 오래된 유적지이다. 이곳에서 서쪽으로 난 길을 따라 구불구불 걷다 보면 르네상스 양식의 말라가 대성당이 나온다.

알카사바
Alcazaba

히브랄파로 성^{Castillo de Gibralfaro}으로 가는 언덕의 서쪽으로 이어진 알카사바^{Alcazaba}는 1057년 말라가에서 이슬람 지배시 지어졌던 왕궁이자 요새이다. 비탈 위로 구불구불 이어진 벽돌 길에 아치와 석벽이 흩어져 있고, 알카사바^{Alcazaba} 아래에 로마 극장이 있다. 오른쪽으로 보이는 항구와 도시의 풍경이 시원하다.

말라가의 알카사바^{Alcazaba}는 항구가 내려다보이는 도시 중심의 언덕 위에 세워져 있으며 벽으로 둘러싸인 2개의 내부로 이루어져 있다. 이전에는 도시 성벽과 연결되어 3번째 방어 벽을 형성했지만 현재는 2개의 내벽만 남았다. 첫 번째로 언덕의 지형 주위에 지어 보호하고, 두 번째로 내부를 완전히 둘러싸 방어하는 형태로 이중보호를 하고 있다.
외부 성채 입구는 공격력에 대한 진전을 어렵게 하기 위해 고안되었다. 이 통로는 로마 유적지의 재료를 재사용하였고 문을 통과하면 여러 개의 정교한 분수가 있는 정원을 통과하며 탑이 있는데 한때 예배당으로 사용되기도 했다.
궁전 서쪽에 대한 방어 역할을 하는 문을 통해서만 접근할 수 있다. 두 번째 성벽 안에는 11~14에 안달루시아 안뜰 3개에 세워진 궁전과 다른 주택이 있다. 13세기말에 나스르 왕조로 편입되면서 그라나다 알함브라 궁전의 축소판처럼 보이는 분수와 수로가 착각을 일으킨다.

🏠 Calle Alcazabilla 2 🕐 9~20시(11~2월 18시까지), 12/24, 25, 31, 1/1 휴무
€ 2.2€(학생 0.6€), 알카사바+히브랄파로성 통합권 3.55(일요일 14시 이후 무료)

히브랄파로 성
Castillo de Gibralfaro

8세기 코르도바의 압다라만 1세가 처음으로 지었지만, 14~15세기에 재건축하였다. 아랍어로 '산에 있는 등대'란 뜻을 가진 히브랄파로 성Castillo de Gibralfaro은 말라가에서 가장 높은 곳인 알카사바Alcazaba 위에 있다. 특이하게 가톨릭 세습 군주에 대항하던 말라가 시민들이 3개월간 갇혀 저항한 역사를 가지고 있다. 성 내부에 별로 볼 것은 없지만 성벽 주변을 산책하면서 도시를 바라보는 멋진 풍경을 바라볼 수 있다.

말라가의 알카사바Alcazaba를 방어하기 위해 지어진 성으로 말라가에서 가장 높은 곳에 위치해 있다. 히브랄파로 성Castillo de Gibralfaro 내부로 들어가 계단을 오르면 성벽을 따라 걸을 수 있는 길이 나온다. 이곳에서 바라보는 말라가 시내부터 항구, 지중해의 아름다운 모습을 볼 수 있다.

🌐 www.malagaturismo.com 🏠 Camino de Gibralfaro, 11 (35번 버스 또는 대성당에서 걸어서 15분 소요)
🕐 9~20시(4~9월 / 10~3월 18시까지)
€ 2.2€(학생 0.6€ / 알카사바+히브랄파로성 통합권 3.55€ / 일요일 14시 이후 무료)
📞 +34-952-227-230

구시가지
Old Town

보행자 친화적인 말라가 구시가지는 도보로 둘러보는 것이 가장 좋다. 어둠이 내리면 말라가 올드 타운을 방문하여 흥겨운 밤의 정취를 만끽하는 사람들을 볼 수 있다. 좁고 구불거리는 일방통행 골목길에는 야외 테라스가 구비된 레스토랑이 빽빽하게 들어서 있다. 안달루시아의 해산물 요리와 타파스tapas와 빠에야paella, 튀긴 생선과 같은 스페인 전통 요리를 밤늦게까지 먹을 수 있다.

센트로(Centro)
피카소 미술관을 비롯해 말라가의 관광지는 과달메디나 강 건너편 동쪽 구시가지에 있는 센트로(Centro)에 밀집해 있다. 차량은 없고 사람들만 다니는 보행자 전용도로로 '보행자들의 천국'이라는 '마르케스 데 라리오스 거리'라고 부른다. 구시가지가 시작되는데 양쪽으로 다양한 의류점과 액세서리 숍이 끝없이 이어져 패션의 거리라는 사실을 알게 된다.

피카소 미술관
Museo Picasso Malaga

중세 말라가의 유대인 거주지였던 도로에 피카소 미술관이 있다. 며느리와 손자가 기증한 204점의 작품이 있는데 특히 드로잉, 판화, 조각, 도예품 등의 초기 작품들이 있다.
피카소는 1881년 말라가에서 태어나 9살에 스페인 북부로 이사했다. 다시 첫 번째 부인인 올가와 말라가에서 생활하였지만 이혼 후 말라가를 떠났다.
그 당시에는 신고전주의적 화풍으로 그렸기에 입체주의 그림이 많지 않아서 실망하기도 한다. '프랑코 정권이 독재를 하는 동안 스페인에 돌아가지 않을 것이다'라고 했기에 그가 죽은 지 30년 후에 고향에 미술관이 만들어졌다.

주요작품
손을 올린 여인(1936년) 도라 마르와 연애를 시작한 후 그린 작품 곡예사(1930년) 올리비에와 사귀면서 피카소의 장밋빛 시대가 시작되었는데 당시의 주요 소재인 곡예사로 작업하였다.

🌐 www. museopicassomalaga.org 🏠 Palacio de Buenavista, Calle San Agustin, 8
🕐 10~19시(7~8월 20시까지 / 11~2월 18시까지 12/24, 12/31, 1/5 15시까지)
€ 8€(25세 이하 6€ / 16세 이하 무료) 📞 +34-902-443-377

말라가에서 피카소란?
피카소는 너무나 유명하기에 피카소 미술관과 피카소 생가, 피카소 동상 등을 볼 수 있다. 피카소의 이름은 공항에도 사용되고 피카소가 입던 줄무늬 옷, 피카소 술집, 피카소 빠에야 식당과 피카소 젤라또도 있을 정도이다. 그렇지만 피카소 고향이라 관광 상품이나 연고지가 많을 뿐이다. 말라가 피카소 박물관에는 덜 유명한 습작들 위주로 전시되어 방문을 안 하는 관광객도 상당히 많다.

대성당
Catedral de Málaga

말라가 시내 어디서나 보이는 높은 종탑이 있는 건물로 16세기에 이슬람 사원의 옛 터에 세워진 건물이 2세기 동안 유지되었다. 직사각형 계획으로 지어진 대성당은 본당과 2개의 통로로 구성되어 있으며 북쪽 문은 고딕 양식, 40m의 돔이 있는 실내 장식은 고딕과 르네상스 양식이 섞여 있다. 파사드는 18세기의 바로크 양식으로 여러 가지 양식이 섞여 있다.

외관은 건물의 다른 부분과 달리 바로크 양식이며 2가지로 나뉜다. 아래쪽에는 3개의 아치가 있으며 그 안에는 대리석 기둥으로 분리된 공간이, 문 위에는 돌로 새겨진 메달이 있다. 옆문의 문은 말라가 수호성인을 나타낸다. 북쪽 탑의 높이는 84m이며, 건물은 세비야의 히랄다 다음으로 안달루시아에서 2번째로 높은 성당이다.
대성당을 보면 자신의 위치를 확인할 수 있어서 미로 같은 말라가 구시가지 골목에서 길을 혼동하지 않을 수 있다. 인근에 피카소 미술관과 피카소 생가가 자리한다.

🌐 www.malagacatedral.com   🏠 Calle Molina Lario, 9
🕐 10~21시(10~3월 18시까지), 일요일 14~18시30분 / 월~목요일 9~10시 무료 입장)
€ 6€(18~25세 4€ / 13~17세 3€ / 12세 이하 무료)

말라케타 해변
Playa de la Malagueta

말라가 시청^{Ayuntamiento}에서 조금만 걸어가면 말라게따^{Malagueta} 해변이 나온다. '말라게따 Malagueta'라는 돌로 된 글자에서 사진을 찍기 좋다. 시내에서 워낙 가깝기 때문에 여름만 되면 사람들로 북적인다.

이곳이 인기 있는 이유는 단지 가깝기 때문이고 좀 더 한적한 곳을 찾고 싶거나 물이 깨끗한 바다로 가기 위해 네르하로 가는 젊은이들이 많다. 항구에 있는 해변으로 시내에서 가까워 여기저기 레스토랑과 바^{Bar}가 있고 시내에서 4㎞정도 떨어진 페레갈레조 해변과 팔로 해변은 말라가 시민들이 주로 찾는다.

🏠 Pasco Maritimo Pablo Ruiz Picasso (11번 버스로 이동가능)

치명적인 매력의 스페인,
떠오르는 신비의 길 - 왕의 오솔길

가장 위험한 길에서 가장 아름다운 길로 변신한 스페인 '왕의 오솔길', 스페인에 산티아고 순례길만 있는 것이 아니다. '산티아고 순례길'이 가장 경건한 길이라면 "왕의 오솔길"은 가장 아름다운 짜릿한 길이다.

스페인의 '왕의 오솔길'이 폐쇄된 지 15년 만에 문을 열었다. 2015년 스페인 정부가 3월 29일부터 열리는 성주간(홀리위크) 축제 '세마나 산Semana santa'에 앞서 26일부터 엘로코 협곡에 있는 '왕의 오솔길'을 재개방했다. 왕의 오솔길은 애초 재개장 이후 3개월 동안 무료로 개방하려하였으나 이를 늘려 총 6개월 동안, 9월 26일까지 무료로 개방하였고, 이후부터는 통행료가 징수되었다.
왕의 오솔길은 1901년에 기공하여 1905년에 완공되어진 안달루시아 지방의 엘로코 협곡 근처 과달오르세강 협곡에 있다. 수력발전소 건설 노동자들이 초로폭포와 가이타네조 폭포 사이에 있는 절벽 사이에 만들어진 좁은 길을 연결해 수력발전소를 짓기 위한 노동자들의 이동통로로 만들어 졌다.
물자 수송과 이동을 위해 임시로 만들어진 것으로 1921년 스페인 알폰소 13세가 댐 건설을 축하하기 위해 이 길을 건너게 되면서 "왕의 오솔길The Kings little pathway"이라는 거창한 이름이 붙여졌다. 왕의 오솔길은 1965년 제2차 세계대전 당시를 배경으로 전쟁 포로와 탈출을 그린 영화 〈본 라이언 익스프레스〉에서 왕의 오솔길 옆의 철길에서 영화의 마지막 탈출 장면 촬영이 되었다. 그러나 이후 약 80여 년간 보수가 제대로 이뤄지지 않아 '세계에서 가장 위험한 길'이라는 악명을 얻게 되는 상황까지 이르렀다.

상생의 현장

스페인 반도의 가장 밑에 위치한 안달루시아 지방은 알메리아, 까디스, 코르도바, 그라나다, 우엘바, 하엔, 말라가, 세비야의 8개 주로 구성되어 있다. 아프리카 대륙과 가장 가까운 위치에 있어 날씨가 좋아 열정과 여유가 공존하는 땅이다.

오히려 이런 악명은 스릴과 모험을 추구하는 사람들의 관심을 끌었다. 내로라하는 등반객 사이에서는 왕의 오솔길은 반드시 들러야 할 필수 코스처럼 여겨지게 된 것이다. 일부러 절벽 위나 콘크리트 패널이 떨어져 나가 녹슨 철골만 남은 위험한 곳만 골라가며 이 길을 건너는 이들이 늘어났다. 지금까지 이 길을 건너다 20명이 사망했으며, 1999~2000년에는 4명이나 사망자가 발생했다고 알려져 있다. 이런 위험성에 스페인 정부는 무단 침입 시 600유로(약 71만 원)라는 벌금을 물게 하며 2000년부터 출입구를 폐쇄했던 것이다.

그럼에도 불구하고 모험을 즐기는 사람들의 발길이 끊이지 않자 생각을 바꿔 스페인 정부는 대대적인 보수 작업을 거쳐 정비한 뒤 덜 위험하게 만들어 관광 상품화하기로 한 것이다. 현지 보도에 따르면 왕의 오솔길을 정비하는 데 지금까지 550만 유로(65억 6700만 원)의 거액이 들어갔다고 한다.

왕의 오솔길은 상생의 현장이다. 왕의 오솔길 보수를 시작할 때부터 주위의 지역과 협력하여 그들의 지지를 이끌어내 왕의 오솔길 보수도움을 받고 주변식당, 호텔, 펜션, 캠핑장 등은 입장권을 판매하여 관광객이 주변에 예약을 쉽게 하도록 해 실질적인 수입을 얻을 수 있도록 도와주는 상생을 이루어냈다.

카미니토 델 레이(El Camino Del Rey)

벽 등반의 명소로 엘 초로$^{El\ Chorro}$의 절벽에 만들어져 있기 때문에 등반 목적의 관광객이 자주 방문한다. 안달루시아 지방의 말라가 주, 알로라 근교의 과달오르세 강을 따라 화강암 협곡에 있다. 스릴과 공포를 이겨내야 만날 수 있는 치명적인 절경을 가지고 있다.

왕의 오솔길의 정식명칭은 'El Camino Del Rey'로 스페인 에스파냐 남쪽 끝의 안달루시아에 위치한 엘로코 협곡의 마키노드롬^{Makinodromo}로 가는 길에 위치해 있다. 전체 길이는 약 7.7㎞이며 이 중 2.9㎞가 나무 패널로만 이뤄져 있다. 수백 미터 깊이의 아찔한 협곡은 '왕의 오솔길'의 핵심코스다. 또한 클라이머들을 비롯해 일반 여행객들도 스릴을 즐길 수 있도록 보수 공사가 진행되어 세계에서 가장 위험한 길에서 세계에서 가장 짜릿한 트레킹 코스로 탈바꿈되었다.

높은 곳, 절벽 등을 보기위해 끊이지 않고 찾아오고 있는 방문객들로 인해 왕의 오솔길은 산티아고 순례길을 뒤이어 스페인을 대표하는 길로 인기가 올라가고 있다.

Mallorca
마요르카

마요르카

MALLORCA

바르셀로나에서 210㎞ 떨어진 마요르카Mallorca 섬은 배나 비행기로 갈 수 있다. 아름다운 섬은 해변으로 가장 잘 알려져 있지만 이에 못지않게 아름다운 수도원, 중세 도시와 전통 시장 또한 유명하다. 스페인의 지중해에서 가장 인기 있는 여행지 중 하나인 마요르카 Mallorca 섬에는 언덕 마을, 모래 해변과 울창한 올리브 숲이 아름다운 조화를 이루고 있다. 물론 섬의 한적한 해변들이 가장 인기가 많긴 하지만 섬 내륙 쪽으로 들어가 다양한 자연 경관을 살펴보는 것도 좋다.

이 섬의 주도인 팔마 데 마요르카Mallorca에는 마요르카 대성당Cathedral de Mallorca이라는 아름다운 고딕 성당을 비롯한 다양한 관광지가 있다. 안토니 가우디Antoni Gaudí의 손을 거친 초현실적인 천개와 미켈 바르셀로Miquel Barceló라는 조각가의 독특하게 채색한 도자기 작품을 볼 수 있다. 성당에서 바깥쪽으로 이동하다 보면 고건물과 멋진 레스토랑이 있는 매력적인 골목길들이 나온다.

팔마 데 마요르카Palma de Mallorca 북쪽에는 발데모사Bal de Mosa라는 아름다운 도시가 있다. 14세기의 왕립 카르투지오회 수도원Royal Carthusian Monastery으로 잘 알려져 있다. 수도원은 오랜 세월에 걸쳐 여러 왕과 수도승은 물론 작곡가 프레데릭 쇼팽Frédéric Chopin과 소설가인 조르주 상드George Sand까지 머물렀던 곳이다.

소예르 곳곳에는 19~20세기 초기의 웅장한 건물들이 서 있다. 안토니 가우디의 동시대 건축가들이 설계한 흥미로운 현대풍 건축물들과 토요일마다 열리는 전통 시장에 들러보자. 아름다운 석조 주택과 우아한 교회를 만나볼 수 있는 알쿠디아의 한적한 거리를 거닐 수 있다. 폴렌사라는 고대 로마 도시의 유적지의 역사는 기원전 70년까지 거슬러 올라간다.

해변을 들르지 않고는 마요르카 섬을 여행했다고 할 수 없을 것이다. 황금빛 모래와 밤샘 파티를 즐길 수 있는 엘 아레날은 섬에서 가장 인기 있는 해변이다. 북동부 해안의 칼라 메스키다에서는 짜릿한 서핑을 즐길 수 있으며 서부 해안의 칼라 콤테사Cala Comtessa는 바다가 잔잔해 가족 여행으로 방문하기 좋다.

팔마 데 마요르카
Palma de Mallorca

아름다운 해변, 유서 깊은 성채, 박물관과 수족관 등 지중해의 마요르카Mallorca 섬에 위치한 그림 같은 발레아레스 제도Islas Baleares의 수도이다. 여행객은 대부분 모래사장 해변과 고대의 교회, 성채와 박물관으로 가득한 유서 깊은 도심의 매력에 이끌린다. 칼라 몬드라고 해변에서 일광욕을 즐기고 상쾌한 바닷물에 뛰어들거나 한 폭의 그림 같은 전망과 고요한 해안가 분위기가 특별하다. 이곳에서 동쪽으로 약간 떨어진 곳에는 팔마 해변 구역 주변으로 리조트가 많이 있다.

13세기 건물인 세인트 프란시스 성당은 바로크스타일 외관과 우아한 창문이 보이고 실내에는 아치가 늘어선 회랑, 묘지와 수많은 기둥이 아름다운 풍경을 이룬다. 거대한 고딕 건물인 팔마 대성당에서 바다 전망과 파크 바다 공원인 델라 마르 전망을 동시에 즐길 수 있다.

에스 발루아르드 미술관의 소장품과 전시품은 수많은 현대 아티스트의 예술 작품으로만 500점이 넘는다. 아이들과 함께라면 팔마 수족관에서 색색의 물고기도 보고 상어와 함께 다이빙 체험도 즐기며, 해양 생물에 대해 배워볼 수 있다.
도시 서쪽에 위치한 14세기 고딕 건물인 베이베르 성은 유럽 성채 중에서 드물게 원형을 띠고 있어 눈에 띄고 있다. 섬 북서쪽에 있는 유크 수도원을 걸어서 돌아보며 훌륭한 건축미를 감상하고 매혹적인 포르트 데 소예르 등대에도 가보자.

포르트 데 소예르
Port de Soller

목가적인 만에서 수영과 카누를 즐기거나 포르트 데 소예르^{Port de Soller} 등대 근처 해변의 황금빛 모래사장에 누워 휴식을 즐길 수 있다. 산책로를 따라 산책을 하며 기념품을 판매하는 작은 상점을 구경하고 많은 해안가 카페나 레스토랑에서 식사를 즐길 수 있다.

극적인 세라 데 트라문타나 산맥의 기슭에 자리한 포트 데 소예르^{Port de Soller}는 말굽 모양의 만 양쪽 끝에 있는 쌍둥이 등대에서 확인할 수 있다. 이곳은 상업 항구였던 때를 알 수 있게 해준다. 현재 보트의 대부분은 관광용 선박이며 도시는 마요르카^{Mallorca}에서 가장 인기 있는 해변 휴양지 중 하나가 되었다.

도심 해변인 플라야 덴 레픽으로 가서 따뜻하고 얕은 물에서 수영을 하고 만에서 카누나 카약과 노를 빌리거나 간단히 조용한 모래사장을 찾아 차가운 음료, 좋은 책 한 권과 함께 한낮의 뜨거운 햇살 아래서 일광욕을 즐기는 모습을 쉽게 볼 수 있다.

엘 아레날
El Arenal

젊은이들 사이에서 인기 있는 활발한 클럽과 바가 있는 생기 넘치는 해변 휴양지로 알려져 있다. 태양 아래 펼쳐진 엘 아레날은 팔마만의 청록색 바닷물에 접해 있는 백사장이 깔린 해변이다. 엘 아레날El Arenal은 마요르카의 파티의 수도로 유명하며 인근 해변으로의 여행을 위한 이상적인 거점이다.

해안을 따라 210m를 뻗어 있는 엘 아레날El Arenal의 부드러운 백사장이 바다 쪽으로 완만하게 휘어져 있다. 탁 트인 바다에서 패러글라이딩이나 제트 스키, 패들보트를 타보자. 음료를 마시며 휴식을 취할 수 있는 발네아리오스라는 작은 해변 오두막이 해안을 따라 있다. 석양을 보려면 늦은 오후에 해변에서 좋은 자리를 미리 차지해야 한다. 클럽에서 해변의 떠들썩한 밤의 유흥을 경험해도 좋다.

아름답고 태평스러운 해변은 절경과 흥미진진한 수상 스포츠에 도전할 기회이기도 하다. 엘 아레 날은 해변 인파로부터 벗어나 마요르카Mallorca의 풍부한 역사를 발견할 수 있는 섬의 중심 도시인 팔마를 방문하기에도 좋다.

엘 아레날은 팔마에서 남쪽으로 10㎞ 떨어진 마요르카Mallorca의 남부 해안을 따라 위치해 있는데, 팔마와 대중교통으로 이동할 수 있다.

Bilbao

빌바오

빌바오

BiLBAO

조선소와 오래된 공장의 페기물이 쌓여 방치된 도시는 퇴물처럼 여겨졌다. 1997년 구겐하임 미술관을 유치하면서 도시를 다시 부흥시키겠다는 말은 이제 도시 부흥의 대명사처럼 여겨진다. 20년 동안 바스크의 빌바오Bilbao는 스페인에서 예술, 건축, 디자인의 허브가 되었으며 많은 박물관, 갤러리, 건축이 이우려진 도시로 이름을 떨치고 있다.

구겐하임 빌바오 미술관

주비주리 다리

시청사

아스카오베리

누에바 광장

구레토기

빅토르

몬테스

알비아 정원

아레날 다리

비리빌라 광장

수가

엔산체 광장

아리아가 광장

아리아가 극장

하도 광장

베르톤

리오 오하

가초

수켈라

페데리코 모유아 광장

Parque de Dona
Casida de Itumizar

페드로 에기요르 광장

산타 마리아

엘밀리오 캄푸자노 광장

대성당

알론디가

구겐하임 미술관
Guggenheim Bilbao Museoa

1997년에 개관했을 때 빌바오Bilbao의 구겐하임 미술관은 스페인 북부의 산업 도시를 다시 태어나게 했다. 프랭크 게리Frank Gehry가 디자인한 흥미로운 금속 선박 모양의 건물에 자리한 박물관은 아니시 카푸르Anish Kapoor, 제프 쿤스Jeff Koons, 에드아르도 칠리다Eduardo Chillida, 이브 클레인Yves Klein, 안스렘 키에페르Anslem Kiefer와 같은 예술가의 작품을 전시하고 있다. '아트 디스트릭트'라고 알려진 외부에는 더 큰 예술 작품이 많이 전시되어 있다.
겉으로는 하나의 건물처럼 보이지만 안에는 통로, 석재로 만들어진 수직면이 나누어져 있다. 중심이 되는 아트리움은 하얀 곡면의 기둥과 유리가 조화를 이루면서 전시물이 날개처럼 뻗어나가고 있다.

🌐 www.guggenheim-bilbao.es 🏠 Avenida Abandoibarra, 2
💶 17€(오디오 가이드 포함 / 25세 이하 10€ 11세 이하 무료) / 18€(구겐하임 미술관+빌바오 예술박물관 통합권)
🕙 10~20시(12월 24일, 31일 17시까지) 📞 +34-944-359-000

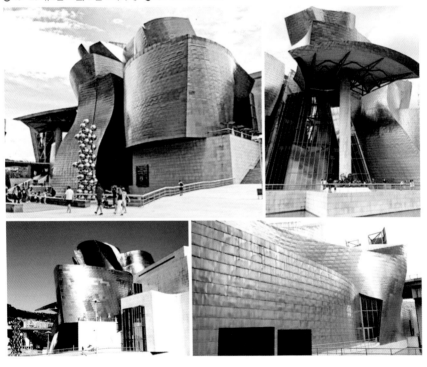

제프 쿤스, 구겐하임 빌바오의 강아지(1992년)
쿠겐하임 미술관을 상징하는 입구의 강아지 조형물은 18세기 정원에 꽃과 식물과 덮인 것을 상징화 했다. 12m가 넘는 강아지가 계절에 따라 다양한 색을 표현해 준다.

제니 홀쳐, 빌라오를 위한 설치 미술
커다란 막대기 모양의 스크린 위에 글자가 흘러내리면서 작가가 표현하려고 하는 다양한 언어로 전달하고자 했다.

리차드 세라, 시간의 문제(1994~2005년)
둥근 철강으로 만든 원형 구조물이 1층에서 입구 안으로 들어가 나선형 곡선을 따라 걸으며 확인한다. 철강이 차갑지만 부드러운 곡선이 온화하게 만들어 준다. 2층에는 전체 구조물을 한눈에 내려다 보도록 설계되었다.

'카스코 비에조Casco Viejo'로 알려진 빌바오Bilbao의 구시가지는 좁은 구불구불한 거리, 다양한 양식의 건축물, 흥미로운 상점이 가득한 흥미로운 장소이다. 구시가지의 대표적인 명소로는 산티아고 데 빌바오 대성당, 고고학 박물관 , 누에바 광장, 산 니콜라스 교회와 산 안톤 교회가 있다.

🏠 Plaza Nueva, S/N, 48005

누에바 광장
Plaza Nueva

카스코 비에죠^{Casco Viejo}의 중심부에 자리 잡고 있으며 수많은 카페, 바, 레스토랑이 있는 광장이다. 신고전주의 양식으로 1851년에 완공되었으며 우아한 포르티코 아치와 아케이드로 둘러싸여 있다. 일요일에는 지역 주민들이 수집품과 골동품을 사고팔기 위해 이곳을 찾는다.

라 리베라 시장
Mercado de la Ribera

도시의 유명한 라 리베라La Ribera 시장은 강 옆의 카스코 비에조Casco Viejo 가장자리에 자리하고 있으며 빌바오Bilbao의 유명한 음식에 대해 살펴보고 다양한 현지 제품을 구입하기에 좋은 장소이다.

이 시장은 14세기부터 사람들이 모여 물건을 사고팔기 시작해, 페드로 이스피주아Pedro Ispizua가 설계하고 1929년에 지어진 역사적인 건물에 자리 잡고 있다. 노점뿐만 아니라 바, 레스토랑, 라이브 음악 공간도 있어 활기찬 밤을 보내기에 좋은 곳이다.

🏠 Calle de la Ribera 📞944-790-695

핀초스

바스크 지방은 물론 고기와 해산물에서 야채와 치즈에 이르기까지 모든 종류의 현지 재료를 얹은 작은 빵 조각인 핀초스로 유명하다 . 빌바오와 산 세바스티안에는 최고의 핀 초스 바(Bar)가 있다.

🏠 Plaza del Funicular 📞 944-454-966

아르찬다 언덕
Mont Artxanda

환상적인 도시의 파노라마를 보고 싶다면 1915년으로 거슬러 올라가는 오래된 케이블카 케이블 철도를 타고 아르찬다^{Artxanda} 산의 정상에 올라가야 한다.
언덕의 정상에서는 입이 떡 벌어지는 풍경뿐만 아니라 아름다운 산책로와 수많은 훌륭한 레스토랑이 있어 반나절 이상 둘러보기에 좋다. 특히 연인들이 저녁에 데이트를 즐기는 장소이기도 하다.

Leon

레온

레온

LEON

인구 약 15만 명의 스페인 북부의 제2도시에는 넘쳐나는 관광객들과 순례자들의 중간 코스로 순례자들이 만나 도시는 항상 활기차다. 특히 축제가 벌어지는 6월 21~30일까지 산 후안(San Juan)과 산 페드로(San Pedro) 축제 때에는 도시 곳곳에 전시와 황소 달리기를 하고 밤에는 콘서트와 불꽃놀이를 볼 수 있다.

About 레온

서고트 족과 무어, 십자군에게 점령당하면서
베르네스가 강$^{Rio\ Bernega}$ 옆에 자리한 도시는 아
스투리아스와 레온의 옛 왕국의 수도가 되면
서 도시의 규모는 커졌고 역사의 중심에 서 있
었다. 스페인 북부에서 2번째로 큰 도시인 레
온^{Leon}은 역사의 흐름 속에서 커져 지금에 이
르렀다.

도시에 대한 평가

각 시대가 혼재되면서 역사학자들은 어색하게 도시가 형성될 수 있었지만 중세 성벽을 받
치고 있는 로마 시대의 유적부터 로마네스크 양식으로 우아하게 만들어진 성 이소도로 왕
립 대성당$^{Real\ Basilica\ de\ Sun\ Isodoro}$과 고딕 양식으로 장식된 레온 대성당$^{Puldra\ Leonia}$이 중심을 잡
고 있어 도시는 멋지게 커나갈 수 있었다고 평가한다.
후기 고딕 양식과 이탈리아의 르네상스 양식, 이슬람 양식의 섬세하고 기교적인 16세기 스
페인의 장식인 플래터레스크^{Platersque} 양식으로 만들어진 산 마르코스$^{San\ Marcus}$와 가우디가
재설계한 카사 데 보티네스$^{Casa\ de\ Botines}$에 녹아있는 신 고딕 양식까지 볼 수 있는 건축물이
레온에는 가득하다.

한눈에
레온 파악하기

산타 마리아 광장Plaza Santa Maria에서 오른쪽으로 돌아가면 루아 카예로Rua Calle 접어들어 왼쪽으로 꺾으면 마르셀로 광장Plaza de San Marcelo으로 들어갈 수 있다. 이곳에는 아름다운 시청사Ayantamiento가 있고 12세기 건물인 산 마르셀로 성당Iglesia San Marcelo이 함께 위치해 있다.

가우디 건축의 대표 건축물인 신 고딕 양식의 궁전인 카사 데 보티네스Casa de Botines가 가장 유명하다. 종교와는 관련이 없는 민간 자금으로 건립된 첫 번째 건물로 역사적으로 예술적으로 도시의 전환점이 되었다고 평가한다. 가우디는 새로운 산업 혁명의 물결에 동참하기 위해 다른 건축가들과 함께 새로운 건물을 짓지 않고 중세 양식으로 탑을 쌓고 정문 위에 '용을 잡는 성 조지상'을 새겨 넣었다. 오른쪽에는 웅장한 16세기 건축물인 의사당으로 사용되고 있는 구스마네스 궁Palacio de los Guzmanes이 있다.

레온 대성당
Leon Iglesia & Museo

레갈 광장Plaza Regal의 동쪽 끝에 있는 레온 대성당과 박물관이 함께 있다. 오르도네 2세 Ordoño II는 무어인Moors들을 물리 칠 수 있게 된 후 하나님께 감사의 마음으로 만든, 당시에 유행하는 프랑스 스타일의 고딕 양식으로 만들어진 성당이다. 거대한 장미창과 화려한 스 테인드글라스로 장식된 멋진 외관을 가지고 있다.

서문에는 13세기에 지어진 고딕 양식의 문에는 눈의 성모상으로 장식되어 있고 오른쪽에 는 산티아고 순례자가 장식되어 있다. 신앙심이 깊은 순례자들은 항상 손으로 쓰다듬으면 행운이 온다는 믿음이 있어 많은 순례자들이 찾는다. 덕분에 반들반들하다.

대성당은 벽의 높은 곳에 만들어진 125개의 스테인드글라스로 내부가 장식되어 있는데 섬 세한 손길로 만들어진 유리가 인상적이다. 이슬람 세력인 무어인들이 점령하고 있었기 때 문에 산 이시도로의 유해가 세비야에서 레온으로 옮겨진 이후 성당 안에 유해를 안장했다.

🏠 Plaza Regla 🕐 10€(10~17시) 📞 + 34 987875770

산 이시도로 광장
Plaza San Isidoro

로마 제 7군단을 기념하여 만들어진 분수는 로마 제국의 도시 토대와 중세 도시의 성벽을 기초로 한 건물은 11세기에 지어진 아름다운 대성당이 있다.
대성당에서 광장의 북쪽 끝에는 회랑과 대성당 박물관이 있다. 대성당에서 오른쪽으로 돌아 직진하면 오마냐 광장이 나오고 많은 골목들이 있는데, 다양한 바Bar와 레스토랑들이 즐비하다. 오른쪽으로 산 이시도로 광장이 작게 형성되어 있다.

산 마르코스 수도원
Convento de San Marcos

가장 중요한 스페인 르네상스 건물인 장엄한 건물에는 르네상스 장식이 가득하다. 레온에서 가장 길게 만들어진 아름다운 건물일 것이다. 수녀원으로 만들어졌지만 5성급 호텔로 현재 사용되고 있다.

이후 성당으로 건물의 사용을 변경하면서 조개껍질로 덮고 정면에는 양각으로 해긴 원형의 조각들이 완성되었다. 석조 십자가 기단 부분에는 순례자의 좌상이 있는데, 그의 지친 발치에 같이 앉아 포즈를 취하고 사진을 찍으면서 주위를 둘러보는 것도 좋다.

🏠 Plaza San Marcos, 6, Leon   📞 +34 987237300

간략한 수도원 건축의 역사

12세기에 도냐 산차(Dona Sancha)가 지은 수도원은 작고 소박한 건물로 시작되었다. 순례자들을 위한 병원이었지만 후에는 산티아고 순례자들을 보호하는 기사단의 본부로 사용되기도 했다. 1541년에 봉헌된 교회로 가톨릭교의 페르난도(Fernando) 왕이 레온(Leon) 도시에게 준 선물이었다. 이때 정교한 장식을 건물에 추가하면서 외벽은 순례자들의 동기를 새긴 이야기책처럼 스토리를 추가하여 완성되었다.

국영호텔
Parador

수도원 건물은 현재 일부가 박물관이자 호텔로 사용되고 있는데, 안쪽의 뜰에는 아름답게
정원이 조성되어 있다. 신자들이나 인상 깊은 하루를 보내고 싶은 순례자들이 하룻밤을 지
내면서 휴식을 취하기도 한다. 아침에 보면 꽤 많은 순례자들이 체크아웃을 하는 장면을
볼 수 있다.

구즈마네스 궁전
Palacio de los Guzmanes

궁전은 카사 보티네스 Casa Botines 바로 옆에 자리 잡고 있으며 레온 Leon 주 정부의 자리에 있
는 르네상스 건물이다. 16세기에 건축가 로드리고 길 데 온탄 Rodrigo Gil de Hontañn 이 디자인
했다. 당시 지역에서 가장 영향력 있는 부유한 구즈만 Guzman 가족이 건물의 건축을 의뢰
했다.

🏠 Calle Ruiz de Salazar, 2

시장 광장
Plaza Mare

도시의 중심부에는 콜로네이드 아치, 크림슨, 겨자, 로즈로 장식 된 아름다운 건축물과 건물들로 둘러싸인 웅장한 광장 시장이 있다. 원래 1672년에서 완공되었지만 나중에 1677년에 추가 된 부분이 있다. 정사각형의 원래 이름은 플라자 팬이나 많은 빵집이 집에 있었기 때문에 빵 광장이라고 불리기도 했다.

🏠 24003 Leon

카사 보티네스
Casa de los Botines

건축가 안토니 가우디Antoni Gaudí는 바르셀로나뿐만 아니라 스페인 북부에도 건물을 설계했다. 이 중 하나가 레온Leon의 카사 보티네스Casa de los Botines이다. 2017년 4월 12일에 보수를 한 후 다시 문을 열었다. 1891~1892년에 다시 보수를 요청받은 가우디는 고심을 하다가 수락했다. 바르셀로나의 히스파노 콜로니얼 은행Hispano-Colonial Bank의 대표인 시몬 페르난데스Simón Fernández와 마리아노 안드레스 곤사레스Mariano Andrés González가 건물의 보수를 요청했다. 바깥에서 보면 중세 요새처럼 보이지만 실제로는 레온Leon의 고딕 양식 성당에서 영감을 받았다.

🏠 Plaza San Marcelo 5　🕐 10~18시　€ 8€　📞 +34 987353247

가우디(Gaudi)의 생각

카사 보티네스를 가우디^{Gaudi}는 레온의 상징적인 건물로 만들고 싶었다. 따라서 그는 중세의 분위기를 네오고딕 양식의 건물로 설계했다. 건물은 4층, 지하, 다락방으로 구성되어 있는데, 가우디는 기울어진 지붕을 선택하고 모서리에 타워를 배치하여 프로젝트의 네오고딕 양식을 추가했다. 지하실을 환기시키고 조명을 비추기 위해 2개의 파사드에 해자를 만들었다. 이 전략은 바르셀로나의 사그라다 파밀리아$^{Sagrada\ Família}$ 성당에 반복해 사용하고 있다.

가우디의 전략
가우디는 소유자의 집을 1층에 배치했고 측면이나 후면 파사드에 있는 독립적인 문을 통해 각각 접근할 수 있도록 하여, 상층에는 주택임대 부동산이, 저층에는 회사 사무실이 사용할 수 있었다. 건물의 주요 입구는 회사 이름이 적힌 연철 비문과 용을 죽이고 있는 '성 조지'의 석조 조각으로 장식되어 있다.

논쟁의 연속
카사 보티네스의 기초는 건물 복구 중에 논쟁의 대상이었다. 가우디는 도시의 대성당과 같은 연속적인 기지를 구상했으나 현지의 기술자들은 깊은 곳에 위치한 바닥을 더욱 견고하게 만들기 위해 필로티를 건설해야 한다고 주장했다. 건설 중 건물이 무너질 것이라는 소문이 있었지만 집에는 구조적 문제가 없었다.

1층에서 가우디는 프레임 구조에 주철 기둥 시스템을 처음으로 사용하여 내벽이 이를 분배할 필요 없이 보다 개방된 계획을 허용했다. 그래서 처음 가우디의 이전 프로젝트와 달리 카사 보티네스의 파사드는 구조적 기능을 가지고 있게 되었다. 경사진 지붕에는 철제빔으로 지지되는 6개의 채광창이 다락방을 비추고 환기시킨다.

레온의
아름다운 야경

Santiago de Compostela
산티아고 데 콤포스텔라

산티아고 데 콤포스텔라

SANTIAGO DE COMPOSTELA

산티아고 순례길의 종착지로 기독교 3대 성지이기도 하다. '산티아고'란 스페인어로 성 야곱을, '데 콤포스텔라'는 별이 내리는 들판을 뜻하는 말이다. 주교 테오드미로가 수도사들과 함께 성 야곱의 무덤을 발견한 것을 계기로 성 야곱을 기리기 위한 성당을 건축하기 시작했고 이 성당이 지금의 산티아고 대성당의 기초가 되었다. 성당 옆에 있는 오브라도이로 광장을 비롯해 구시가 주변에서는 순례길을 완주한 순례자의 모습을 쉽게 볼 수 있다.

청

산 마르틴 피나리오 수도원

오브라도이로 광장

카사 마뇰로

킨타나광장

로스 카라콜레스

알라메다 공원

갈리시아 광장

록사 광장

기차역

363

산티아고 데 콤포스텔라 IN

버스(마드리드 행 54€)

마드리드에서 산티아고 데 콤포스텔라까지 알사Alsa 버스로 약 6~7시간 정도 소요된다. 하루에 7편 정도만 운영하는 데 겨울에는 편수가 줄어든다. 버스라고 요금이 저렴하다고 생각한다면 놀랄 수 있다.

기차

기차는 마드리드로 직접 이동하지만 편수가 오전에만 운영하는 단점이 있다. 바르셀로나는 마드리드를 거쳐 바르셀로나로 이동해야 하므로 사전에 시간을 확인하고 이동하도록 하자.

비행기

부엘링, 라이언 에어 등의 저가항공이 바르셀로나, 마드리드로 운항을 하고 있는데 약 1시간 20분~1시간 45분 정도가 소요된다. 갈리시아 광장에서 공항까지 30분 간격으로 운행하고 있지만 시간이 정확하지는 않다. 3명 이상이 함께 이동할 수 있다면 택시를 타고 이동하는 것이 편리하다.

대성당
Cathedral

9세기에 조그만 도시에 만들어진 작은 성당은 주교 테오드미로가 수도사들과 함께 성 야곱의 무덤을 발견한 것을 계기로 성 야곱을 기리기 위한 성당을 건축하기 시작했고, 웅장한 모습의 대성당은 16~17세기에 거쳐 바로크 양식으로 건축되었다.

성당 안에 들어가면 '영광의 문' 중앙에 앉아 있는 성 야곱을 볼 수 있다. 수많은 순례자들이 돌기둥에 손을 대며 기도를 드려서 기둥에는 닳아서 반질반질해지고 파여 있는 다섯 손가락의 흔적이 남아 있다.

카테드랄 뒤편으로 가면 '성스러운 문'이 있는데 '면죄의 문'으로 불리우는 문이다. 상 야곱의 날인 7월 25일이 일요일에 해당하는 해에만 개방한다. '성스러운 문'에 접한 광장은 칸타나 광장이다. 구시가를 다 보았다면 프랑코거리와 비야르 거리로 가서 기념품 등을 둘러보고 갈리시아 광장으로 이동하면 산티아고를 다 볼 수 있다.

🌐 www.catedraldesantiago.es 🏠 Praza da Obradoiro ⏱ 7~20시30분 📞 981-583-548

오브라도이로 광장
Praza da Obradoiro

대성당 앞에 있는 대규모의 광장은 오브라도이로 광장Praza da Obradoiro으로 고딕양식과 바로
크 양식의 건물들로 둘러싸여 있다.
산티아고 순례길을 완주하고 대성당을 바라보고 있는 순례자를 항상 볼 수 있다. 그런데 산
티아고 대성당에는 순례자뿐만 아니라 관광객도 상당히 많다.

칸타나 광장
Praza da Quintana

대성당 앞에 있는 오브라도이로 광장Praza da Obradoiro이 주된 광장이라면 대성당 뒤에 있는 칸타나 광장은 면죄를 위한 역할을 수행하였다.

대성당을 들어서기 전 면죄를 위해 모여드는 사람들을 위해 만들어진 광장이었다. 1611년 페르난데스 레추가Fernandez Lechuga가 광장을 설계해 제작하였다.

알라메다 공원
Parque de Alameda

대성당과 올드타운을 한눈에 조망할 수 있는 공원으로 연인들의 데이트 장소로 유명하다. 성당에서 미사를 드리고 나면, 알라메다 공원으로 가자. 공원 안의 페라두라 산책로에서 카테드랄의 첨탑과 거리를 볼 수 있다.

또한 도시에서 5㎞ 떨어진 곳에 '환희의 언덕'인 몬데 도 고소가 있는데 순례자들이 처음으로 카테드랄의 모습을 볼 수 있는 곳이다. 알라메다 공원에서 내려오면 오브라도이로 광장에서 구시가 주변을 도는 관광열차(6유로)를 타는 것도 색다른 산티아고를 볼 수 있는 방법이다.

⌂ Paseo Central de Alameda

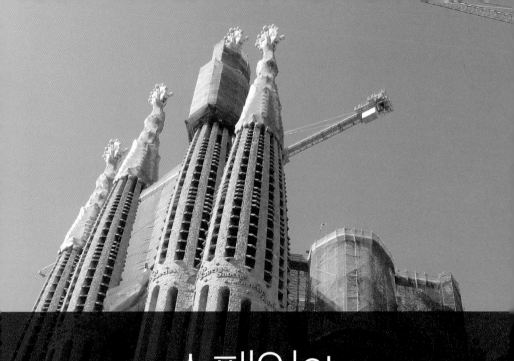

스페인의
재미있는 상식들

레알 마드리드 vs 바르셀로나 FC

레알마드리드

바로셀로나 FC

레알마드리드

레알마드리드는 1902년 3월 6일 창단한 스페인리그 1부리그인 프리메라 디비전Primera Division에 소속된 프로축구클럽이다. 공식 클럽명은 레알 마드리드 C.F.로 수도인 마드리드를 연고지로 하고 있다. 팀의 애칭은 메렝게춤을 뜻하는 메렌게스Merengues, 흰색이라는 뜻의 블랑코스Blancos이다.

레알마드리드 우승 기록

유로피안컵(현 UEFA 챔피언스리그)에서 5연속 우승(1955~1956, 1957~1958, 1958~1959, 1959~1960, 1960~1961)의 대기록을 세우고 2015~2016년 UEFA 챔피언스리그에서 통산 11회 우승하며, '라 운데시마Laundecima'(스페인어로 열 한 번째를 뜻함)를 달성하였다.

코파 델 레이(스페인 국왕컵)에서는 19회,UEFA컵(현 UEFA 유로파리그)에서 2회(1984~1985, 1985~1986), 인터콘티넨털컵에서 3회 우승하였다.

1902년부터 스페인리그에 참가하였지만 1932~1933년 시즌에 우승을 차지하면서 존재감을 부각시켰다. 1950년대~1960년대, 1980년대에도 5년 연속 우승하는 등 전성기를 맞이하였다. 1990년대 들어서는 라이벌인 바르셀로나에 밀려 1994~1995, 1996~1997년 시즌 우승 외에는 주춤하였다.

우리에게 각인이 된 것은 2000년대 들어 '지구 방위대'를 표방하며 전 세계에서 가장 축구를 잘하는 선수들만을 모아 축구팀을 개편하면서부터이다. 그래서 2000~2001년과 2002~2003년, 2006~2007년과 2007~2008년, 2011~2012년 시즌에 우승을 차지하며, 2011~2012년 시즌까지 프리메라리가에서 모두 32회의 최다 우승기록을 보유하고 있다. 코로나 바이러스 이후에 재정 문제를 겪으며 잠시 유승권에서 멀어지기도 했다.

스페인의 축구를 대표하는 최강의 클럽으로, 바르셀로나와 함께 스페인리그에서 번갈아가며 우승을 차지하면서 '스페인의 거함'이라고도 불린다. 수많은 국가대표선수들을 배출하였고, 바르셀로나와 경기를 벌일 때는 10만여 명의 관중이 모여들 정도로 인기가 높다. 홈구장은 8만 5000명 수용규모의 산티아고 베르나베우Santiago Bernabeu이다.

베르셀로나 FC

바르셀로나는 바르셀로나를 연고지로 하여 1899년에 창단한 스페인리그 1부인 프리메라디비전PrimeraDivision에 소속된 프로축구클럽이다.
공식 클럽명은 F.C.바르셀로나이고, 팀의 애칭은 카탈로냐어로 진홍색과 푸른색이라는 뜻의 로스블라우그라나Los Blaugrana 또는 카탈로냐사람이라는 뜻의 카탈라네스Catalanes이다.

스페인 프로축구를 대표하는 전통의 명문클럽으로, 레알 마드리드와 함께 스페인 프리메라리가에서 번갈아가며 우승을 차지하였다. 1950년대, 1960년대에 레알 마드리드와 함께 무적함대로 불리며 뛰어난 활약을 하였으며 1980년대에는 다소 저조하였다가 1990~1991년 시즌부터 4년 연속, 1997~1998년부터 2년 연속으로 우승하는 등 1990년대 이후 다시 전성기를 맞았다.

스페인리그에서 16회 우승하여 레알 마드리드의 27회에 이어 2번째 최다우승기록을 보유하고 있고 준우승도 19회나 하였다. 그밖에 FA컵에서 20회 우승하였다. 스페인대표팀과 네덜란드 대표팀 선수 등 많은 유명선수들을 보유하고 있으며, 레알 마드리드와 경기를 벌일 때는 10만 여명의 관중이 모여들 정도로 인기가 아주 높다.

2008년부터 펩 과르디올라 감독과 축구 천재 메시가 챔피언스 리그와 스페인 리그를 동시에 우승하면서 스페인을 넘어 전 세계를 대표하는 축구 클럽으로 자리잡았고 지금도 최강의 축구클럽으로 존재하고 있다. 홈구장은 98,000명 수용규모의 캄프노우^{Camp Nou}이다.

마드리드 그랑비아 거리 VS 바르셀로나 람블라스 거리

마드리드 그랑비아^{Gran Via} 거리

마드리드 여행은 솔 광장^{Puerta del Sol}을 기점으로 삼으면 편리하다. 마요르 광장을 중심으로 사방으로 볼거리가 몰려있고 찾아가기가 쉽기 때문이다. 솔 광장에서 마요르 거리를 5분정도 걸어가면 마요르 광장을 만나게 된다. 각종 행사가 펼쳐지는 중심 광장이라 언제나 사람들이 북적거리고 특히 여름밤에는 저녁을 먹고 나온 현지 젊은이들과 관광객들이 몰려들어 재미있는 거리 공연들도 펼쳐진다. 일요일에는 광장 주변에서 벼룩시장이 열리기도 한다.

솔 광장^{Puerta del Sol}과 스페인 광장을 이어주는 그랑비아^{Gran Via} 거리는 마드리드의 구시가지와 신시가지를 이어주는 중요 거리이다. 쇼핑상가와 영화관 등이 몰려있어 마드리드 젊은이들이 자주 찾는 활기 찬 거리이다. 마드리드의 저렴한 숙소들도 대부분 마요르 광장과 그랑비아^{Gran Via} 거리 주변에 몰려 있다.

바르셀로나 람블라스^{Las Ramblas} 거리

바르셀로나에서 가장 생동감 넘치는 거리는, 북쪽의 까달루냐 광장에서 시작해서 남쪽 항구 근처 콜럼버스 동상이 세워진 라파스 광장까지 약 1㎞에 이르는 거리이다. 가우디 건축 순례를 끝낸 후라면 이 거리를 걸어 보며 바르셀로나 구경을 마무리할 수 있다.

거리 중앙으로 가로수가 있고 바닥은 이곳 출신 화가인 미로가 디자인한 모자이크 보도블록이 깔려 있어 한결 시원한 느낌을 준다. 거리 양쪽으로는 노천카페와 화려한 부티크, 꽃집, 애완동물가게 등이 이어져 있고, 거리 중간쯤에 있는 산호세 노천시장을 찾으면 또 다른 활기를 느낄 수 있다.

날씨가 더워 갈증이 난다면 오렌지를 몇 개 사서 먹으며 이 거리에서 벌어지는 공연들을 구경하면 된다. 장식 박물관, 구엘 저택, 밀라노의 스카라 극장과 맞먹는 '리오세' 오페라 극장 등도 이 거리에서 멀지 않다.

세르반테스의 소설, 돈키호테의 배경 무대를 찾아가자!

스페인 작가 세르반테스의 작품 '돈키호테'는 누구나 한번쯤 읽어 보았을, 성서 다음으로 많이 읽히는 세계적인 베스트셀러 소설이다.(필자는 대학교 때에 읽어보았으니 너무 늦은 나이에 읽은 것이 아닐까?)

작가 세르반테스(1547~1616)는 그의 소설속 주인공 돈키호테만큼이나 소설 같은 인생을 산 사람으로 유명하다. 세브반테스는 마드리드와 세비야에서 살면서 24살 때에 오스만제국과의 레판토 해전에 참가하였다가 왼손을 잃었으며, 귀국 도중에는 해적들에게 잡혀 5년간 알제리에서 노예 생활을 하기도 하였다. 고국에 돌아온 세르반테스는 세금 징수원으로 일하면서 그의 나이 57세에 세계적인 소설 '돈키호테'를 집필하였다.

불운한 삶의 연속이었고 이뤄놓은 것이 없는 인생의 황혼기에 접어든 그는 누가 보아도 체념한 듯 일상에 젖어 그저 살아가는 평범한 노인이었다. 하지만 그는 온갖 실패와 좌절 속에서도 마지막까지 절망하지 않고 자기의 선천적 재능을 갈고 닦아 세상에 드러내며 일약 스페인을 대표하는 세계적인 작가로 떠올랐다.

세르반테스는 '나이를 먹는다고 늙는 게 아니라 자신의 꿈과 이상을 포기할 때 그때부터 늙어가는 것'이라는 인생의 평범한 진리를 그의 소설 같은 인생을 통해 우리에게 가르치고 있다. 스페인의 수도 마드리드의 스페인 광장에는 그의 작품 속에 나오는 돈키호테와 산초 판차의 동상이 세워져 있는데, 스페인 사람들에게 가장 추앙 받는 작가 세르반테스의 위상을 알 수 있게 해준다.

라만차 지방의 아르가마실랴

소설 속 돈키호테의 무대는 그의 소설 속에서 라만차 지방의 어느 마을이라고만 나오고 정확한 장소는 확인이 되지 않고 있다. 하지만 현재 라만차 지방 사람들과 관광객들은 이곳을 작품 속의 고향으로 받아들이고 있다.

마을 입구에 돈키호테의 벽화가 그려져 있고 마을로 들어가면 돈키호테의 집과 그의 기념 석상 등 그와 관련된 것들이 방문객을 맞이한다. 마을 교회 부근에 있는 '돈키호테의 집'은 세르반테스의 소설 '돈키호테'의 첫 부분을 쓴 곳으로 알려져 있다. 마드리드 차마르틴 역에서 2시간 정도를 달리면 아르가마실랴에서 내리면 북쪽으로 40㎞정도 떨어져 있다.

라만차 지방의 소도시, 푸에르토 라피세

라만차 지방의 한 귀족이 기사도 소설에 탐닉한 나머지 책 속의 이야기와 현실을 혼동하여 기사가 되기 위해 그의 애마 '로시난테'와 길을 떠난다. 하루 종일 걷다가 지치고 허기져서 찾은 주막에서 온갖 우스꽝스러운 일을 벌였던 작품 속의 무대이다. 돈키호테는 주막집을 성으로 착각하고 주막집 주인을 성주님으로 여긴다. 그리고 막무가내로 간청하여 할 수 없이 주막집 주인은 그에게 정식으로 기사의 칭호를 수여한다. 작품 속의 주막이었던 '돈키호테의 주막'은 현재 기념관과 식당을 겸하고 있다.

이 식당 건물에 딸린 5평 정도의 방은 세르반테스가 '돈키호테'의 일부를 집필한 곳으로 알려져 있으며, 방 안에는 탁자와 소파 등이 옛날 그대로 보존되어 있다. 식당 안마당에는 돈키호테가 기사가 되기 위해 밤새도록 자신의 갑옷을 지키는 의식을 행했던 작품 속의 우물이 남아 있다. 그 우물 근처에는 창을 들고 갑옷을 지키고 있는 의기양양한 돈키호테의 청동 조각이 세워져 있어 이곳을 찾는 관광객들을 소설 속으로 끌어들이고 있다.

라만차 지방의 캄포 데 크립타나(Campo de Criptana)

주막집에서 엉터리 기사 서임식을 마친 돈키호테가 이번에는 악의 무리를 무찌르기 위해 그의 시종 산초 판차와 함께 2차 여행을 떠난다. 가다가 만난 큰 풍차를 나쁜 짓을 일삼는 거인으로 착각하고 말을 탄 채 돌진하여 풍차와 어마어마한 전투를 벌인 작품 속의 풍차가 있는 곳이다. 소설 '돈키호테'의 대표적인 작품 배경지이기 때문에 여행객들이 많이 찾는 장소이다. 마을 뒤의 황량한 언덕위에 흰색의 커다란 풍차들이 작품 속의 거인처럼 우뚝 서 있다. 몇 개 안 남은 풍차들 중 하나는 관광 안내소 역할을 하고 다른 하나는 기념품점으로 사용되고 있다.

코르도바(Cordoba)

스페인의 안달루시아 지방, 코르도바 시민들은 유난히 꽃을 좋아하고 정열적이다. 이곳에는 이슬람 사원과 로마교, 콜럼버스가 첫 항해를 떠날 때 왕을 만났다는 알카사르 등의 문화 유적들을 볼 수 있으며 세르반테스가 잠시 머물렀던 도시로 알려져 있다.

소설 돈키호테의 무대로 유명해진 코르도바의 포트로 광장에는 망아지 분수가 있고, 광장 서쪽에는 지금은 박물관으로 사용하고 있는, 세르반테스가 묵었다는 15세기의 포트로 여관이 있다. 마드리드에서 기차로 약 4시간 30분 정도가 소요되나 렌페는 2시간 30분 정도가 소요된다. 세비야에서는 약 45분 가량 소요된다.

스페인 펠리페 2세 & 영국 엘리자베스 여왕

15세기 후반 스페인을 통일한 펠리페 2세는 제국으로 스페인을 강하게 만들고 싶었다. 콜롬버스가 신대륙을 발견하고, 스페인 해군은 대서양 바다 건너에서 새로운 대륙을 발견한 후 수없이 많은 금과 은을 빼앗아 왔다. 포르투갈까지 합병하여 강력한 왕국을 만드는데 성공한 스페인은 유럽에서 '무적함대'라는 명성을 떨치기 시작했다. 그러면 스페인의 무적함대는 정말 강했을까?

스페인 무적함대란 16세기 초반에 지중해와 대서양을 누비던 스페인의 해군을 지칭하는 이름으로 사실, 이 함대의 정식명 칭은 '그란데 이 펠리키시마 아르마다', 해석하면 '축복받은 함 대'라고 한다. 당시의 스페인 해군은 이미 무적함대로 통용되 기 전부터 스페인 해군은 지중해를 이끌던 주요 함대 가운데 하나였다 카를 5세 때에 튀니지에서 오스만 제국 함대를 쳐 부수고 결정적으로 펠리페 2세때 1571년 오스만의 주력 함대 를 레판토 해전에서 박살을 내면서 이때부터 무적함대라는 명예로운 명칭을 얻었다.

펠리페2세

스페인 무적함대의 주축이던 배인 갈레온은 길이 57m, 배수량 1,000톤의 거함에 선원 470 명과 육군도 300명 이상을 태웠던 거함이다. 본격적인 해상전을 수행하는 배가 아니라 배 끼리 붙어서 배의 갑판에서 주로 싸우도록 만든 배이다 보니 체급이 있었다. 그래서 막강 한 포들로 무장을 했다. 팔콘이나 팔코네트 같은 컬버린 대포를 배치하고 있었는데, 유효 사거리 400m로 막강한 화력으로 무장했던 스페인 무적함대는 갈리온선으로 무장한 함대 였다.

이러한 무적함대로 해양패권을 장악하고 아메리카 식민지에 서 부를 축적하던 스페인과 새로이 해양패권의 자리에 도전 하려는 영국은 결국 1585년 충돌하게 된다. 당시에 영국의 왕 이었던 엘리자베스 1세에게 청혼을 했지만 여왕인 엘리자베 스 1세는 "이미 국가와 결혼했습니다."라고 말하며 펠리페 2 세의 청혼을 거절하고, 해외의 식민지를 두고 스페인과 경쟁 을 벌이면서 펠리페 2세는 기분이 나빠졌다. 스페인 상선을 집중적으로 공격한 영국의 해적 '드레이크'를 처형시켜 달라 는 요구도 무시당하면서 스페인과 영국의 관계는 회복 못하

영국 엘리자베스여왕

는 상황에 이르렀다. 엘리자베스 1세는 오히려 해적 드레이크에게 기사 작위를 수여하면서 펠리페 2세의 분노는 하늘을 찌르게 되었다.

1588년 5월 펠리페 2세는 전함 130척, 대포 2000문을 장착한 함대를 편성해 영국을 공격하기로 했다. 스페인의 배는 거대하여 엄청난 돈이 들기 때문에 많은 배는 강한 국력을 상징한다. '무적함대'라는 말은 스페인 함대의 그 당당한 위용을 표현한 말이다.

스페인의 공격 소식을 듣고 영국은 급히 여러 배를 모아 함대를 조직했지만, 80척에 불과하고 40척 정도는 크기도 작아 스페인 해군에 상대할 만한 군사력이 아니었다. 전쟁을 준비하면서 영국은 스페인과 정면으로 싸워서는 승리할 가능성이 없다고 분석했다. 영국해군은 기습공격과 멀리서 대포를 쏘는 전법을 선택했다.
바로 세계 3대 해전이라고 불리는 칼레해전이다. 찰스 하워드와 해적출신 드레이크 제독이 이끄는 영국 함대에게 괴멸을 당하게 된다.

영국함대는 스페인 함대가 도버 해협에 들어섰을 때 기습적으로 공격하여 허둥지둥 칼레 항구로 가도록 유도했고, 잠시 숨을 고르고 있던 스페인 함대를 밤중에 습격하여 불화살을 쏘아대면서 다시 놀라게 만들었다. 기습 공격에 당황한 스페인함대는 제대로 싸워 보지도 못하고 북쪽 바다로 도망쳤지만 사나운 폭풍을 만나 엄청난 피해를 입었다.

결국 스페인 함대는 70여 척의 배와 살아남은 선원을 데리고 9월에 스페인으로 돌아왔다. 영국에 아무런 피해를 입히지 못하고 스페인은 완전히 패배를 했다. 그에 비해 영국의 피해는 배 한척과 전사자 100명뿐 이었다.

스페인의 영광을 상징하는 마요르 광장

스페인 함대가 영국 함대에 맞대응을 하지 못하고 완전히 패배를 당한 이유는 당시에 스페인 해군은 적의 배에 근접해서 갈고리를 던져 연결한 다음, 적의 배에 올라가 병사들이 맞서 싸우는 전술이었는데 영국이 성능 좋은 대포를 개발하여 멀리서 공격한 후 작은 배를 이용해 재빠르게 도망을 친 것이다.

사실 실질적인 전투에서 무적함대가 큰 피해를 입은 것은 영국 해군의 공격보다는 태풍 때문이었지만 무시무시한 무적함대가 패배한 사실은 세계사적으로 큰 의미가 있다. 무엇보다도 지중해식 해군이 대서양에서 얼마나 무력한지 입증하는 전투였기 때문에 역사적 가치는 충분히 있는 전투이다. '무적함대'는 전투를 잘해서가 아니라 '어마어마한 모습'에서 생긴 별명이다. 더구나 별명에 어울리지 않게 참패를 당했다.

현재는 명예로운 이름을 스페인 축구 국가대표팀에게 넘겨주었다. 스페인 축구팀을 말할 때, 무적함대라고 하는 이유는 패배에도 스페인의 무적함대라는 어감이 워낙 강하기 때문이다.

피카소 미술관 말라가 vs 바르셀로나

스페인의 피카소의 미술관은 바르셀로나와 말라가에 있다. 전 세계에 피카소 미술관이 여럿 있지만 피카소가 태어난 말라가와 피카소가 직접 기증한 작품들이 있는 바르셀로나의 피카소 미술관은 의미가 크다. 먼저 작품으로만 이야기한다면 바르셀로나 피카소 미술관이 최고이다. 작품의 수에서 먼저 압도적이며 피카소가 직접 기증한 작품들이 많아 피카소의 작품세계를 보고 싶다면 바르셀로나로 가야한다.

바르셀로나 피카소 미술관

라스 람블라스 거리와 피카소 대로 사이에 펼쳐진 고풍스러운 지역은 고딕 지구라는 뜻의 바리 고딕Barri Gotic이라고 부른다. 고딕 양식의 건축물들이 많이 있다고 해서 이런 이름이 붙었는데, 바둑판처럼 반듯한 도로가 펼쳐진 바르셀로나의 다른 지역과는 달리 이곳은 꼬불꼬불하고 좁은 예스러운 거리가 있어서 우리나라로 보면 인사동 정도로 생각하면 편할 것이다.

고딕 지구에서 가장 많은 사람들이 찾는 곳은 바르셀로나 대성당과 피카소 미술관이다. 2명이 나란히 걸으면 꽉 찰 만큼 좁은 몽까다 거리 한쪽에 자리 잡은 피카소 미술관 건물은 14세기경에 지어진 옛 귀족의 저택으로, 세월의 두께가 끼어 거무스름해진 돌집이 풍기는 분위기는 신비스러운 느낌마저 들게 한다. 현대미술의 상징처럼 여겨지는 피카소는 왜 이렇게 고풍스러운 옛 저택을 자신의 이름을 딴 미술관으로 선택했을까?

피카소는 1881년에 스페인 남부 코스타 델 솔 지방의 항구도시 말라가에서 태어났으나 어린 시절 아버지를 따라 바르셀로나로 이사 와서 사춘기를 보냈기 때문에 그에게 이 도시는 제2의 고향이나 마찬가지였다.

청년기를 맞은 피카소는 공산주의에 가까운 자신의 정치적 신념 때문에 조국 스페인을 떠나 평생을 프랑스에서 보냈다. 그러나 프랑코 장군의 독재하에서 신음하는 조국을 지켜보는 그의 마음은 편할 수가 없었다. 1963년에 프랑코의 억압을 받던 카탈루냐 지방의 수도 바르셀로나를 자신의 미술관이 자리할 곳으로 선택한 데에는 이러한 이유가 작용했다.

바르셀로나만의 특징

피카소 미술관은 매우 많을 정도로 피카소는 수많은 작품을 남겼다. 그중에서 가장 수준이 높은 곳은 파리의 피카소 미술관이라는 사실은 부인할 수 없다. 그러나 바르셀로나의 피카소 미술관은 대가가 된 이후의 작품을 소장한 파리의 피카소 미술관과는 다르다.

그가 소년기, 청년기를 거치며 남긴 드로잉 등의 습작품과 그가 가장 존경하는 스페인 화가 벨라스케스의 작품 '라스 메니나스'를 응용한 작품 등 대가에 이르기까지의 과정을 보여주는 작품들을 전시하고 있다. 전시작품은 생전의 피카소가 직접 선정하여 기증한 것들과 더불어 사후 그의 부인이 기증한 것으로 이루어져 있다. 비록 자신의 이름을 딴 미술관에 한 번도 발을 들여보지 못한 채 프랑스에서 생을 마감했지만 피카소는 자신의 예술세계의 원천이 되어준 바르셀로나를 잊지 않았던 것이다.

열 살 무렵의 스케치와 드로잉, 사춘기 때 그린 사실적 묘사가 돋보이는 그림들, 그리고 청색시대라고 불리는 고뇌에 찬 청년기에 그린 그림들과 '라스 메니나스' 연작, 인생의 말년 때 입체파 작품 등이 바르셀로나 피카소 미술관을 가득 메우고 있다.

말라가 피카소 미술관

바르셀로나 피카소 미술관과 가장 큰 차이점은 피카소의 아들과 유족들이 기증하여 만들어진 미술관이라는 점이다. 1881년 피카소가 태어나 말라가를 떠날 때까지 10세까지 살았던 피카소의 유년 시절을 보냈던 고향인 말라가는 사실 작품 활동을 하던 장소는 아니었다. 그래서 말라가 피카소 미술관은 바르셀로나 피카소 미술관에 비해 전시작품 수는 차이가 많이 난다.

16세기에 건설된 부에나비스타 궁전을 개조해 만든 미술관으로 피카소의 그림, 드로잉, 판화와 조각 작품 등 미공개 작품 약 240점 정도를 전시하고 있다.

About 피카소

파블로 피카소는 1881년 스페인의 남부 도시 말라가에서 태어났다. 화가인 아버지 덕분에 걸음마를 시작하기 전부터 그림을 그리는 모습을 흉내 내며 자랐다. 어린 시절 피카소는 비둘기와 투우를 소재로 그림을 그렸다. 어린아이의 솜씨라고는 믿기지 않을 정도로 표현력이 뛰어났다. 피카소는 14세라는 어린 나이에 바르셀로나에 있는 미술학교 입학시험에 당당히 합격했다. 어린 피카소가 입학시험에 합격하리라고 미처 생각하지 못했던 시험관들은 깜짝 놀라며 피카소의 재능을 인정하였다.

새로움을 찾아 떠난 피카소

1897년 피카소는 산 페르난도 왕립 미술학교에 입학했다. 하지만 사물이나 풍경을 보고 똑같이 그리는 학교생활은 재미가 없었다. 새로운 방법으로 자유롭게 그리고 싶었던 피카소는 학교에 가는 날보다 미술관에서 혼자 그림을 보며 공부하는 날이 더 많았다. 결국 피카소는 학교를 그만두고 1900년 19세의 피카소는 바르셀로나에 있는 예술가들이 많이 모이던 카페에서 자신만의 첫 전시회를 열었다.

이후 피카소는 파리로 가서 박물관과 갤러리를 다니며 다양한 문화와 예술 작품을 접하여 파리에서 보고 느낀 것을 그림으로 표현하기 시작했다. 처음에는 추위와 배고픔에 고생을 하였지만 새로운 친구들과 그림에 대한 자신만의 공부는 훗날 피카소의 작품에 많은 도움을 주었다. 파리에서 점점 피카소의 작품에 관심을 가지기 시작한 시기에 "아비뇽의 아가씨들"을 발표하면서 피카소는 유명해졌다.

피카소의 청색 시대

피카소가 청색 물감만으로 그림을 그리던 시절을 '청색 시대'라고 부른다. 청색 시대는 피카소가 좋아했던 친구 카사헤마스의 죽음으로 시작되었다. 카사헤마스는 파리에서 만난 모델과의 사랑을 이루지 못하자 깊은 슬픔에 잠겨 결국 자살을 했다.

친구 카사헤마스의 죽음에 큰 충격을 받은 이후 약 3년 동안 다양한 청색을 이용해 그림을 그린 시기이다. 주로 가난과 굶주림에 병들고 지친 사람들의 모습을 차가운 청색 물감으로 그렸다. 우울하고 어두운 느낌이 나는 청색이 슬픔과 아픔, 외로움을 잘 나타냈다.

새로운 도전

전 세계에서 피카소의 전시회가 열리고, 이미 최고의 화가로 인정받으면서 새로운 작품을 만들기 위해 계속 도전하였다. 한 가지 방법에 얽매이지 않고 그림뿐 아니라 조각, 판화, 도자기, 사진, 시 등 다양한 재료와 방법으로 자신의 능력을 펼쳤다.

피카소의 장밋빛 시대

피카소는 비 오는 날 집 앞에서 만난 여인에게 첫눈에 반했다. 사랑에 빠진 피사코는 점차 건강도 좋아지고, 불안하고 슬픈 마음도 사라졌다. 그리고 황토색, 주황색, 붉은색 등을 사용해 그림을 그리기 시작했다. 피카소가 주로 사용한 주황색과 붉은색이 장미의 색을 닮았다고 해서 이 시기를 피카소의 장밋빛 시대라고 부른다.

그림의 내용은 우울한 주제에서 벗어나 서커스나 어릿광대 같은 밝은 주제들을 그렸고, 붉은색을 사용해 힘들고 지친 곡예사와 어릿광대의 모습에 따뜻한 느낌을 더해 주었다. 하지만 새로운 것을 시도하고자 하는 피카소의 성격 때문에 얼마 지나지 않아 장밋빛 시대는 끝나게 되었다.

남들과 다른 자신만의 그림을 그리고 싶어한 피카소는 눈에 보이는 것뿐만 아니라 보이지 않는 부분도 그림에 나타내고 싶었다. 그러던 어느날, 자연을 원기둥, 원뿔, 구 등의 도형으로 표현한 세잔의 그림을 보고 큰 감동을 받았다. 그리고 친구인 브라크와 함께 오랫동안 작업을 하면서 '입체주의'를 탄생시켰다. 입체주의는 여러 종류의 도형을 붙이거나 쌓아 놓은 것처럼 그림을 그리는 방법이다. 사물을 여러 방향에서 바라본 뒤, 떠오르는 여러 도형으로 표현하는 것이어서 인물이나 사물이 납작하고 평평하게 표현되어 있다.

세 명의 음악가
피카소가 두 친구와 자신이 악기 연주하는 모습을 그린 것으로 가운데 광대 모습의 연주자가 피카소이다.

이전의 유명한 화가들이 그린 작품을 자신만의 방법으로 따라 그리며 90세의 많은 나이에도 피카소만이 만들 수 있는 작품을 그리고자 노력하였다. 피카소는 자신의 많은 작품을 바르셀로나에 있는 피카소 미술관에 기증하고 1973년 92세의 나이로 프랑스 무쟁에서 세상을 떠났다.

아비뇽의 아가씨들

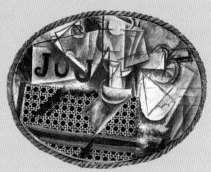
등나무 의자가 있는 정물

궁정의 시녀들

삶의 기쁨

소피아 미술관
게르니카
게르니카는 스페인의 작은 마을로 피카소가 파리에 있는 동안 게르니카 시민들은 스페인을 마음대로 다스리는 프랑코 장군에 맞서 싸우고 있었다. 피랑코 장군과 독일의 나치는 1937년 4월 26일 비행기로 게르니카 마을에 폭탄을 투하하고 마을은 쑥대밭이 되었다. 피카소는 게르니카에서 일어난 사건을 신문을 통해 알게 되었고, 화가 난 피카소는 게르니카의 이야기를 파리 박람회에 전시할 벽화로 그렸다.

게르니카의 소식을 듣고 죽은 아이를 안고 울고 있는 엄마, 사나운 황소와 몸을 비틀며 괴로워하는 말, 부러진 칼을 들고 쓰러져 있는 사람의 모습, 공포에 질린 사람과 동물의 모습을 화면 가득 그려서 힘없는 어린이와 노인까지 죽이는 전쟁의 잔인함에 대해 알리고자 하였다. 피카소는 실제로 일어난 역사적 사건이라는 것을 강조하기 위해 흰색, 회색, 검은 색으로 흑백 사진처럼 그렸다.

하몬(Jamón)이란?

하몬은 돼지의 뒷다리를 소금에 절여 숙성한 음식인데. 로마시대에도 기록이 남아있을 정도로 오래된 음식이다. 기원전 210년부터 시작되었다고 전해진다. 사람들은 앞다리를 숙성하면 안 되냐고 묻지만 팔레타Paleta라는 다른 이름이 있기 때문에 하몬Jamón과는 엄연히 다르다는 사실을 알아야 한다.

하몬(Jamón) 등급
하몬 이베리코Jamón ibérico는 하몬을 만드는 돼지의 품종이 이베리코 돼지인 경우에 쓸 수 있다. 최상품인 하몬 이베리코 데 베요타Jamón ibérico de bellota는 도토리만 먹여서 키웠다는 오해가 있는데 이는 사실과 다르다. 하몬 이베리코 데 베요타Jamón ibérico de bellota는 몬타네라 라는 집중적으로 살을 찌우는 시기에 도토리나무가 있는 산에 풀어놓는다. 돼지들이 산을 자유로이 돌아다니면서 도토리를 주워 먹어서 살을 찌우기 때문에 근육의 량이 올라가면서 특유의 맛을 가지게 된다.

도토리를 먹여 키운 돼지는 전체 하몬 생산량의 3.3%만 차지할 정도로 가장 희귀하게 여겨진다. 이베리코 돼지가 아닌 경우 흔히 하몬 세라노 혹은 하몬 리제르바 라고도 불리는데 이는 보통의 돼지로 만든 것이다. 이베리코 및 이베리코 데 베요타 하몬은 발굽이 검은 것으로 구분할 수 있다.

스페인어

Hola. [올라] ⋯→ 안녕하세요?
Buenos días. [부에노스 디아스] ⋯→ 안녕하세요? (아침 인사)
Buenas tardes. [부에노스 따르세스] ⋯→ 안녕하세요? (오후 인사)
Buenas noches. [부에노스 노체스] ⋯→ 안녕하세요? (저녁 인사)
Gracias. [그라시아스] ⋯→ 감사합니다.
Está bien. [에스타 비엔] ⋯→ 괜찮습니다.
Bien, gracias. [비엔 그라시아스] ⋯→ 네, 잘 지냅니다.
Cómo? [꼬모] ⋯→ 다시 한 번 말씀해 주세요.
Por supuesto. [뽀르 수푸에스토] ⋯→ 물론입니다.
Entiendo. [엔띠엔도] ⋯→ 알겠습니다.

buen viaje [부엔 비아헤]
⋯→ 좋은 여행 되세요. (공항에서 작별할 때 얘기하면 좋아요)
buenas noches [부에나스 노체스] ⋯→ 좋은 밤 되세요.
adios [아디오스] ⋯→ 안녕히 가세요 / 안녕히 계세요 / 안녕 (헤어질 때)
A dónde quiere ir usted? [아 돈데 끼에레 이르 우스뗏]
⋯→ 어디 가고 싶으신가요?
Qué deseas comer? [께 데세아스 꼬메르] ⋯→ 무엇을 드시고 싶으신가요?
Qué tal la comida? [깨 딸 라 꼬미다] ⋯→ 음식이 어떤가요?
Qué tal el dormitorio? [깨 딸 엘 도르미또리오] ⋯→ 침실은 어떤가요?
Qué tal Corea? [깨 딸 꼬레아] ⋯→ 한국은 어떤가요?

allá [알랴] ⋯→ (방향) 저기 (손으로 가르키며 말하면 듣는 사람도 쉽겠죠? ㅎㅎ)
aquí [아끼] ⋯→ (방향) 여기
este [에스때] ⋯→ (사물) 이것
aquel [아깰] ⋯→ (사물) 저것

ven aquí [벤 아끼] ⋯→ 이리로 오세요.

[장소]

baño [바뇨] ⋯⋯▶ 화장실
dormitorio [도르미또리오] ⋯⋯▶ 방(침실)
restaurante [레스따우란떼] ⋯⋯▶ 레스토랑
recepción [레셉시온] ⋯⋯▶ 리셉션

[형용사]

frío [후리오] ⋯⋯▶ 춥다
caliente [깔리엔떼] ⋯⋯▶ 뜨겁다 (덥다 아닙니다)
picante [삐깐떼] ⋯⋯▶ 맵다
lindo [린도] ⋯⋯▶ 멋있다
bueno [부에노] ⋯⋯▶ 좋다/착하다
alto [알또] ⋯⋯▶ 높다, (키가)크다

[일상 대화]

De dónde es? 어디에서 오셨습니까?
Aquí tiene. 여기 있습니다.
Cuál es el propósito de su viaje? 여행의 목적이 무엇입니까?
Cómo está? 요즘 어떻게 지내세요?
Un momento, por favor. 잠시만 기다려 주세요.
Me llamo James Dean. 저는 제임스 딘입니다.
Es culpa mía. 제 잘못입니다.
Hace un poquito de frío. 좀 추워요.
Vale. 좋아요.
Tenga un buen día! 좋은 하루 보내세요.
Lo siento. 죄송합니다.
Mucho gusto! 처음 뵙겠습니다.
De nada. 천만에요.
Necesito ir al aseo. 화장실 다녀올게요.
Dónde esta el aseo? 화장실이 어디에 있죠?

[숫자]

uno 하나	nueve 아홉	diecisiete 열일곱
dos 둘	diez 열	dieciocho 열여덟
tres 셋	once 열하나	diecinueve 열아홉
cuatro 넷	doce 열둘	veinte 스물
cinco 다섯	trece 열셋	cincuenta 오십
seis 여섯	catorce 열넷	cien 백
siete 일곱	quince 열다섯	mil 천
ocho 여덟	dieciséis 열여섯	un millón 백만

[카페 / 레스토랑]

La cuenta, por favor. 계산서 주세요.
Una mesa para no fumadores, por favor? 금연석으로 주세요.
Una servilleta, por favor. 냅킨 좀 주세요.
Para cuántas personas? 몇 분이 오셨어요?
Un vaso de agua, por favor. 물 한 잔 주세요.
Sólo azúcar, por favor. 설탕만 넣어 주세요.
Un protector gástrico, por favor. 소화제 좀 주세요.
Carne de vaca, por favor. 쇠고기 요리로 주세요.
Se me ha caído una cuchara. 수저를 떨어뜨렸습니다.

Para tomar aquí o para llevar? 여기서 드시겠어요? 포장해 가시겠어요?
Cuál es la especialidad del día? 오늘의 특선메뉴는 뭐죠?
No quiero nada de comer. 음식은 필요 없습니다.
Me temo que este filete está demasiado hecho.
이 스테이크는 너무 익힌 것 같아요.
Está libre este asiento? 이 자리는 비어 있나요?
A qué se debe este coste adicional? 이 추가 요금은 무엇입니까?
Invita la casa. 이것은 서비스로 제공하는 것입니다.
Qué hay para cenar? 저녁 식사는 무엇인가요?
Yo invito. 제가 계산할게요.

Qué va a pedir? 주문 하시겠어요?
Podría cambiar mi pedido? 주문을 변경해도 될까요?
Me gustaría sentarme junto a la ventana. 창가 자리로 주세요.

Me da un café. 커피로 주세요.
Quería un chuletón. 티본 스테이크로 주세요.
Otro tenedor, por favor. 포크 하나 새로 가져다 주세요.

[교통]

Quiero irme lo antes posible. 가능한 한 빨리 떠나고 싶습니다.
Dónde está la boca de metro más cercana? 가장 가까운 지하철역은 어디입니까?
Deme uno para el que salga más temprano. 가장 빨리 출발하는 표를 주세요.
Al aeropuerto, por favor. 공항으로 가주세요.
Un billete para el express, por favor. 급행표로 주세요.
Cuál es la siguiente estación? 다음 역은 어디입니까?
Gire a la izquierda en el segundo semáforo. 두 번째 신호등에서 좌회전 하세요.
A qué hora sale el último autobús del día? 버스 막차 시간이 몇 시죠?
Dónde está la parada del autobús? 버스 타는 곳이 어디에 있습니까?
Con qué frecuencia sale el autobús? 버스가 얼마나 자주 출발하나요?
Dónde puedo hacer transbordo? 어디에서 환승할 수 있나요?

Déjeme aquí. 여기서 내려 주세요.
Pare aquí, por favor. 여기에 세워 주세요.
Un billete de ida y vuelta, por favor. 왕복표 한 장 주세요.
Dónde se paga el billete? 요금은 어디에서 냅니까?
Cuánto cuesta? 요금이 얼마입니까?
Hay algún autobús por aquí que vaya hasta el centro?
이 근처에 시내로 가는 버스가 있나요?
Hay alguna gasolinera cerca de aquí? 이 근처에 주유소 있어요?
Este tren va a Madrid? 이 기차가 마드리드행인가요?
Puedo cambiar de asiento? 자리를 바꿔도 될까요?
Puede quedarse con el cambio. 잔돈은 가지세요.
A qué hora salimos? 저희는 언제 출발하나요?
Dónde está la parada de taxis? 택시 타는 곳이 어디인가요?

조대현

현재 스페인에 거주하면서 63개국, 198개 도시 이상을 여행하면서 강의
와 여행 컨설팅, 잡지 등의 칼럼을 쓰고 있다. MBC TV 특강 2회 출연(새
로운 나를 찾아가는 여행, 자녀와 함께 하는 여행)과 꽃보다 청춘 아이
슬란드에 아이슬란드 링로드가 나오면서 인기를 얻었고, 다양한 강의로
인기를 높이고 있으며 "해시태그" 여행시리즈를 집필하고 있다. 저서로
아이슬란드, 모로코, 가고시마, 발트 3국, 블라디보스토크, 조지아, 폴란
드 등이 출간되었고 이탈리아, 오스트리아, 프랑스, 스페인 북부 등이 발
간될 예정이다.

폴라 http://naver.me/xPEdlD2t

스페인 소도시 여행

인쇄 ǀ 2024년 5월 26일
발행 ǀ 2024년 6월 21일

글 ǀ 조대현
사진 ǀ 조대현
펴낸곳 ǀ 해시태그출판사
편집·교정 ǀ 박수미
디자인 ǀ 서희정

주소 ǀ 서울시 강서구 허준로 175
이메일 ǀ mlove9@naver.com

979-11-93839-36-2(03920)

※ 일러두기 : 본 도서의 지명은 현지인의 발음에 의거하여 표기하였습니다.